图书在版编目（CIP）数据

"两弹一星"精神 / 陈洪玲著. -- 沈阳 : 东北大学出版社，2024. 6. --（新时代中国精神价值传承 / 韩喜平主编）. -- ISBN 978-7-5517-3604-6

Ⅰ. K826.1-49

中国国家版本馆CIP数据核字第202483X8S9号

出 版 者：东北大学出版社
地址：沈阳市和平区文化路三号巷11号
邮编：110819
电话：024-83683655（总编室）
024-83687331（营销部）
网址：http://press.neu.edu.cn
印 刷 者：辽宁一诺广告印务有限公司
发 行 者：东北大学出版社
幅面尺寸：170 mm × 240 mm
印　　张：18.75
字　　数：292千字
出版时间：2024年6月第1版
印刷时间：2024年6月第1次印刷
责任编辑：向　阳　石玉玲
责任校对：孙德海
封面设计：潘正一
责任出版：初　茗

ISBN 978-7-5517-3604-6　　定价：80.00元

人无精神不立，国无精神不强。一个国家要有精神，它是国本；一个民族要有精神，它是脊梁。习近平总书记强调指出："精神是一个民族赖以长久生存的灵魂，唯有精神上达到一定的高度，这个民族才能在历史的洪流中屹立不倒、奋勇向前。"在几千年的历史流变中，中华民族生生不息、绵延发展，饱受挫折又不断浴火重生，其中很重要的一点就是我们的民族积淀了自身最深沉的价值追求和精神烙印。习近平总书记指出，"中华民族在几千年历史中创造和延续的中华优秀传统文化，是中华民族的根和魂"，"中华优秀传统文化是中华民族的精神命脉"。翻开中华民族精神图谱，无数耳熟能详的诗词诠释了中华民族精神脉络的核心内涵，例如："天行健，君子以自强不息"的奋斗精神，"天下兴亡，匹夫有责""先天下之忧而忧，后天下之乐而乐"的爱国情怀，"人生自古谁无死，留取丹心照汗青""为有牺牲多壮志，敢教日月换新天"的牺牲精神，"鞠躬尽瘁，死而后已"的奉献精神，"苔花如米小，也学牡丹开"的自强精神，"革故鼎新""徙木为信"的创新思想，"老吾老以及人之老，幼吾幼以及人之幼""扶危济困"的公德意识，等等。中华民族既坚守本根又不断与时俱进，始终保持着坚定的民族自信和强大的修复能力，培育了共同的情感和价值、共同的理想和精神。这

些千百年传承下来的精神理念、精神文化，成为积淀中国精神的价值内核。

中国共产党在领导中国革命、建设、改革开放及新时代的伟大历史进程中，之所以创造了惊天地、泣鬼神的辉煌业绩，就在于坚守初心使命，就在于不畏艰难险阻，就在于有一大批革命先驱、有一大批英雄人物，形成了伟大精神激励与指引，这种逐步积累和形成的思想结晶和精神谱系，是中国共产党人精神境界、精神风貌、精神力量的集中写照，是中国共产党百年历史经验的总结。把马克思主义基本原理同中国具体实际、同中华优秀传统文化相结合是必由之路，谱写了马克思主义中国化时代化的最新篇章。中国精神包含的独一无二的理念、智慧、气度和价值，增添了中国人民内心深处的自信和自豪。这种强大的精神支撑，成为中华民族战胜一切艰难困苦的有力武器和实现中华民族伟大复兴的动力之源。

伟大事业需要伟大精神。在我们全面建成小康社会，向着社会主义现代化强国奋进的新征程中，党的二十大报告要求我们弘扬伟大建党精神，自信自强、守正创新，踔厉奋发、勇毅前行。深入研究和广泛宣传中国精神，传承民族精神、弘扬时代正气、培育时代新人，要求理论工作者把中国精神阐释好。《新时代中国精神价值传承》（以下简称《丛书》）正是这样一套回应时代关切、弘扬中国精神的书籍。《丛书》选取中国共产党带领广大人民进行革命、建设、改革开放及新时代的伟大奋斗历程中凝练形成的井冈山精神、长征精神、延安精神、东北抗联精神、抗美援朝精神、雷锋精神、铁人精神、“两弹一星”精神、特区精神、女排精神、劳模精神、科学家精神等为源，由全国高校十余位知名教授、专家集体撰著，以历史的视角，放置于实现中华民族伟大复兴中国梦的大背景下，阐释中国精神的具体样式，立足近代以来中华民族伟大复兴历程，特别是中国共产党带领中国人民从站起来、富起来到强起来的飞跃发展进程中所展现出来的民族精神与新气象，从党的领导特点和大党风范入手，追溯和解读中华民族悠久的历史传统和中华儿女可歌可泣的历史经历，研究中国精神形成的历史背景、形成过程，挖掘其科学内涵和新时代的重要价值，展现当代中华民族精神的历史穿透力和生命冲击力。《丛书》包括12分册，分别是：《井冈山精神》《长征精神》《延安精神》《东北抗联精神》《抗美援朝精神》《雷锋精神》《铁人精神》《“两弹一星”精神》《特区精神》《女排精神》《劳模精神》《科学家精神》。这些共同构成了中国精神的重要内容，是社会主义核心价值观的精髓和具体体现，昭示着中国共产党人的初心和使命，镌刻着中华民族砥砺前行的优秀品格，是迄今为止学术界和出版界反映以爱国主义为核心的民族精神和以改革创新为核心的时代精神的大型学术普及类系列著作，是中国文化软实力的重要显示。

伟大精神铸就伟大梦想。今天，我们比历史上任何时期都更接近中华民族伟大复兴的目标，比历史上任何时期都更有信心有能力实现这个目标。实现中华民族伟大复兴不仅需要强大的物质力量，更需要强大的精神力量。要把这种精神力量汇聚成14亿多中华儿女强大的奋进合力，就不能把中国精神存放在“博物馆”内、停留在“象牙塔”中。推出《丛书》，可以推进中国精神时代化、大众化，永续传承，把它变为新时代的实践伟力。站在新时代的历史基点上，立足精神对事件的辐射和普照，阐释一定历史时期的民族精神对重大社会事件、历史发展进程甚至个人事业与生活的重大影响；立足事件对精神的折射和反映，分析历史事件、个人事迹对民族精神的具体呈现，以期在精神与史实的双向观照中，使中国精神触动整个民族情结和个体心理情感，凝聚中华儿女奋斗的精神动力。从普适性来讲，中国精神不仅是中国共产党成就伟大事业的宝贵精神财富，也是全体中华儿女在实践中总结、凝练和形成的价值理想。《丛书》定位于普及性学术著作，力求以通俗易懂、生动鲜活地讲述故事的形式呈现，引领新时代精神风尚，激发中华儿女特别是青年一代干事创业的热情。从价值层面看，《丛书》重点挖掘在中国特色社会主义新时代的价值，这对于汇聚中国力量，弘扬中华优秀传统文化，践行社会主义核心价值观，坚守中国共产党人精神谱系，提升中国文化软实力，培养担负民族复兴大任的时代新人具有重大意义。

“求木之长者，必固其根本；欲流之远者，必浚其泉源。”我们坚信，这套极具学术性、知识性、资料性和可读性的《新时代中国精神价值传承》，能够成为铸牢中华民族共同体团结奋斗的精神纽带，为凝聚起中华民族的磅礴力量，建设中华民族现代文明贡献一份力量。

韩喜平

2023年6月

韩喜平，国家级领军人才计划入选者，哲学社会科学领军人才，中央马克思主义理论与建设工程首席专家。

绪　论

安而不忘危，存而不忘亡，治而不忘乱，是中国两千多年历史经验教训的丰富积累，也是中华民族精神缩影的高度凝练，更是中国共产党100多年革命、建设、改革开放和新时代历史的生动写照。于存亡绝续之时力挽狂澜，于百废待兴之时浴火重生，既是中国共产党和中华民族“为有牺牲多壮志，敢教日月换新天”的自强精神的真实体现，更是我党在新中国成立初期革命和建设事业的生动展现。可以说，新中国成立初期我们党和国家面临的困窘局面是前所未有和世所罕见的。之所以这样讲，是因为我们党领导华夏儿女在1949年10月1日建立新中国之后，既要接手在国民党手中变得一片凋零、生灵涂炭的旧中国，又要谨慎地处理与应付西方世界对新中国的封锁造成的危急形势，尤其是西方国家凭借着强大的武装力量和核武器严重威胁着中国的领土主权和国家安全。而中国要彻底摆脱这种局面，唯有提升综合国力和科技实力。尤其在美国的核威慑下，进行技术攻坚、打破美国核讹诈，是我们党和国家不得不考虑的严峻问题。可以说，正是这种百废待兴的国内局面和局部冲突不断升级的国际形势，向中国共产党提出了“走什么样的路”和“怎样走路”的历史命题。在结束了旧中国半殖民地半封建社会的历史状态之后，摆在中国共产党面前有三条道路可供选择：一条是向以苏联为首的社会主义国家学习，模仿苏联走过的路；一条是以西方世界为蓝本，走国民党的老路；还有一条是独立自主、自力更生，走出中国社会主义建设新道路。

特殊的历史与国情，决定了中国共产党从新民主主义革命向社会主义革命过渡时，必然要在严峻的国际形势下坚定地选择社会主义阵营，学习和效仿苏联，并在其帮助下完成国民经济恢复和工业化国家建设任务。也就是说，“面对满目疮痍、百废待兴的状况，无论是恢复经济还是整合社会，无论是安全保障还是国家管理，中共都需要立即建立并加强与苏联的同盟关系，需要来自莫斯科的各方面援助。”[①]从新中国成立到1956年，正是基于自身艰苦不懈的奋斗和苏联的援助，我国顺利地完成了国民经济恢复和三大改造任务，使社会主义制度在我国建立起来，实现了中国历史上最深刻最伟大的社会变革，为当代中国发展和进步奠定了制度基础。

但是，历史总有其独特的发展轨迹和运行规律，不以人的意志为转移。20世纪50年代，世界格局总的来说是两大阵营尖锐对立，局部热战此起彼伏，国际力量对比极不平衡，这就直接导致了美苏两极以自身利益为基准来划分和支配世界。无论是西方世界，还是以苏联为首的社会主义阵营，国际关系的“冷”与“热”，都以国家利益为依据，中国当然也不例外。换句话说，中苏两党、两国以国家利益为基础建立起来的同盟关系极其不牢固，这就决定了中国共产党领导中国人民进行的社会主义革命和建设，虽然会借鉴苏联经验和得到苏联帮助，但决不会一味走苏联的老路。此外，苏联在社会主义建设过程中暴露的诸多弊端，也决定了中国将来势必要摸着石头过河，走一条独立自主的社会主义建设道路。正如毛泽东指出：“最近苏联方面暴露了他们在建设社会主义过程中的一些缺点和错误，他们走过的弯路，你还想走？过去我们就是鉴于他们的经验教训，少走了一些弯路，现在当然更要引以为戒。”[②]1956年，毛泽东在中央政治局扩大会议上以苏联的经验为鉴戒，总结了我国社会主义建设的经验教训，提出了十大关系。此后，我们党以此为逻辑起点，开始探索自力更生、独立自主为主，争取外援为辅的社会主义革命和建设道路。

苏共与中共的关系，是影响我国内外政策走向的最重要因素之一。忽略这一点而对我们国家“两弹一星”历史和精神进行叙述，就会缺乏历史客观性和说服力，难免带有主观嫌疑。中国的大规模经济建设和科技建设项目，包括“一五”计划、“两弹一星”在内，可以说都与苏联的部分帮助有关。但不可否认的是，在中苏关系急剧恶化甚至发生局部冲突时期，苏联撤走所有援华项目专家之后，中国之所以能取得“两弹一星”的伟大成就，凭借的还是自身的坚持不懈和久久为功，凭借的还是广大中华儿女的拳拳爱国心、殷殷报国志，依

---

① 沈志华. 无奈的选择：上册［M］. 北京：社会科学文献出版社，2013：314.

② 中共中央政策研究室. 建国以来重要文献选编：第8册［M］. 北京：中央文献出版社，2011：206.

靠的还是中华儿女的智慧与汗水。在中苏关系的蜜月时期，中国凭借苏联的援助，确实取得了一些建设成果。但中苏关系破裂后，苏联单方面撤走援华专家，包括一些重要的科学技术实施方案和设计图纸。是垂首期盼、驻足不前，还是勇立潮头、破浪而行？此时的中国可以说是站在了十字路口。苏联撤走援华专家，对于中国的“两弹一星”研发来说既是损失又是机遇。损失的是苏联援助中国的先进技术经验和设备设施材料，而获得的机遇则是独立自主、自力更生研发核技术和卫星技术的经验逐步积累，民族凝聚力、向心力和自信心的丰厚充实。

在西方国家和苏联的眼中，缺乏设备设施、图纸、原料以及高科技人才，中国根本无法独立完成核技术和人造卫星技术突破。正如毛泽东在党的七届二中全会上讲到的，“夺取这个胜利，已经是不要很久的时间和不要花费很大的气力了；巩固这个胜利，则是需要很久的时间和要花费很大的气力的事情。资产阶级怀疑我们的建设能力。帝国主义者估计我们终久会要向他们讨乞才能活下去。”[①]苏联和西方国家对于中国自行开发核技术几乎抱着同样的心态。但是，历史总是于偶然之中体现着必然，必然又通过偶然表现着自己。与美国和苏联意愿相反的是，中国不仅没有被它们的核垄断、核威慑吓倒，反而逆风而行、愈挫愈勇，最终成为世界上少数几个拥有核技术和人造卫星技术的大国和强国之一。中国在核技术和人造卫星技术领域所取得的辉煌成就，为新中国打破敌人的外部威胁、维护国家安全和社会稳定起到了“定盘星”的作用，也为当今中国在这几方面居于世界领先水平奠定了最深厚的基础。中国在20世纪50和60年代所取得的辉煌成就固然可喜，但其中蕴含的感天动地的战斗精神却是需要我们去深思和传播的。

中国共产党在20世纪50—70年代领导中国人民独立完成“两弹一星”研发工作不是随随便便得来的，也不是别人、别国施舍赐予的，更不是一种巧合和运气，而是通过自身长期拼搏的劲头、奋进的势头和扎扎实实的艰苦奋斗，拼出来、闯出来和干出来的。中国共产党领导中国人民在“两弹一星”研发方面所取得的辉煌成就，有着深刻的历史文化逻辑和现实必然逻辑。“两弹一星”的研发成功和飞跃发展是中华五千年的深厚历史文化底蕴所蕴蓄的必然结

---

① 毛泽东. 毛泽东选集：第4卷［M］. 北京：人民出版社，1991：1438.

果，是中华民族和华夏儿女自远古时代就形成的以爱国主义为核心的团结统一、爱好和平、勤劳勇敢和自强不息的民族精神所涵养的必然结果，是近代以来无数仁人志士为救亡图存而舍生忘死、为挽救民族危亡而视死如归的斗争精神所培养的必然结果，更是中国共产党带领中国人民披荆斩棘和上下求索所拼搏奋进的历史必然。“两弹一星”既是我们党和国家所取得丰硕成果的重要彰显，也是对中华民族自强不息的民族精神和爱国主义精神的重要体现和展示。它向世界表明，中国共产党的阶级基础和群众基础是坚固的、牢靠的，前途是光明的、璀璨的；中华民族是拥有着强大凝聚力、向心力和巨大创造力的民族，是不会为任何势力和任何人所压倒和摧毁的。正如习近平总书记指出：“‘两弹一星’精神是中华民族宝贵的精神财富，一定要一代一代地传下去，使之转化为不可限量的物质创造力，‘两弹一星’精神是中华民族实现‘中国梦’的精神‘图腾’”[①]。要“大力弘扬‘两弹一星’精神，敢于战胜一切艰难险阻，勇于攀登航天科技高峰，让中国人探索太空的脚步迈得更稳更远，早日实现建设航天强国的伟大梦想”[②]。此外，他还对广大科技工作者提出殷切期望，“希望广大科技工作者不忘初心、牢记使命，秉持国家利益和人民利益至上，继承和发扬老一辈科学家胸怀祖国、服务人民的优秀品质，弘扬‘两弹一星’精神，主动肩负起历史重任，把自己的科学追求融入建设社会主义现代化国家的伟大事业中去。”[③]可见，“两弹一星”不仅是我们保障国家安全、维护世界和平的有力武器，也是中华民族精神的时代写照，必将在建设中国特色社会主义现代化强国的长征路上继续绽放新的时代光芒。

中华民族五千年深厚的历史文化底蕴是“两弹一星”精神和成果现世的重要前提。一个政党生命力的重要依托、一个民族拼搏奋进的前行之力和一个国家精气神的重要彰显，就在于拥有深沉而又不失活力、深刻而又不失锐气的历史文化底蕴。要知道，20世纪50和60年代，尽管我们国家完成了国民经济恢复工作，开始逐步建立起比较完善的国家工业化体系，但是从全国这盘大棋局来看，我们国家所面临的局面用“一穷二白”“白手起家”来形容一点都不为

---

① 李斌.“两弹一星”精神的内涵与体现［N］. 人民政协报，2018-01-25（09）.

② 勇于战胜一切艰难险阻勇于攀登航天科技高峰［N］. 人民日报，2020-04-25（01）.

③ 习近平. 在科学家座谈会上的讲话［N］. 人民日报，2020-09-12（02）.

过。此外，我们面临的国际局势亦是全面冷战、局部热战以及美苏两个超级大国核战争的恐怖威胁。在此局面下，一个国家和民族要想求得生存和发展，必然和必要之举就应当是自立自强而不是卑躬屈膝、奴颜婢膝，就应当是我命由我不由天、欲与天公试比高，而不是苟延残喘、得过且过。而这种拼搏奋进精神和一往无前的勇气正与中华民族五千年深厚历史文化中所蕴蓄的自强不息精神相关。在20世纪50和60年代，我们要打破西方国家和苏联的核技术垄断，打破强大敌人的封锁围堵，如果没有踏实肯干、埋头苦干，没有不怕苦、不叫苦的狠劲，是无法取得"两弹一星"伟大成就的。毛泽东曾经讲过，"那个原子弹，听说就这么大一个东西，没有那个东西，人家就说你不算数。那么好，我们就搞一点。搞一点原子弹、氢弹、洲际导弹，我看有十年功夫是完全可能的。一年不是抓一次，也不是抓两次，也不是抓四次，而是抓它七八次。"① "在科学研究中，对尖端武器的研究试制工作，仍应抓紧进行，不能放松或下马。"②可见，"两弹一星"研发工作在当时的历史境遇下如果缺乏"天行健，君子以自强不息"的精神，是无法也根本不可能完成的。此外，自1958年起，由于急于赶超英美等国家和违背经济建设的客观规律，我国遭遇了三年经济困难时期，我国的经济、政治等各方面建设遭受了惨痛损失。但就是在这种内外交困、雪上加霜的艰难局面下，我国的"两弹一星"研究工作不仅没有被耽搁下来，相反在全国人民和众多科研人员团结一致、勠力同心的奋斗下，分别于1964年、1967年和1970年成功地独立自主地研发出原子弹、氢弹和人造地球卫星，奠定了中国在核技术和航天领域的独特历史地位，粉碎了美苏两个超级大国对中国的威胁和恐吓。可以说，正是中华民族五千年深厚历史文化底蕴所孕育的自强不息的民族精神激励了一代又一代华夏儿女义无反顾地投身祖国的科研事业，为了祖国的事业随时准备牺牲一切，包括自己的生命。试想一下，一个缺乏历史文化底蕴的国家，一个缺少民族精神的国家能取得如此巨大的成就吗？显然不能。可以说，正是源远流长、博大精深的五千年历史文化积累成就了中华民族，成就了中国共产党，成就了一代代出类拔萃的华夏儿女。与此同时，五千年的历史文化积淀，为"两弹一星"成功研制提供了历史前

① 毛泽东. 毛泽东军事文集：第6卷［M］. 北京：军事科学出版社，1993：374.

② 毛泽东. 毛泽东军事文集：第6卷［M］. 北京：军事科学出版社，1993：392.

提，成为伟大的“两弹一星”精神重要历史文化根脉和源流。

中华民族自远古时代就形成以爱国主义为核心的团结统一、爱好和平、勤劳勇敢、自强不息的民族精神，这是“两弹一星”伟大成就和伟大精神的基础支撑和重要条件。世界上四大文明古国，唯有华夏文明完整地保存下来，而其余三大文明古国却随着时间的流逝而湮没在历史长河中。中华文明之所以能在长达五千年的历史实践中经久不衰而保持旺盛生机和蓬勃朝气，之所以能够历久弥新而焕发青春活力，是因为中华民族精神聚合而生成强大的吸引力、凝聚力和向心力，是因为中华民族精神培育和铸就了一代又一代中华民族子孙的根与魂。从1964年至1970年，中国共产党之所以能够带领中国人民克服重重艰难险阻，成功研制出“两弹一星”，是因为伟大的中华民族精神吸引和凝聚了大批高精尖人才和出国留学人才归国建设，为我国在当时极度紧张的时代背景下取得核技术和航天领域的突出成就提供了必不可少的条件和机遇。20世纪50年代，在中国共产党领导的由新民主主义革命向社会主义革命和建设过渡的历史时期，最紧要、最迫切的问题之一就是人才队伍建设。尽管这一时期苏联帮助我国培训、培养了一大批科学技术人才，并且派大量专家来华援助新中国的经济建设工作，但相较于全国的局面而言，人才队伍建设无论是在数量上还是在质量上远远不能满足我国大规模经济建设的需要。况且在20世纪60年代，中国与苏联的同盟关系急转直下，甚至爆发局部冲突，苏联撤走全部援华专家和资助项目。在这样的历史背景下，新中国的导弹、原子弹、氢弹和人造卫星研制工作陷入了停滞状态。是亦步亦趋还是自力更生，是止步不前还是大踏步前进，这一重大问题摆在了全国人民面前。正是在这种艰难的状况下，钱学森、邓稼先、钱三强、朱光亚、华罗庚、赵忠尧、任新民等3000多名海外留学生毅然决然地放弃了海外优越的生活条件、科研环境及丰厚的酬劳，回到了伟大祖国的怀抱，为我国核技术和航天领域作出了伟大的历史性贡献，是我国“两弹一星”的奠基者和开拓者，激励着一代又一代中华民族子孙永葆爱国之诚心和强国之志向。在新中国20世纪50年代所面临的困窘局面下，大批海外留学人才之所以愿意放弃优越的生活条件和高薪待遇毅然归国，是因为他们的根扎在中华民族精神的土壤中，他们的魂孕育于中华民族精神的母体中。可以说，中华民族精神培育了一代代华夏儿女，是激发华夏儿女始终保持着“苟利国家生死以，岂因祸福避趋之”的爱国赤诚、报国志向，在“两弹一星”伟大精神激励下发光发热，贡献自己的力量，实现与祖国同步共鸣、同频共振和共同成长的原因所在。

中国共产党的坚强领导是“两弹一星”重大科研成果产生的根本保障。在近代中国历史上，为救亡图存、挽救民族危亡而奋起的仁人志士和先进政党先后走上政治舞台；但是在与帝国主义、封建主义和官僚资本主义长期斗争过程中，在各种政治力量的反复较量中，最终脱颖而出的唯有中国共产党。中国共产党之所以能够在与各方势力的较量中茁壮成长，之所以能在帝国主义和本国反动势力的围攻中由小到大、由弱到强，并不是因为我们党拥有什么得天独厚的优势，也不是因为我们党拥有足够强大的武装力量，而是因为我们党自诞生之日起就是以科学理论为指导的马克思主义政党，是能够科学把握自然、社会和人类思维发展规律的先进政党，是中国最广大人民根本利益的先进代表。中国共产党这种特殊的先进性、广泛的代表性以及指导思想的科学性决定了它始终能够保持正确的前行航向，始终能够保持方针政策的连续性、稳定性、长期性和正确性。从我们党的革命史、建设史上可以看到，尽管我们党曾犯过右的和“左”的错误，但是在对全局的把握上、在对航向的校正上、在对方针政策的制定和完善上自始至终保持着正确的导向，这也是在100多年的历史中我们党能够得到广大人民群众支持和拥护的根本原因所在。可以说，正是因为我们党总揽全局、统领各方的坚强领导，我们国家才能够取得“两弹一星”的巨大丰硕成果，才能使中国在今天的国际舞台上占有一席之地，才能使我们在新时代的今天愈来愈有能力、有信心、有决心实现中华民族伟大复兴的百年梦、大国梦和强国梦。20世纪50年代，我们党和国家为恢复国民经济的大规模建设工作，最迫切、最紧要的政策方针就是如何搞好教育，如何培养好人才、留住人才、吸引人才和用好人才。针对这一问题，党中央先后制定了“加强科学工作的计划性，研究并制定我国科学发展的远景计划”“充分发挥科学家的力量，积极培养新生力量”“建立学位制度、院士制度和学术奖励制度”“加强国际的科学合作”“加强学术领导”[①]等一系列方针政策；在对待知识分子的问题上，周恩来曾十分郑重而鲜明地指出，“革命需要吸收知识分子，建设尤其需

① 中共中央文献研究室. 建国以来重要文献选编：第6册［M］. 北京：中央文献出版社，2011：239-243.

要吸收知识分子。特别是由于解放前的我国是一个文化落后科学落后的国家，我们就更必须善于充分地利用旧社会遗留下来的这批知识分子的历史遗产，使他们为我国的社会主义建设服务。”[①]“最充分地动员和发挥知识分子的现有力量，不但是我国目前紧张的建设事业所必需的，而且也是对知识界加以进一步的改造、扩大和提高的前提。”“为了最充分地动员和发挥知识分子的力量，第一，应该改善对于他们的使用和安排，使他们能够发挥他们对于国家有益的专长。”“第二，应该对于所使用的知识分子有充分的了解，给他们以应得的信任和支持，使他们能够积极地进行工作。”“第三，应该给知识分子以必要的工作条件和适当的待遇。”[②]可以说，正是在中国共产党的坚强领导下，正是在党中央善于吸收、培养和用好人才的方针指引下，正是因为我们党作出研制导弹、原子弹、氢弹和人造卫星的伟大战略决策，全国各族人民和广大知识分子才能心心相印、心手相连地克服艰难万险和重重障碍，取得“两弹一星”的伟大成就和丰硕成果，书写了令世人赞叹和敬仰的“两弹一星”精神，促进了中华民族精神的又一次与时俱进。可见，中国共产党始终毫不动摇的坚强领导和方针政策的不错误、不失误，是我们国家不断取得新突破和新进展的根本保障，也是中华民族精神重要组成部分的“两弹一星”精神得以诞生的根本保障，二者相互促进、相携而行。

“两弹一星”伟大精神和伟大成就在中国历史上拥有着独特的历史价值、历史地位，它既是伟大的中华民族精神形成的必然结果，是中华民族精神与时俱进的重要彰显，又是中华民族精神的重要组成部分，随着历史实践和时代的发展不断为其注入新的生机和活力，使其不因历史变迁而蒙尘，不因时代进步而褪色，始终保持着青春活力和靓丽色彩，同时源源不断地讲述中国故事、传播中国声音，增强中国的国际影响力和话语权，提升国家的综合实力和国际地位。“两弹一星”精神作为中华民族精神的重要元素，它的历史价值和现实价值表现为：打破了美苏两个超级大国的核威胁和核垄断，坚定而有力地维护了

② 中共中央文献研究室. 建国以来重要文献选编：第8册［M］. 北京：中央文献出版社，2011：12.

③ 中共中央文献研究室. 建国以来重要文献选编：第8册［M］. 北京：中央文献出版设，2011：17-20.

国家安全、社会稳定和人民幸福，坚定而持久地维护了国家主权和领土完整不受侵犯，为中国在新时代在核技术、载人航天领域居于世界领先地位奠定了扎实而雄厚的基础。它的精神价值表现为广大知识分子的拳拳爱国之心、殷殷报国之志；表现为中国人民和中华民族有能力、有信心克服一切艰难险阻，战胜一切内忧外患的坚强意志；表现为全体中华儿女在外有强敌、内有忧患的艰难时刻能够心心相印、心手相连和团结一致；表现为广大知识分子在祖国需要、民族呼唤时，能够义无反顾、当仁不让地投身报效“母亲”和服务人民的伟大事业中去，承担起自己的职责与使命；彰显了全体中国人民和中华民族敢于“啃硬骨头、涉险滩”的坚强决心和坚定意志。

首先，“两弹一星”精神表现为广大知识分子无论何时何地和面临何种现实境遇都能慎终如始地坚定自身的拳拳爱国之心、殷殷报国之志。20世纪50年代，中国摆脱了半殖民地半封建社会性质，打倒了压迫中国人民的帝国主义、封建主义和官僚资本主义的反动统治，肃清了反革命分子，但面临的是“三座大山”留下的一片萧瑟景象和残破山河。尽管当时中国人民在中国共产党的领导下开始进行国民经济恢复工作，但进行大规模经济建设、进行核武器和人造卫星研制工作，离不开广大知识分子，尤其是在海外长期从事科学研究的相关科研人员。试想一下，在当时的境遇下，如果广大知识分子缺乏爱国之心、报国之志，仅凭我党的号召，我国在科技领域可能不会取得今天这样伟大的成就。正是广大知识分子对祖国、对人民的满腔热血、一腔赤诚和受到我党感天动地的政策号召，广大的有志之士、有识之士和爱国之士才毅然决然地回到祖国，投身建设祖国和服务人民的伟大事业中去。正如钱学森在美国得知新中国成立时曾激动地写道：“新中国已经成立第六天了……”“新中国现在正是需要我们的时候啊。你们有机会就尽快回国尽力吧。我们等孩子出世，就立即动身回国。”“回国！必须回国！”[①]在钱学森决定回国时，他遭到了美国当局的陷害和压迫。更有甚者，美国特务随时随地对钱学森进行跟踪和监视，钱学森为此遭受了长时间的牢狱之灾。就是在这种艰难困窘局面下，他仍然毫不动摇地坚持自己的爱国之心、报国之志。他写道：“次长先生，我要回到中国去。我的主意已定，这没什么可商量的了。”在给中央的求救信上他又写道：“我们

① 郭梅，张宇. 钱学森传［M］. 南京：江苏人民出版社，2010：84.

提笔写这便条，万感千念，对祖国、对亲友相思之甚，寸阴若岁。耳闻祖国建设蒸蒸日上，敬之喜之。阻碍归国禁令已于4月取消，然我们仍身陷囹圄，还乡报国之梦难圆，省亲探友之愿难尝，戚戚然久之……恳请祖国助我们还乡，帮我们结束客居海外生涯，尝我们报国之夙愿。切切。”[①]从钱学森的信件中我们可以看到，客居海外的他们拥有着极大的爱国热忱，他们的爱国之诚心、报国之壮志感天动地，是我们后世学习的伟大榜样。可以说，正是因为有了像钱学森这样一批伟大的爱国者、有识之士，新中国的“两弹一星”才得以研制成功，“两弹一星”精神才得以形成，成为伟大的中华民族精神的重要组成部分。1964年10月16日和1967年6月17日，中国第一颗原子弹和第一颗氢弹爆炸成功，既振奋了中国人民，也震惊了全世界。

其次，“两弹一星”的伟大成就，从它的规划之长久、设计之复杂、实施之困难、建造和完成之艰巨的漫长过程中，我们不难推测出“两弹一星”的成功问世是同广大知识分子与全体中华儿女的坚定意志和坚强决心密不可分的。它的成功问世表现了中国人民和中华民族有能力、有信心、有决心克服一切艰难险阻，战胜一切内忧外患，彰显了中华民族勤劳勇敢、脚踏实地、艰苦奋斗和自强不息的高尚品质和崇高气节。中国五千多年的历史表明，中华民族无论是在外敌入侵、面临生死存亡的关键时刻，还是在吏治承平、一片盛世的时期，始终能够一代接一代地永续传承克敌制胜、无坚不摧的“传家宝”，即勤劳勇敢、艰苦奋斗、脚踏实地和自强不息的民族精神。试想，20世纪50年代，中国“一穷二白”。尽管苏联在50年代答应帮助中国制造“两弹”，并派来了大量援华专家，带来了设计图纸和建造设施，但因中苏双方的国家利益冲突而导致同盟关系最终破裂，苏联撤走了所有援华专家、图纸和设施，苏联给予中国的“两弹”研制只剩下了“空壳子”和废弃物。可以想象，50年代的中国还是一个极端落后的国家，还是一个主要依靠农业立国的民族，而为数很少的工业却因国内外敌对势力的破坏而损失殆尽。在这样的困境中研制“两弹”，对于此时的中国共产党和中华民族来说无异于难如登天。但历史发展的运行轨迹和前行规律就在于从无到有、从小到大、从隐性到显性，即历史是由人创造的，是由具有艰苦奋斗、自强不息精神和创造伟力的人民群众来推动和

① 郭梅，张宇. 钱学森传［M］. 南京：江苏人民出版社，2010：97.

创造的。而“两弹一星”的成功研制正是与这一规律相对应的。毛泽东曾经讲道：“我们现在还没有原子弹。但是，过去我们也没有飞机和大炮，我们是用小米加步枪打败了日本帝国主义和蒋介石的。我们现在已经比过去强，以后还要比现在强，不但要有更多的飞机和大炮，而且还要有原子弹。在今天的世界上，我们要不受人家欺负，就不能没有这个东西。”[①]艰苦奋斗、自强不息的民族精神是我们党领导中国人民克敌制胜的利器，是中华民族世代相传的“传家宝”。此外，对于在研制“两弹”过程中多次出现的失利情况，钱学森曾谈道：“同志们，不就是摔下来一个‘东风-2号’吗?”“科学实验嘛，如果每一次都保证成功，又何必实验呢? 那就直接制造出来直接拿去用好了。我说，我们不要怕失败。失败了，总结经验教训，再重来。经过挫折和失败，会使我们长才干，变得更加聪明。取得成功，对我们是锻炼；遭受失败，同样可以使我们得到锻炼，而这种锻炼则更为重要，更为宝贵。”[②]可见，“两弹一星”研制工作是荆棘丛生、险崖密布的，需要经过血与火的洗礼方能柳暗花明。中国的广大知识分子和全体中华儿女经过长期的艰苦奋斗，经过长期的风吹雨打，最终使得“两弹一星”在我国成功问世，极大地增强了中国人民的自豪感、自尊心和自信心，有力地粉碎了国内外敌对势力的阴谋破坏活动。正如钱学森讲到的，“中国的科技人员并不比别人笨，这是客气了。我说，中国科技人员是了不起的。我们不仅拥有聪明智慧，我们还能够艰苦奋斗。只要国家给了任务，大家便会夜以继日、废寝忘食地去干，甚至为此而损害健康，直到牺牲，也不泄气。有了这种精神，我们就不怕落后，不怕困难多。我们一定要赶上去，我们也能够赶上去!”[③]“两弹一星”的成功研制，彰显了艰苦奋斗、脚踏实地是中华民族的高尚品格和民族象征，体现了中国人民是伟大的，是了不起的，是有能力、有智慧、有信心破除一切艰难险阻而取得科技创新的伟大成就的。

最后，“两弹一星”的成功研制表现了中华民族和全体中国人民无论是在强敌环伺、内有忧患、面临危难之时，还是在吏治承平、祥和安定时期，都能够始终保持心心相印、心手相连和团结一致的优良氛围和社会环境，体现了中

① 毛泽东. 毛泽东著作选读：下册［M］. 北京：人民出版社，1986：724～725.

② 叶永烈. 走近钱学森［M］. 上海：上海交通大学出版社，2010：259.

③ 叶永烈. 走近钱学森［M］. 上海：上海交通大学出版社，2010：250.

华优秀传统文化强大的吸引力、凝聚力和向心力，更彰显了广大知识分子、有识之士和爱国志士在祖国需要时、民族呼唤时，能够义无反顾、当仁不让地承担起自己的职责与使命，投身报效祖国母亲和服务人民的伟大事业中去，深刻彰显了中华民族的“根与魂”。中华民族自古以来就是一个多灾多难的民族，无论是自然灾害的威胁、内部战争的纷起，还是外敌的侵入，都时刻影响着中国社会的前行与发展，影响着中华民族的特性与精神，从而造就了“生于忧患、死于安乐”的忧患意识并深刻烙印在全体中华儿女的骨髓里。正是因为这种强烈的忧患意识和情感元素，中华民族在外敌入侵之时能够摒弃成见、冰释前嫌，心手相携、团结一致地共御外侮、护卫祖国，能够在国家安定、社会稳定时期脚踏实地、心心相印地奉献力量、服务人民，始终能够将自身追求融入祖国建设的伟大事业中去，同伟大祖国和伟大时代一起成长与进步。习近平总书记曾讲道，“国家的追求、民族的向往、人民的期盼融为一体，体现了中华民族和中国人民的整体利益，表达了每一个中华儿女的共同愿景，已成为激荡在近十四亿人心中的高昂旋律，成为中华民族团结奋斗的最大公约数和最大同心圆。”[①]“只要每个人都把人生理想融入国家和民族的伟大梦想之中，把小我融入大我，敢于有梦、勇于追梦、勤于圆梦，就会汇聚起实现中国梦的强大力量。实现中华民族伟大复兴是海内外中华儿女的共同梦想，要团结一切可以团结的力量，共担民族复兴的责任，共享民族复兴的荣耀。”[②]而中国共产党领导研发的“两弹一星”，同样是中国人民和广大知识分子众志成城、团结一心所取得的必然结果和丰硕成果。在20世纪50和60年代的艰难局面下，中国人民不仅要应对苏联和美国的核威慑和武力威胁，还要应对本国社会内部敌特分子的阴谋破坏活动；不仅要进行国民经济恢复工作、大规模经济建设和社会主义改造工作，还要应对三年经济困难时期的困难局面。而就是在这样的局面下，中国人民仍然同舟共济，勒紧裤带、自力更生，同心合力地克服重重困难，迈过了大自然和人类社会设置的重重险关，成功研制出“两弹一星”，书写

① 中共中央宣传部. 习近平新时代中国特色社会主义思想学习纲要［M］. 北京:学习出版社，人民出版社，2019：53-54.

② 中共中央宣传部. 习近平新时代中国特色社会主义思想学习纲要［M］. 北京:学习出版社，人民出版社，2019：54-55。

了中国历史上的伟大奇迹，使中国得以在核技术和航天领域追上乃至赶超世界发达国家。可以说，万众一心、齐心协力、和衷共济的团结精神，是中国人民攻必克、战必胜的尖端武器，是中华民族的特有标识和靓丽名片。“两弹一星”伟大精神是我国人民风雨同舟、精诚团结的最好彰显，是与时代同呼吸、共命运的最好展示，更是中国人民不畏难、不怕险的时代见证，必将随着历史的不断前行，绽放出更加绚丽的光彩，为世界作出更大的贡献。

“两弹一星”是中国为维护国家安全和社会稳定而研制的，是为维护国家主权和领土完整而谋划的，是为维护世界和平与安定和打破美苏两极称霸而布局的。从世界发展大势和时代趋向来看，中国“两弹一星”的成功问世不仅有力地遏制了美苏称霸世界、划分势力范围的企图，还在长期实践中有力地维护了世界的和平安定，全球局势总体保持在平稳状态中和合理区间内有效运行，和平与发展、合作与共赢逐渐成为时代的主题。“两弹一星”的成功研制使得中国逐渐走向世界舞台中央，国际影响力和民族话语权逐渐增强，愈来愈成为维护世界安定和谐、促进世界各国经济发展的重要力量，愈来愈成为国际社会不可或缺的重要一员。中华民族以爱好和平和勤劳勇敢著称于世、闻名于史。“两弹一星”的成功问世，不仅大大振奋了全体中华儿女的民族精神，也极大地增强了中华儿女的民族自尊心、自信心和自豪感。它的成功问世，将华夏儿女和中华民族艰苦奋斗、自强不息的精神展示得淋漓尽致，向世界清晰而有力地展示了中国人民无论是在内忧外患之时，还是在太平盛世之时都能够始终保持风雨同舟、荣辱与共的团结氛围，向世界彰显了深深烙印在中华民族骨子里的顽强斗志和坚毅品质。“两弹一星”精神既是中华民族精神孕育的必然产物，又是有序合成民族精神的重要元素。它的成功问世和与时俱进，既完善和优化了中华民族精神的内部合成结构，又适时、时时地不断守正创新、革故鼎新，推动了中华优秀传统文化和民族精神不断迈向更高的阶段和更深的层次，必将随着中华儿女一次又一次伟大实践而焕发出新的光芒。

第一章 01

研发“两弹一星”：居安思危的必然选择

20世纪的世界，战争与和平、机遇与挑战并存。这种局面出现的原因在于，战争既使世界遭遇了血与火的洗礼，也孕育了新一轮科技革命，世界各国的发展呈现出新景象和新气象。和平使世界凤凰涅槃、浴火重生，孕育新的发展契机；但全面冷战和局部热战的国际形势也使各国发展陷入不可知的恐慌和动荡中。这其中最为明显的莫过于20世纪50年代刚刚诞生不久的新中国。新中国一经诞生，就面临着极为严峻的国际形势。超级大国的核威胁、核讹诈与核垄断肆虐横行，中国面临着严峻复杂的国际形势。以毛泽东同志为核心的第一代中共中央领导集体从国家前途和民族命运的战略出发，果断作出研制“两弹一星”[①]的重大决策。老一代科技工作者深入贯彻落实党

① “两弹一星”，最初指原子弹、氢弹、人造卫星。“两弹”中的原子弹和氢弹后来合称核弹，另一“弹”指早期研发的导弹。后来“两弹一星”指导弹、核弹、人造卫星。本书中的“两弹一星”主要指的是20世纪50年代至70年代，我国科技工作者在中国共产党的领导下，依靠自己的力量，独立自主地完成了原子弹爆炸、导弹飞行和人造卫星发射这三项令全世界赞叹的伟大成就。

中央的战略决策，以国家前途和命运为己任，艰苦奋斗、拼搏奉献，在研制“两弹一星”伟大事业中形成了“两弹一星”伟大精神。这不仅促进了我国国防事业的快速发展，也有力地带动了科技事业的向前推进，并在此过程中培养出了一支吃苦耐劳、勇于创新的科技队伍，极大地增强了中国人民在艰苦环境中建设伟大祖国的自信心和自豪感。“两弹一星”精神既具有爱国奉献、强国兴邦、凝心聚力的情感展现，又具有严谨求实、科学引领、自主创新等特质，是中华民族珍贵的精神财富。中国特色社会主义已经进入新时代，全面建成社会主义现代化强国，实现国家治理体系和治理能力现代化需要思想引领、精神激励。“两弹一星”精神必将在实现中华民族伟大复兴中国梦的进程中激励中国人民奋力前行。

一、中国研发“两弹一星”的历史背景与抉择

核科学技术和航天技术是20世纪人类取得的两大科技成果，是一个国家国防实力、综合国力和国家科技水平的重要标志和集中体现。新中国成立后，面对复杂、严峻的国际形势和严酷的战争威胁，以毛泽东同志为核心的党的第一代中央领导集体高瞻远瞩、审时度势，毅然作出了发展中国核事业和航天事业的重大战略决策。

（一）严峻的国际形势

早在1904年，物理化学家费雷德里克·索迪在一次讲演中说：“一切重物质可能都潜藏着束缚在原子结构中的与镭元素相当的能量。如果这种能量能被释放出来并加以控制，那将是怎样一种决定世界命运的力量！倘若有人能够获取大自然千方百计守护的控制能量输出的秘密，他就将拥有一种强大的武器。如果他愿意，甚至可以毁灭地球。”[①]进入20世纪，天才的物理学家对原子世界的认识日渐加深。20世纪30年代初，科学家发现了铀核裂变现象，这在人类科学史上具有重大意义，这一重大发现为后来人类研制核武器提供了重要基础。1939年，法国物理学家约里奥-居里提出铀核裂变链式反应的可能性；同年，丹麦理论物理学家玻尔与其合作者惠勒从理论上阐述了原子核裂变反应过程，并指出引起这一反应最适宜的核素就是铀-235，这就找到了人类揭开原子弹奥秘的“金钥匙”[②]。1940年，苏联科学家哈利顿和捷利多维奇提出了维持铀核裂变链式反应的条件，苏联进行了世界上第一次铀核裂变链式反应试验。从此，人类进入核时代。

---

① 转引自杨许国. 爱因斯坦与原子弹［J］. 国防科技，2007（7）：64.

② 陶纯，陈怀国. 国家命运：中国“两弹一星”秘密历程［M］. 上海：上海文艺出版社，2011：3.

1945年7月16日，美国在新墨西哥州进行了人类历史上第一次核试验，地球上第一颗原子弹问世了。7月26日，中、美、英三国发表《波茨坦公告》，促令日本政府立即宣布无条件投降。为了迫使日本迅速投降，8月6日，美军向日本的广岛投下了一颗代号为"小男孩"的原子弹；8月9日，美军在日本的长崎投下了一颗代号为"胖子"的原子弹。这对于第二次世界大战的结束和战后世界政治格局产生了重要影响，也直接影响了此后苏联、英国、法国和中国对核武器的研制。1949年8月29日，苏联在西伯利亚成功爆炸了其第一颗原子弹。可以说，在当时复杂多变的形势下，世界上也只有美苏两国可以进行核武器研制工作。而这两国核武器的问世，可以说直接决定了战后世界政治格局的演变。战后，世界各国人民长期处在这两个超级大国的核战争威胁之中。

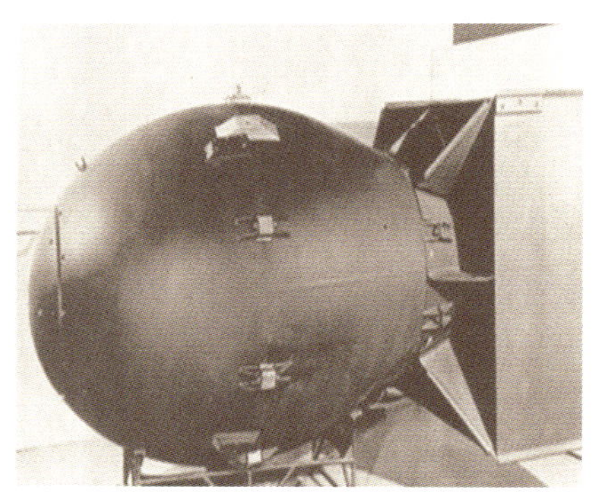

美国第一颗原子弹代号为"瘦子"

苏联第一颗原子弹代号为"南瓜"

1949年10月1日，新中国成立。由于我党自始至终以马克思主义为指导，我们建立的是新民主主义国家，其前途是走向完全不同于西方资本主义世界的社会主义社会，并最终实现共产主义，因此壮大了以苏联为代表的社会主义阵营的力量，当然也就引起了以美国为代表的资本主义阵营的仇视和敌视。西方国家妄图把新中国扼杀在摇篮中，并采取了政治遏制、经济封锁、外交孤立、军事打击、舆论攻击等一系列措施，手段之卑劣可谓无所不用其极。

（二）严酷的战争威胁

20世纪50和60年代，是新中国发展极不寻常的时期，中国始终面临着帝国主义的武力威胁以及核讹诈、核威胁和核垄断。美国多次对中国进行战争挑衅与核威胁。1950年6月，朝鲜战争爆发。同年10月，中国人民志愿军跨过鸭绿江，痛击逼近中朝边境的所谓“联合国军”。1953年，美国总统艾森豪威尔曾就此事件多次发表讲话，声称如果朝鲜战争没有取得令美国满意的进展，不排除对中国使用核武器的可能。美国还出台了《国家安全基本政策》和《美国对中国共产党的政策》，明确表示将动用核武库中的多数核武器对中国的空军及其他设施实施决定性打击。第二次世界大战结束后，在亚洲印度支那半岛，越南、老挝、柬埔寨三国人民为反对法国殖民统治、争取和维护民族独立，以越南战场为主体进行了印度支那三国抗法战争（1946年至1954年7月），亦称第一次印度支那战争。为了和平解决朝鲜问题和恢复印度支那地区和平问题，缓和紧张的地区形势，1954年4月26日至7月21日，周恩来总理率领中国代表团出席了日内瓦会议，根据和平共处五项原则和求同存异的方针实现了印度支那和平。同时出席此次会议的美国，其态度则是要依靠原子弹进行大规模的报复行为。

另外，美国更是粗暴、蛮横不讲理地干涉纯属中国内政的海峡两岸关系。1952年12月，美国当选副总统尼克松窜访中国台湾，与蒋介石“交换意见”，同意让中国台湾加入美国的防御体系，从而补充其在亚洲的军事力量。1953年夏，美国将两艘具有核投放能力的战舰派往中国海域，并声称其第七舰队将干预中国大陆解放台湾的行动。1955年，美国国会参议院通过了“美台共同防御条约”，美军参谋长联席会议主席阿瑟·雷德福建议总统，如果台湾海峡出现危机，应该对中国大陆使用核武器。1958年，蒋介石密谋布兵，企图反攻大陆，遭到我军惩罚性炮击；时任美国总统艾森豪威尔命令该地区美国驻军“准备在必要时使用原子弹”。接二连三的核威胁和险恶的国际形势，促使以毛泽东同志为核心的党中央从战略高度审视发展核工业及核武器的重要性。

（三）“二战”后期的科技发展与影响

科技是一个国家综合国力的重要组成部分，也是其综合国力的重要标志。在一定程度上，科技水平是衡量一个国家综合国力强弱的决定性因素。由此看来，科技的发展进步会对国家实力变化产生巨大影响。一个国家如果能适时、时时抓住科技创新和突破的发展机遇，就有最大的可能、在较短的时间内快速增强综合国力，进而极大地提高自己的国际地位和国际影响力；反之，那些没有及时抓住科技发展机会的国家，必然会导致其实力逐步衰落，并进一步致使其国际地位下降。这种国家综合国力的升降变化，亦必然引起国际格局的变化。从这个意义上看，科技能够影响世界格局，只有掌握了高科技，才能夺取战略制高点，进而掌握战略主动权。

第二次世界大战客观上推动了科学技术的迅速发展，追求战争优势和主动权的客观需求使得一些参战国对其国内的科学技术研究进行了重大调整。如英国政府和军方为了应对战争，组织了大批科学家进行新型武器装备设计和组织方法研究，很快在厘米波雷达和军事运筹学方面取得了重大突破，这是英国在英德战争中取胜的重要因素之一。同期的美国政府也展开了规模浩大的重整军备运动，在军事科研和试验设计方面增加大量投资。1940年，美国用于军事科研工作的全部开支为2600万美元，而从1942年美国参战起，猛增至每年51300万美元，增加了近19倍[①]。其中，1942年至1946年实施的“曼哈顿计划”，是由美国牵头，英国、加拿大参与的一项研究核武器的计划，其目的是制造原子弹，是为赢得第二次世界大战而服务的一项军事工程。“曼哈顿计划”使核武器研制有了一个总体性的规划，大大加快了其研制进度，各种理论研究和试验生产单位迅速建立起来，并取得了一系列预期成果，成为美国军事技术达到空前规模的标志。由于投资激增，加上美国科学家和逃往美国避难的德国科学家的通力合作，使美国很快在原子弹、电子计算机、抗菌素等许多方面取得突破性的成果。

在航空领域，1939年8月，为满足战争需要，德国制造了世界上第一架喷气式飞机。1941年5月，英国制造了时速600千米的涡轮喷气式飞机。为了争夺制空权，1942年，德国又把喷气式飞机技术进一步提高，制造出第一架时速为960千米的实用喷气式飞机，并在1943年开始大规模生产。喷气式飞机取代螺旋桨飞机，这是航空技术的重大突破。此外，第二次世界大战也产生了大规模计算的需求，在真空管技术的支持下，电子计算机迅速问世。正如恩格斯指出的那样，“社会一旦有技术上的需要，这种需要就会比十所大学更能把科学推向前进。”[②]

---

① 乔松楼，苏雨生. 第二次世界大战中的科技发展［J］. 知识就是力量，1995（5）：4-7.

② 马克思，恩格斯. 马克思恩格斯全集：第4卷［M］. 北京：人民出版社，1995：732.

1939年德国制造的世界上第一架喷气式飞机

可见，战争给科学研究提出了时代性问题和紧迫性课题，而且往往要在比平时困难得多的情况和条件下才能实现。从该层面看，这也刺激了科学技术的发展。但对于战争来说，科技成果往往并非正向的激励，而是一把“双刃剑”，它一方面适应了军事的需求，刺激和加剧战争；另一方面，它也可以遏制和减缓战争，维护世界和平与稳定，为世界各国经济发展注入新的发展机遇和生机活力。

二、中国研发“两弹一星”的主要历程

1840年，西方列强挑起了侵略中国的第一次鸦片战争。此后，中华大地陷入战乱频仍、腐败纵横乃至民族危亡的危急局势。历经一百多年，中国逐步沦为积贫积弱、极端落后、“人为刀俎、我为鱼肉”的半殖民地半封建社会，陷入民不聊生、灾难深重、屈辱至极、苦不堪言的深渊之中。1949年新中国成立前夕，我国人均国内生产总值仅有27美元，人均寿命不到35岁，人均受教育年限不到1年，约90%的人是文盲。经过长期战乱，新中国成立初期百废待兴、百业待举，在经济、科技和文教等领域急需大批建设人才。以毛泽东同志为核心的第一代中共中央领导集体深刻总结了新民主主义革命取得胜利的经验，并认真分析新中国面临的复杂局势和国内现实情况，认识到新民主主义社会向社会主义社会过渡，进行社会主义革命和社会主义建设，必须团结一切可以团结的力量。此后，党和国家在经济、政治、文化、社会等尤其是人才培养

方面进行了全方位规划和谋篇布局，动员、吸引、积聚、培养和造就了一大批各行各业人才，为开创社会主义现代化建设事业新局面、开启改革开放新的伟大征程奠定了重要基础，提供了重要智力支持。

（一）“两弹一星”工程启动

在新中国成立前后，毛泽东主席就制定了“定向、集中、大量”向苏联、东欧等社会主义国家派遣留学人员的出国留学政策。20世纪60年代初期，党中央又拟定了向西方国家派遣留学人员的正确方针。这些方针和政策既为新中国的出国留学事业奠定了坚实的政策基础，也为中国内地留学活动的持续发展积累了宝贵的实践经验。

与此同时，在1949年夏季，周恩来提出了吸引在外中国留学生和学者回国的方针政策，即“动员在美国（等西方国家）的中国知识分子特别是高级科技专家回来建设新中国”①。当时在海外的留学人员、专家学者也纷纷要求回国参与新中国建设。1950年初，新中国核事业的元勋和主要科技领导人之一，被誉为“中国工程科学界支柱性的科学家”“中国科技众帅之帅”的朱光亚联合51名旅美留学生，起草了著名的《给留美同学的一封公开信》，吹响了留学人员回国的“集结号”。自此，我国迎来了新中国成立后第一次留学人员回国潮。那个年代的“海归”使命，正应了当时流行的一首歌的歌词：“不要迟疑，不要犹豫，回国去，回国去。祖国建设需要你，组织起来回国去，快回去，快回去。”

给留美同学的一封公开信②

同学们：

是我们回国参加祖国建设工作的时候了。祖国的建设急迫地需要我

---

① 转引自苗丹国，陈可森，杨晓京. 出国留学培养有家国情怀国际视野的建设人才［N］. 中国教育报，2019-09-27（05）.

② 载于《留美学生通讯》1950年3月18日第三卷第八期。

们！人民政府已经一而再再而三地大声召唤我们，北京电台也发出了号召同学回国的呼声。人民政府在欢迎和招待回国的留学生。同学们，祖国的父老们对我们寄存（予）了无限的希望，我们还有什么犹豫的呢？还有什么可以迟疑的呢？我们还在这里彷徨做什么？同学们，我们都是在中国长大的，我们受了20多年的教育，自己不曾种过一粒米，不曾挖过一块煤。我们都是靠千千万万终日劳动的中国工农大众的血汗供养长大的。现在他们渴望我们，我们还不该赶快回去，把自己的一技之长，献给祖国的人民吗？是的，我们该赶快回去了。

…………

从现在起，四万万五千万的农民、工人、知识分子、企业家将在反封建、反官僚资本、反帝国主义的伟大旗帜下，团结一心，合力建设一个新兴的中国，一个自由民主的中国，一个以工人农民也就是人民大众的幸福为前提的新中国。要完成这个工作，前面是有不少的艰辛，但是我们有充分的信念，我们是在朝着充满光明前途的大道上迈进，这个建设新中国的责任是要我们分担的。同学们，祖国在召唤我们，我们还犹豫什么？彷徨什么？我们该回去了。同学们，听吧！祖国在向我们召唤，四万万五千万的父老兄弟在向我们召唤，五千年的灿烂光辉文明在向我们召唤！我们中国要出头了，我们的民族再也不是一个被人侮辱的民族了！我们已经站起来了，回去吧，赶快回去吧！祖国统一在迫切地等待我们！

“应该回祖国去”——钱学森的回国历程①

从未打算在美国工作一辈子

我于1935年去美国，1955年回国，在美国待了20年。20年中，三四年是学习，后十几年是工作。所有这一切都是在作准备，为了回到祖国后，能为人民做点事。我在美国那么长时间，从来没有想过这一辈子要在那里待下去。我这么说是有根据的。因为在美国，一个人参加工作，总要把他的一部分收入存入保险公司，以备晚年退休之后用。在美国期间，有

① 叶永烈. 钱学森的故事［M］. 北京：中国青年出版社，2018：112-113.

人好几次问我存了保险金没有？我说一美元也不存。他们听了感到奇怪。其实，没有什么奇怪的，因为我是中国人，根本不打算在美国住一辈子。到1949年年底，我得知新中国成立，认为机会到了，应该回祖国去。

当时，数学家华罗庚从美国回到新中国，在通过罗湖口岸前夕，发表了一封《告留美同学的公开信》。钱学森为之动容：“中国在迅速进步着。1949年的胜利，比一年前人们所预料的要大得多，快得多……朋友们，梁园虽好，非久居之乡！为了抉择真理，我们应当回去；为了国家民族，我们应当回去；为了为人民服务，我们也应当回去，建立我们的工作基础，为了我们伟大祖国的建设和发展而奋斗！”

据统计，在20世纪50年代，有3000余名旅欧美国家的留学人员回国；同期，中国留日同学总会也累计安排千余名留学日本的华侨回到祖国。在回到祖国怀抱的这些留学生中，许多人成为我国众多学科的开创者和奠基人；还有相当一部分人承担起社会责任，成为一系列政策的制定者和决策人。党中央作出的吸引大批留学生回国的重大决策，为新中国的经济建设和科技事业等各方面的发展奠定了重要的人才基础，也为中华民族伟大复兴夯实了人才之基。

在党中央一系列方针政策的指引下，一大批海外学子怀着对新中国的向往、怀着报效祖国的赤子之心纷纷回国。这其中就有钱学森、邓稼先、钱三强、朱光亚、华罗庚、赵忠尧、任新民等世界一流的著名科学家。他们历经千难万险，冲破重重艰难险阻，一个个、一批批陆续归来，回到了伟大祖国的怀抱。

抗战胜利前夕，中国共产党人就开始敏锐地觉察到高新科学技术成果往往最先应用于军事领域，因而我党的核安全意识日益增强。一方面高度警惕外部敌对势力使用核武器对我国国家安全造成的威胁，另一方面清醒地认识到发展核武器对于实现中华民族强国梦的重大战略意义。

1945年，美、英、苏三国首脑在柏林西郊的波茨坦举行第二次世界大战期间的第三次也是最后一次三国首脑会议。这次会议的主要目的是商讨对战后德国的处置问题和战后欧洲的安排问题，以及争取苏联尽早出兵对日作战。这次会议是把核武器当作外交语言时代开始的标志，从此以后核武器的竞赛与扩散加速推进。当时颇有权威的外国杂志《国际防务评论》刊登的一篇论文写道：“早在1944年，延安的情报部门已经了解到美国在发展原子弹。在新武器首次使用和关于德国的V-2导弹情报在战后透露后，周恩来等共产党人很清楚，这些新技术将对他们的安全造成严重的威胁。在革命胜利后，必须使中国有能力开发这些新技术以保证其安全与独立，这是显而易见的。因此，他们决定感召和吸收在国外生活的中国人，这些中国人一直受到西方技术的培养，并可能参与了导弹或核武器计划。周恩来等提出的最初名单有200多名在数学、物理、工程方面正在从事研究的移居外国者……”[①]这一报道彰显了中国共产党人应对外部风险挑战的意识，与其肩负的民族民主革命的使命是紧紧联系在一起的。

事实上，研制原子弹、氢弹和人造卫星非我国本愿，我国发展核事业的决策是在迫不得已的情况下才作出的。1945年8月，美国先后在日本的广岛和长崎投下了原子弹，从此，核战争的阴影笼罩着全世界。几天之后，毛泽东在延安窑洞前一次干部会议上说：“美国和蒋介石的宣传机关，想拿两颗原子弹把红军的政治影响扫掉。但是扫不掉，没有那样容易。原子弹能不能解决战争？不能。原子弹不能使日本投降。只有原子弹而没有人民的斗争，原子弹是空的。”[②]

1946年8月6日，在延安枣园树下，毛泽东接受了美国记者安娜·路易斯·斯特朗女士的采访，说出了流传于世的一句话，“原子弹是美国反动派用来吓人的一只纸老虎，看样子可怕，实际上并不可怕。当然，原子弹是一种大规模屠杀的武器，但是决定战争胜败的是人民，而不是一两件新式武器。”[③]毛泽东还发表了“一切反动派都是纸老虎”的著名论断，极大地增强了中国共产党人和中国人民同帝国主义支持的国民党反动派作斗争的勇气和信心，也为当时处于极度迷茫和恐慌中的中国人民指明了正确的前进方向。

1951年下半年，法国科学院院长、世界著名科学家、诺贝尔奖获得者约里奥-居里（居里夫人的女婿，法国共产党党员）曾经让从法国回国的中国放

① 彭子强. 筑向天空的长城：中国“两弹一星”揭秘［M］. 北京：昆仑出版社，1989：4.

② 毛泽东选集：第4卷［M］. 北京：人民出版社，1991：1133.

③ 毛泽东选集：第4卷［M］. 北京：人民出版社，1991：1194～1195.

射化学家杨承宗传话给毛泽东：你回国后请转告毛泽东主席，你们要反对核武器，自己就应该先拥有核武器。这个口信的传达对于当时的新中国决意发展核工业起了很大的作用。面对美国当局不断对中国进行的核威胁，以毛泽东同志为核心的党中央深刻认识到，为什么美国当权者动辄就要向我国进行核威胁？为什么美国敢于这样做？主要原因就在于我们中国没有原子弹、氢弹及其运载工具，中国没有核遏制力量，没有同样的打击报复手段，没有与之相抗衡的力量。

针对日益变化的国际形势和日趋激烈的国际斗争，世界和平越来越受到核战争的威胁。要维护世界和平与稳定，就必须打破核垄断、粉碎核讹诈、防止核战争。为此，毛泽东同志提出，“美国的原子讹诈，是吓不倒中国的”，[①]“帝国主义拿来吓唬我们的原子弹和氢弹，也没有什么可怕”[②]。在强调战略上“不怕”原子弹的同时，又在战术上高度重视发展尖端科技。毛泽东指出：“我们现在还没有原子弹，也没有氢弹，我们要研究和制造这种武器”[③]，主张新中国要坚决发展原子武器，要拥有核武器，并要求用10年时间搞出原子弹、氢弹。这为我国武器装备发展，特别是核武器发展奠定了思想认识基础。

1949年，周恩来曾提出中国要发展新兴科学，如原子核科学、实验生物学等。1949年12月16日至1950年2月17日，毛泽东第一次踏出国门访问苏联时，苏联方面特意为他播放了当年8月29日苏联成功进行第一颗原子弹爆炸试验的新闻电影纪录片。在归国途中，毛泽东再一次表达中国要研制核武器的想法。他对身边的工作人员说：“这次到苏联，开眼界哩！看来原子弹能吓唬不少人。美国有了，苏联也有了，我们也可以搞一点嘛。”[④]

1950年6月，朝鲜战争爆发。10月，中国人民志愿军跨过鸭绿江抗美援朝时，毛泽东曾用“你打原子弹，我打手榴弹”这样形象化的语言，激励全国人民和志愿军将士同仇敌忾、英勇作战。在武器装备处于劣势的条件下，中国人民志愿军取得节节胜利，展示了中国人民不畏强敌、敢于斗争的英雄气

① 中共中央文献研究室. 毛泽东年谱：1949—1976：第2卷［M］. 北京：中央文献出版社，2013：340。

② 毛泽东. 毛泽东文集：第6卷［M］. 北京：人民出版社，1999：404.

③ 中国中央文献研究室. 建国以来毛泽东军事文稿：下卷［M］. 北京：军事科学出版社，2010：174.

④ 闭良干. 中国向苏联学习“两弹”技术实录［J］. 国际人才交流，2011（2）：44-46.

概。为了挽回败局，气急败坏的美国当权者曾多次企图对中国使用原子弹[①]。1950年11月30日，合众社报道了杜鲁门总统的讲话，“他已考虑同朝鲜战场有联系的原子弹问题”。随即美联社也进行了报道：“杜鲁门总统正在积极考虑使用原子弹来对付中国共产党人，如果有必要这样做的话。”1952年，艾森豪威尔当选美国总统，12月份去南朝鲜（今韩国）“访问”。1953年初，他下达命令，将携带核弹头的导弹秘密运到日本的冲绳岛，为向中国发射核导弹而做准备。甚至到1955年，人民解放军陆、海、空三军联合抗击国民党军顽敌，一举解放了一江山岛和大陈岛时，美国国会正式通过授权，总统可以对中国使用核武器。根据这一授权，美国军方研究制定了使用原子弹攻击中国东南沿海地区的多种方案。

美国挥舞的“核大棒”让以毛泽东同志为核心的党中央深刻认识到，要消除核威胁就必须首先进行核武器研制工作的规划和布局，必须在独立自主的基础上研发核武器，掌控核武器。从1952年起，党中央开始筹划原子弹研制工作，并积极汇聚、广揽人才，尤其是海外科学家。毛泽东和周恩来等认为，“这是一个大的政治战略，中国如果没有原子弹等尖端武器，人家瞧不起你”[②]。从这时起，原子弹就显示了“争气弹”的色彩。当时，许多科学家纷纷向中央建议研制原子弹，如1953年，钱三强向党中央建议发展原子能事业。后来归国的钱学森也向党中央建议发展导弹事业。

毛泽东从反对核战争、争取和平的目的出发，强调中国要勇攀科技最高峰。他说：“如果有氢弹、导弹，仗就可能打不起来，和平就更有把握了。原子弹要有，搞起来也不会多，吓吓人，壮壮胆。”[③]1954年秋，我国发现了铀矿。1955年1月14日，周恩来找来李四光和钱三强详细询问了中国核科学研究人员、设备和铀矿资源的情况，以及核反应堆、原子弹的原理和发展核能技术所需要的条件，并告诉他们中国准备研究发展原子能事业。1月15日，毛泽东在中南海主持召开中共中央书记处扩大会议，在听取李四光、钱三强、刘杰

① 桂婷. 解密：中国历史上第一次核爆背后的十个秘密［EB/OL].（2020-5-3). http://www. jianglishi. cn/zhanshi/15751_10. html.

② 孙丽. 中国研制“两弹一星”的文化透视［M]. 北京：经济科学出版社，2011：49.

③ 中国核工业总公司. 毛泽东与中国原子能事业［M]. 北京：原子能出版社，1993：11.

的汇报后，毛泽东十分高兴地说：“我们国家，现在已经知道有铀矿，进一步勘探一定会找出更多的铀矿来。解放以来，我们也训练了一些人，科学研究也有了一定的基础，创造了一定的条件。过去几年其他事情很多，还来不及抓这件事。这件事总是要抓的。现在到时候了，该抓了。只要排上日程，认真抓一下，一定可以搞起来。”①他还强调说：“我们只要有人，又有资源，什么奇迹都可以创造出来。”②这是一次对中国核工业具有重大历史意义的会议，作出了中国要发展原子能事业的战略决策，标志着中国核工业建设的开始。1955年1月15日也因此成为我国核工业的创建纪念日。

党中央深刻认识到，要打破西方的封锁与威胁，必须有强大的国防、有自己的核武器。1956年4月25日，毛泽东在中央政治局扩大会议上强调：“我们现在已经比过去强，以后还要比现在强，不但要有更多的飞机和大炮，而且还要有原子弹。在今天的世界上，我们要不受人家欺负，就不能没有这个东西。”③1958年6月21日，毛泽东在中共中央军委扩大会议上的讲话中指出：“还有那个原子弹，听说就这么大一个东西，没有那个东西，人家就说你不算数。那么好，我们就搞一点。搞一点原子弹、氢弹，什么洲际导弹，我看有十年工夫完全可能的。”④自此，中国的核工业开始全面上马，正式开始研制原子弹。

（二）“两弹一星”工程推进

在党中央、国务院和中央军委的统帅和指挥下，开始了核基地的选址工作。1957年5月，时任三机部九局（核武器局）局长李觉和吴际霖、郭英会、

---

① 中共中央文献研究室. 毛泽东年谱：1949—1976　第2卷［M］. 北京:中央文献出版社，2013：337-338.

② 中共中央文献研究室.毛泽东年谱：1949—1976　第2卷［M］. 北京：中央文献出版社，2013：338.

③ 中共中央文献研究室.毛泽东年谱：1949—1976　第2卷［M］. 北京：中央文献出版社，2013：567.

④ 中共中央文献研究室.毛泽东年谱：1949—1976　第3卷［M］. 北京：中央文献出版社，2013：373.

何广乾以及苏联专家等10余人，在飞机盘旋了甘肃、四川等地的许多高山丛林之后，几经周折，综合地质地貌水文气象等因素后，最终将中国第一个核研制基地选定在青海省海晏县金银滩地区。当时的选址理由初步认为，一是这里四面环山，中间平地，宜于建厂；二是这里人口稀少，地域宽阔，便于疏散；三是这里边远闭塞，利于保密。1958年5月，邓小平正式批准了“五厂”“三矿”的选址报告。二二一厂即为“五厂”之一，为核武器研制基地和最后的总装厂，对外名称为“国营综合机械厂”，掩护名称为“青海省第五建筑工程公司”。基地占地面积570平方千米（初建1170平方千米），四周环山，高寒缺氧，平均海拔3000多米。3个月后，来自全国各部队的第一批2000多名转业干部和战士，顶寒风、冒酷暑，先期到达这里，匆匆拉开了中国核工业建设的序幕。

根据二二一厂建厂要求，需要搬迁1715户9325人。除了金银滩所在的海晏县本县和湟源县就近安置比较容易，对于安置到祁连县的461户2183人和刚察县的474户2469人来说，由于路途遥远，迁徙之路十分波折。1958年10月20日，开始移民搬迁工作。迁到祁连县的移民在祁连山遇到了暴风雪，牧民赶着十几万头牲畜，拖儿带女，行进得十分艰辛。晚上宿营时，甚至几家人挤住在一个帐篷里。一直走了26天，牧民最终到达目的地。

1958年，由李觉局长率领的两支建筑公司进入金银滩后，基地的抢建工作开始了。施工队伍首先在总厂区抢盖几栋红砖楼房，指挥部这才有了办公的地方。在1960年草原上的第一栋楼房建成后，全面负责基地生产建设的李觉将军下了这样一道命令，把新建的房子让给科技人员，干部一律住帐篷。他自己带头住进帐篷里。金银滩草原是平均海拔3000多米的高原牧区。这里气压低，缺少氧气；开水只有80多摄氏度，煮饭半生不熟；年平均气温不到零摄氏度，霜冻期长，经常风雪交加、冰雹大作，一年里有八九个月要穿棉衣。高寒缺氧是几乎所有人要渡过的第一大难关。1960年，恰恰是国家经济困难时期，饥饿席卷全国，二二一基地开始了最困难的两年。职工帐篷无法抵挡零下二三十摄氏度的严寒。每人每月定量，吃的是青稞面和小米混合面，副食是一点干菜，所有人在抵抗高寒缺氧的同时，还要节衣缩食、咬牙度饥荒，其艰苦程度非亲身经历难以想象。就是在这样至艰至难的环境下，广大职工、科研人员和军队干部、士兵以“黄沙百战穿金甲，不破楼兰终不还”的决心，克服重重困难、突破重重险阻，最终成功研制出中国自己的核武器。这其中所蕴含的可歌可泣的奋斗精神是我们今天所无法切身体会的。我们只有将其铭记于心、践之于行，才能让老一辈革命家、科学家和科技工作者开创的事业基业永固。

二二一厂刚刚筹办时，“苏联老大哥”给予了我国诸多帮助。1958年7月，苏联核武器研究院三位专家来华，帮助规划组建核武器研究机构。三位专家曾为中国的六位部局领导干部讲了一次课，介绍了原子弹的原理、结构和设计，这对于我国原子弹研制初期起到了引路作用。然而就在原子弹研制进入关键阶段，苏联向我国提出共建长波电台和联合舰队的想法，试图从军事上控制中国。这遭到中国政府的断然拒绝，从而致使中苏关系急剧恶化。1959年6月20日，苏联终止了与中国签订的《国防新技术协定》，拒绝提供原子弹的模型和图纸资料，撤走了当时在核工业系统的223名苏联专家和研制设备，企图将我国的核武器研制扼杀在摇篮之中。当时的苏联领导人赫鲁晓夫甚至断言：中国……就是20年也搞不出原子弹。苏联专家撤走，给我国核工业发展带来了意想不到的困难。但是，此时的毛泽东主席表现出力挽狂澜的大无畏精神，他说：“要下决心，搞尖端技术。赫鲁晓夫不给我们尖端技术，极好！如果给了，这个账是很难还的。”[①]中国核工业奠基人之一、时任二机部部长刘杰，为了鼓舞群体士气，提议将国家第一颗原子弹以苏联毁约的1959年6月作为代号，即“596”，寓意“争气弹”。至此，我国正式进入自力更生研制原子弹的奋斗阶段。

1960年初，在中央军委召开的扩大会议上，进一步明确了发展国防尖端

中国科学院原子能研究所领导及有关方面负责人与苏联专家合影（图片来源于《苏联专家在中国》，第261页）

① 毛泽东. 要下决心搞尖端技术［J］. 党的文献，1996（1）：10.

技术的方针是“两弹为主，导弹第一”[①]。1962年，二机部向中央上报争取在1964年、最迟在1965年成功爆炸第一颗原子弹的两年规划。毛泽东在这部规划上做了批示：“很好，照办。要大力协同做好这件工作。”[②]与此同时，为了加强领导，中共中央还专门成立了由周恩来总理任主任，由副总理、政府部长级领导共同参加的中央十五人专门委员会，成为中共中央领导我国核工业发展的最高决策机构。从1963年6月至1967年6月，是“草原大会战”时期。为了研制原子弹，二机部从全国抽调了科学家及高级、中级科学研究人员和工程技术人员、高级技术工人以及由全国各大专院校分配的毕业生和归国留学生，总数达到数千人。他们汇集到二二一基地，参加我国的原子弹、氢弹研制大会战。他们边干边学，从“门外汉到行家里手”，为研制“争气弹”全力攻关。整个大会战期间，全国众多单位大力协同。中国科学院兰州物理研究所研制了炸药配方，一机部提供加工机床，二机部五〇四厂提供5号核材料，二〇二厂提供8号核材料，三机部帮助加工蜂窝架，四机部提供电子器件和设备，五机部五三所提供炸药和雷管，等等。全国上下团结协作，“走出了一条中国特色的原子弹研制道路”。

在苏联专家撤走后，“两弹一星”功臣邓稼先在北京带领孙清河、朱建士等十几名新毕业的大学生，使用手摇计算机和乌拉尔电子计算机进行了原子弹的总体力学计算。他们每天“三班倒”，每人每天工作10多个小时，在1年左右的时间里，共对原子弹内部物质运动的全过程进行了9次计算，不但为原子弹理论设计和力学计算打下了坚实基础，而且纠正了苏联专家的一个较大的理论错误，于1963年3月提出了我国第一颗原子弹的理论设计方案。与此同时，在王淦昌、陈能宽等科学家的领导下，研制原子弹的另一项重要基础性课题——爆轰物理试验研究，也加紧进行。在临时搭起的工棚里，用普通铝锅熔化炸药，手工搅拌炸药，用马粪纸做成圆筒代替金属模具，浇铸出第一个炸药部件。核材料铀-235是原子弹的核心材料，其研制过程是一件了不起的系统工程，从探矿、选矿、开采到最后提取成功，有上百

---

① 周均伦. 聂荣臻年谱：下卷［M］. 北京：人民出版社，1999：709.

② 中共中央文献研究室. 毛泽东思想年编：1921—1975［M］. 北京：中央文献出版社，2011：901.

道工序，经过许多加工厂。从南方的矿山开挖、选矿，由粗加工到细加工，再到精加工，一步一步筛选，一步一步提取，将半成品送到北方某工厂，再由北方某工厂加工后送到西部多家工厂，最后提取。整个工艺流程生产要经过大半个中国，缺少一道工序也不成。每一道工序都有极严格的技术要求，工作量之大、工艺要求之细、技术要求之强，让人惊叹。为了早日研制出“争气弹”，科研人员加班加点，周日也在开会、测数据、讨论方案，每周只休息一个晚上。这些“草原人”全身心地投入，忘我地工作，几天几夜不睡觉，从不叫苦叫累。老职工唐孝威曾说：“原子弹、氢弹是怎么突破的？就是靠一种精神，一种叫作‘两弹精神’的东西。”[①]

（三）“两弹一星”工程告捷

1964年6月6日，二二一厂610工号的爆轰试验厂，第一次1∶1全尺寸爆轰模拟试验成功。9月29日，第一颗原子弹从青海核研制基地总装下线，从上星站运往新疆罗布泊。1964年10月16日15时，中国西部上空出现一朵灿烂的“蘑菇云”，中国第一颗原子弹爆炸成功，中国成为世界上第五个拥有原子弹的国家。从毛主席、周总理到全国人民，从长城内外、大江南北到四海之外，凡是中华民族子孙无不扬眉吐气，这是中华民族复兴的里程碑。在原子弹爆炸成功当晚，周恩来总理在人民大会堂接见音乐舞蹈史诗《东方红》的演职人员，并向全体人员宣布了这一消息。在原子弹爆炸成功的当天，中央政府向全世界作出庄严声明：“中国在任何时候、任何情况下，都不会首先使用核武器”，“我们深信，核武器是人制造的，人一定能消灭核武器”[②]。1967年6月17日上午8时，中国第一颗氢弹爆炸试验成功。从有关“两弹一星”工程的宣传中，我们常常可以看到这样的数据：从原子弹到氢弹，中国仅用2年零8个月，美国历时7年零4个月，苏联耗费4年，英国花了4年零7个月，法国用去8年零6个月。中国“两弹”的成功研制历时远少于上述几个发达国家，且独

① 加强国防力量的重大成就　保卫世界和平的重大贡献：我国第一颗原子弹爆炸成功［N］. 人民日报，1964-10-17（1）.

② 中华人民共和国政府声明（一九六四年十月十六日）。

立自主研发的氢弹技术也明显领先于这些国家。1970年4月24日21时，中国第一颗人造卫星发射成功，使中国成为第五个发射人造卫星的国家。中国的“两弹一星”是20世纪下半叶中华民族创建的辉煌伟业，标志着我国的科学技术和国防力量正以更快的速度向前发展，是中国人民在为进一步增强国防力量、保卫祖国安全和世界和平方面取得的又一个重大成就。

1987年，为了适应国际环境的变化，表明我国政府全面禁止和销毁核武器、维护世界和平的决心，同时，适应社会主义现代化建设的战略转移，国务院办公厅和中央军委办公厅作出了撤销二二一厂的决定，到1993年将全部职工安置在全国各地，并对基地核设施进行了彻底的无害化、特殊化处理，在经国家验收完全符合有关规定后，移交给海北藏族自治州利用。30多年来，广大科技工作者、工人、干部、牧工、家属和人民解放军、警卫部队指战员，在党中央、国务院、中央军委、中央专委的统帅和指挥下，在全国人民特别是青海各族人民的大力协同下，在这一片1170平方千米的神秘禁区内，艰苦创业，无私奉献，团结拼搏，攀登高峰，攻克了尖端科学技术，先后成功地进行了16次核试验，实现了武器化过程，生产出多种型号战略武器装备部队，壮了国威、军威。这一壮丽的事业，是几代人连续奋斗的结晶，多少人为之贡献了青春年华，有的甚至献出了宝贵生命。党和人民不会忘记，共和国不会忘记。

第二章 02

“两弹一星”精神锤炼

“两弹一星”是20世纪50年代的中国在西方国家经济封锁、武力威胁、核武威慑以及两个超级大国称霸世界的动荡不安的国际形势下，在内部敌特势力内外勾结、搞阴谋、玩诡计以及三年经济困难时期的国内困窘局面下所取得的辉煌成就，是中国在当时的特殊历史条件下立足世界、谋求生存与发展的最有力武器之一，是遏制两个超级大国以其强大武力和核武优势随意瓜分世界、破坏世界和平与稳定的尖端利器，是维护世界长期和平与稳定、安定与和谐的重要载体。中国在核技术和航空航天领域所取得的跨越式发展和全新突破，既是中国人民坚定信心信念、和衷共济和风雨同舟的必然结果，又是中华五千年优秀历史传统文化和民族精神积淀和孕育的必然产物。“两弹一星”的伟大成就和伟大精神既是中国“百花园”所特有的，又是世界文明“百花园”不可或缺的重要一环和重要元素。“两弹一星”成就和精神之所以呈现出这种趋向，是因为中国开始核武器和人造卫星研制工作的初衷是为了摆脱核战争和核威慑的巨大威胁，所谋求的就是为了取得一个稳定、和平的经济建设环境，所要致力于的事情就是维护世界和平、稳定和发展。中国“两弹一星”伟大成就的横空出世，有力地打击了美苏两极称霸全球、瓜分世界的阴谋野心和嚣张气焰，有力地推动了全球政治经济秩序逐步趋于稳定。这既为中国独立自主、自力更生探索适合本国国情的发展道路创造了条件，又为世界争取民族独立的半殖民地半封建国家求得民主与发展提供了效仿和借鉴的榜样。这也成为中国在20世纪50—60年代迅速积淀起国际声望和权威的重要原因所在。“两弹一星”的成功问世，彰显了中国人民和中华民族坚定不移和自强不息的奋斗精神，展示了中华儿女不畏艰难的坚定信念和坚强决心，体现了中国人民在民族危难时、国家需要时挺身而出、甘于奉献的“孺子牛”精神。这也成为中国应对各种危难、跨过各种险关的制胜法宝和传家之宝，也必将随着我国在新时代的发展而焕发出更加绚烂的色彩和光辉。

一、"两弹一星"成功研发后的世界影响

第二次世界大战后，世界格局渐趋呈现明朗之势。美苏两个超级大国因国家利益和意识形态的冲突而日渐走向对立，以美苏两极为主导的雅尔塔国际秩序逐步建立起来了。雅尔塔国际秩序是建立在对世界各国主权和领土完整随意践踏、破坏分割基础之上的，是以武力和霸权为重要保障的不公平、不对等的国际秩序。这种国际秩序的建立，从一开始就注定了其要在不久的将来大厦将倾、土崩瓦解。作为在20世纪40年代末诞生的新中国，要想彻底摆脱美苏两国的威慑和恐吓，拥有一个较长时期和平稳定的国内外环境，我国势必要进行核武器和航天技术研制工作。而正是这种高瞻远瞩的展望和设想，使我国经过长时间的艰苦奋斗和艰辛付出，取得了"两弹一星"的卓越成就，打破了美苏两国的核垄断、核威胁和核威慑，有力地捍卫了世界的公平和正义，为新中国保持长期稳定发展的国际环境，保持核技术和航天技术的领先地位等奠定了重要基础。同时，核技术的和平利用也为我国经济发展注入了强大的发展动力和活力。

（一）各国对中国成功爆炸原子弹的反应

新中国成立初期，为了保障国人的安全、国家的统一和领土主权完整，我国开始把核武器作为重点研究对象。按照中苏双边关系的进一步发展，苏联在成功爆炸原子弹后，开始帮助中国搞原子弹，并派来了许多专家，拿来了技术资料。但是，随着中苏关系的恶化，1960年7月，苏联单方面决定废除257个科学技术合作项目，不仅撤走了所有专家，还带走了全部图纸、计划和资料，同时停止了对中国建设亟需的重要设备供给，大量减少成套设备和各种设备中的关键部件供应，并在国防科技领域拒绝向中国提供长期承诺的原子弹教学模型。苏联中断对中国的援助，致使中国的核工业发展和尖端武器研发遭遇了重大挫折。当中国人在西北大漠里竖起第一座发射架时，一些西方国家认为，那

是开玩笑。当中国人用运行速度只有每秒几十万次的老式计算机编制地球同步卫星轨道程序时，“洋专家”又断言：不可能！苏联专家还断言，没有苏联的帮助，中国科学家花费20年也不可能研制出核武器。但是，中国人民有志气、有骨气，中国人的聪明才智远远超出了他们的想象，中国人就是将“不可能”变成了“可能”。经过5年的努力，我国成功试爆了第一颗原子弹，这一消息在第二天就传遍了全世界。

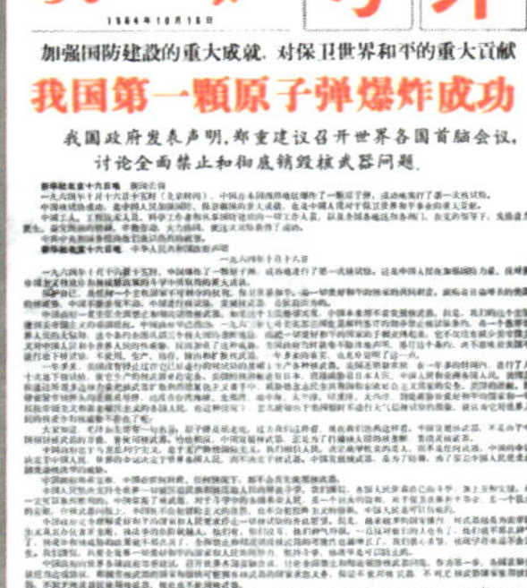

人民日报 号外

加强国防建設的重大成就，对保卫世界和平的重大貢献

我国第一颗原子弹爆炸成功

我国政府发表声明，郑重建议召开世界各国首脑会议，讨论全面禁止和彻底销毁核武器问题

《人民日报》号外刊登我国第一颗原子弹爆炸成功的消息

苏联只是悻悻地在报纸上留了一小块地方介绍中国拥有了核武器，而把大部分版面留给了中国周围其他小国家，并大肆描述这些小国家“谴责”中国研究高破坏性武器和反对中国核试验的消息。这从另一个侧面暴露了苏联与中国双边关系的恶化和苏联大国沙文主义盛行。中国拥有核武器，对于苏联来说，意味着中国从此彻底脱离了苏联的掌控，中国维护国家主权和领土完整的能力得到大幅度提升和强化，苏联和美国凭借核武优势随意威慑他国的历史和时代已经一去不复返了。

美英对于中国成功爆炸原子弹持有与苏联不同的态度。当时的美国和英国听说了这个消息之后显得十分轻蔑；因为在当时美英的核技术已经达到了能参加实战的水平，而中国则处于刚刚起步阶段。美国认为，全世界都在关注原子弹。中国即便是有了核武器，也很难打出去，因为当时世界上除了研发核武器外，更重要的是怎样实现两弹合一，就是如何把原子弹和导弹结合起来，使核武器能够发射得更远。所以，美英一致认为，中国没有参加实战的运用能力，不足以与美英任何一方相抗衡，所以他们告诫全世界不必担心。美国还表示，此次爆炸是“世界历史上最不幸的时刻之一”。美国认为，“这颗炸弹……将使中国获得一个核国家的形象和在亚洲增加威信。亚洲那些多少已经依附它的人，将更加依附于它；那些害怕它的人，例如越南人、泰国人将更加害怕。”[①]同时声称核试验对于贫穷的中国来说代价太重。美国还给自己的盟友们打气说，中国那么穷，有了原子弹也不足为虑，并在《纽约时报》上发表了长篇文章，告诉亚洲的盟友，自大地表示还是会保护他们的。

事实上，中国第一颗原子弹的爆炸，逼迫美国不得不考虑自己的对华政策。在1968年尼克松当选为美国总统时，就立即开始着手改善中美关系，认识到与占世界四分之一人口的大国对立是不明智的。英国针对中国成功爆炸原子弹则认为，世界处于危险之中，虽然中国的原子弹爆炸成功了，但是全世界尤其是中国应该签署禁核条约。因当时中国的核设备在技术上还比较落后，总体上来说，美英双方在中国原子弹爆炸成功之时并未表现得过于激动，反而还非常冷静、十分蔑视。在他们看来，中国拥有真正的核武器和先进的运载工具还需要些时间，但是没过几年中国就实现了“两弹”合一。

在五大常任理事国中，只有法国非常支持中国的核试验，对中国拥有核武器表示了极大的认同感。他们夸赞中国，说这是中国伟大的胜利，甚至认为中国将成为与拥有八亿人口大国相称的强国，中国一夜之间改变了自己在世界上的地位。当然，这并不是说法国完全认同中国，而是因为中法之间没有较大的直接利益冲突。法国对这一问题的考虑更多的是基于其国家利益，而不是从根本上认可中国共产党和中国人民。第二次世界大战结束后，美国将经济重心转移到欧洲，致使法国的利益受到严重损害。为了拉拢欧洲国家抵抗美国在西欧地区的影响力，再加上中国当时与欧洲各国基本上没有多大利益冲突，所以法国将中国看作是其天然的盟友之一。

中国第一颗原子弹爆炸成功给第三世界国家带来了巨大的福音，他们纷纷致电表示祝贺。朝鲜贺电指出，中华人民共和国核试验成功，是中国人民的伟大胜利，是社会主义阵营和全世界爱好和平人民的巨大胜利。非洲国家亦十分开心，因为当时的中国是唯一一个第三世界的大国，也是第三世界中唯一拥有

① 聂文婷. 中国第一颗原子弹成功试爆后的对外宣示与国际反响［J］. 当代中国史研究，2014（2）：24-30.

核武器的国家，这让弱小国家人心振奋。中国“两弹”的接连试爆成功，既有力地维护了第三世界的和平与稳定，更大大增强了发展中国家在世界上的影响力和话语权。

（二）“两弹一星”为世界和平事业作出了重大贡献

20世纪50和60年代，为了消除帝国主义的武力威胁，打破美苏两个超级大国的核垄断与核讹诈，增强国防实力，保卫国家安全，维护世界和平，以毛泽东同志为核心的党中央毅然决然地作出研制“两弹一星”、重点突破国防尖端技术的战略决策，并确定研制“两弹一星”要坚持“自力更生为主，争取外援为辅”的方针。在党中央的英明决策和领导下，中国科学家和工程师发扬“自力更生，奋发图强”的精神，克服了苏联终止援助造成的重重困难，在尖端武器和核武器研发方面迅速追赶世界先进水平，先后于1960年11月5日，成功发射第一枚仿制的近程导弹；1964年10月16日，成功爆炸第一颗原子弹；1967年6月17日，成功试爆第一颗氢弹；1970年4月24日，成功发射第一颗人造卫星。这不仅震惊了全世界，而且激发了中华民族的自信心和自豪感。

中国“两弹一星”事业的成功，极大地鼓舞了全世界爱好和平的国家和人民，有力地打击了少数大国核讹诈与核垄断的阴谋，为世界和平事业作出了重大贡献。

中国第一颗原子弹成功爆炸后升起的蘑菇状烟云（图片来源于《人民日报》，《第一颗原子弹爆炸成功》，2014年10月8日第6版）

1964年，当新疆罗布泊上空升腾起原子核裂变的巨大火球和蘑菇云时，中国第一颗原子弹爆炸成功的消息顿时震惊了全世界。这表明，此时中国已成为世界上继美国、苏联、英国、法国之后第五个拥有核武器的国家。这一巨大成就意味着我国核技术达到了当时所能达到的新水平，极大地增强了我国的国家权威，提高了我国的国际地位。

首先，中国第一颗原子弹爆炸成功，打破了当时美苏两个超级大国的核垄断。在新中国刚刚成立的一段时间内，面临着内外交困、复杂多变的国内外形势：东北有朝鲜战争，西南有中印冲突，东南有台湾海峡危机。三个方向对中国形成了钳形包围。越南战争期间，美国国家安全委员会也曾提议利用原子弹轰炸中国；台海危机及解放军炮击金门期间，美国总统也曾多次扬言利用核武器对中国进行打击，美国还在各种场合不断地放话要动用核武器制裁中国。1957年秋，为了能使毛泽东前往莫斯科参加会议，赫鲁晓夫与中国签订了《关于生产新式武器和军事装备以及在中国建立综合性的原子工业的协定》，准备向中国提供原子弹技术资料和样品。但是，这个文件的签订是很勉强的，所以在此后将近两年里，执行过程也变得相当艰难。尤为严重的是，1959年6月20日，苏联突然单方面中止了上述协定，并在苏共中央写给中共中央的信中对这一举动做出了三点“解释”：一是说国际上正在进行禁止使用核武器的谈判，如果苏联支持中国制造核武器会破坏谈判；二是认为生产原子弹的费用太高了，是中国经济无法承受的负担；三是苏联现在已经拥有了足够数量的核武器，完全可以保证自己的安全和保卫兄弟国家。而且信中明确表示，在两年之内，苏联不可能向中国提供相应的技术和样品，两年以后需看情况再定。毛泽东敏锐地洞察出其真正的原因：一是赫鲁晓夫想以此为即将在日内瓦召开的禁核会议和即将举行的美苏会谈献礼；二是中国的快速发展已经引起了苏联的担忧。1959年中印边境发生冲突，引起了赫鲁晓夫对中国的极度不满，他认为这次事件给他即将对美国的访问带来了消极影响，使国际关系更加复杂化。苏联作为与中国签约的同盟国，又同为社会主义国家，不仅没有在中国受到其他国家武装挑衅时发出抗议，反而貌似公允地对事件“表示遗憾”，并与印度签订了苏联对其给予援助的协定，暴露了苏联大国沙文主义和霸权主义的实质。中国第一颗原子弹爆炸成功，粉碎了苏联霸权主义的图谋。

其次，中国第一颗原子弹爆炸成功，避免了新的世界大战再次发生。在原子弹爆炸试验成功当天，中国政府即刻发表声明，郑重表明了中国政府关于核武器的严正立场，即中国进行核试验、发展核武器是被迫而为的。中国政府一贯主张全面禁止和彻底销毁核武器，中国发展核武器是为了防御，是为了保卫中国人民免受美国发动核战争的威胁。同时，中国政府还郑重宣布：中国在任何时候、任何情况下都不会首先使用核武器，不对无核国家和无核地区使用核武器。在此之后，中国反复重申了这一原则和立场，避免了新的世界大战爆发。正如毛泽东主席说过的那样，核武器是不准备用的，没有原子弹是不算数的，但是有了以后没有运载工具也是不算数的。核武器如果作为一种威慑力的武器，就必须让人家知道这是可以用的，才能起到威慑的作用，起到威慑作用以后，也许反而大家就都不用了。在谈到原子弹的惊人威力时，我国第一颗原子弹爆炸试验的总指挥张爱萍上将对儿子张胜说：“原子弹不是武器，可能永远都不会用它的。”张胜问：“不是武器那是什么？”张爱萍回答说：“它只是一种精神，中华民族自强不息的精神！”“倒了这种精神，就只好去乞讨了。”这既是张爱萍上将的精辟见解，也体现了我国作为负责任大国对待原子弹的根本立场。

中华人民共和国政府声明

（1964年10月16日）

1964年10月16日15时，中国爆炸了一颗原子弹，成功地进行了第一次核试验。这是中国人民在加强国防力量、反对美帝国主义核讹诈和核威胁政策的斗争中所取得的重大成就。

保护自己，是任何一个主权国家不可剥夺的权利。保卫世界和平，是一切爱好和平的国家的共同职责。面临着日益增长的美国的核威胁，中国不能坐视不动。中国进行核试验，发展核武器，是被迫而为的。

中国政府一贯主张全面禁止和彻底销毁核武器。如果这个主张能够实现，中国本来用不着发展核武器。但是，我们这个主张遭到美帝国主义的顽强抵抗。中国政府早已指出：1963年7月美英苏三国在莫斯科签订的部分禁止核试验条约，是一个愚弄世界人民的大骗局；这个条约企图巩固三个核大国的垄断地位，而把一切爱好和平的国家的手脚束缚起来；它不仅没有减少美帝国主义对中国人民和全世界人民的核威胁，反而加重了这种威胁。美国政府当时就毫不隐讳的声明，签订这个条约，决不意味着美国不进行地下核试验，不使用、生产、储存、输出和扩散核武器。一年多来的事实，也充分证明了这一点。

一年多来，美国没有停止过在它已经进行的核试验的基础上生产各种核武器。美国还精益求精，在一年多的时间内，进行了几十次地下核试验，使它生产的核武器更趋完备。美国的核潜艇进驻日本，直接威胁着日本人民、中国人民和亚洲各国人民。美国正在通过所谓多边核力量把核武器扩散到西德复仇主义者手中，威胁德意志民主共和国和东欧社会主义国家的安全。美国的潜艇，携带着装有核弹头的北极星导弹，出没在台湾海峡、北部湾、地中海、太平洋、印度洋、大西洋，到处威胁着爱好和平的国家和一切反抗帝国主义和新老殖民主义的各国人民。在这种情况下，怎么能够由于美国暂时不进行大气层核试验的假象，就认为它对世界人民的核讹诈和威胁不存在了呢？

大家知道，毛泽东主席有一句名言：原子弹是纸老虎。过去我们这样看，现在我们仍然这样看。中国发展核武器不是由于中国相信核武器的万能，要使用核武器。恰恰相反，中国发展核武器，正是为了打破核大国的核垄断，要消灭核武器。

中国忠于马克思列宁主义，忠于无产阶级国际主义。我们相信人民。决定战争胜负的是人，而不是任何武器。中国的命运决定于中国人民，世界的命运决定于世界各国人民，而不决定于核武器。中国发展核武器，是为了防御，为了保卫中国人民免受美国发动核战争的威胁。

中国政府郑重宣布，中国在任何时候、任何情况下，都不会首先使用核武器。

中国人民坚决支持全世界一切被压迫民族和被压迫人民的解放斗争。我们深信，各国人民依靠自己的斗争，加上互相支援，是一定可以取得胜利的。中国掌握了核武器，对于斗争中的各国革命人民，是一个巨大的鼓舞，对于保卫世界和平事业，是一个巨大的贡献。在核武器问题上，中国既不会犯冒险主义的错误，也不会犯投降主义的错误。中国人民是可以信赖的。

中国政府完全理解爱好和平的国家和人民要求停止一切核试验的善良愿望。但是，越来越多的国家懂得，核武器越是为美帝国主义及其合伙者所垄断，核战争的危险就越大。他们有，你们没有，他们神气得很。一旦反对他们的人也有了，他们就不那么神气了，核讹诈和核威胁的政策就不那么灵了，全面禁止和彻底销毁核武器的可能性也就增长了。我们衷心希望，核战争将永远不会发生。我们深信，只要全世界一切爱好和平的国家和人民共同努力，坚持斗争，核战争是可以防止的。

中国政府向世界各国政府郑重建议：召开世界各国首脑会议，讨论全面禁止和彻底销毁核武器问题。作为第一步，各国首脑会议应该达成协议，即拥有核武器的国家和很快可能拥有核武器的国家承担义务，保证不使用核武器，不对无核武器国家使用核武器，不对无核武器地区使用核武器，彼此也不使用核武器。

如果已经拥有大量核武器的国家连保证不使用核武器这一点也做不到，怎么能够指望还没有核武器的国家相信他们的和平诚意，而不采取可能和必要的防御措施呢?

中国政府将一如既往，尽一切努力，争取通过国际协商，促进全面禁止和彻底销毁核武器的崇高目标的实现。在这一天没有到来之前，中国政府和中国人民将坚定不移的走自己的路，加强国防，保卫祖国，保卫世界和平。

我们深信，核武器是人制造的，人一定能消灭核武器。[①]

再次，中国第一颗原子弹爆炸成功，对世界上敌视中国的国际反动势力产生了强大的威慑力，致使有原子弹的敌对国家不敢轻言使用原子弹，无原子弹的敌对国家不敢贸然对中国发动武装侵略。在“热核战争之后没有幸存者”这样一个任何参战方都无法接受的结果的恐惧之下，手握核利器的大国彼此之间反而形成了新的规则和“社交礼节”，其最主要的正面副产品就是“核大国无战争”状态下的世界总体和平。中国作为第三世界中唯一拥有原子弹的国家，不仅为第三世界人民同时也为全世界爱好和平的人民带来了福音，有力地维护了全球相当长久的和平与稳定，这对世界各国经济发展和人类社会进步产生了重要作用。

① 加强国防力量的重大成就　保卫世界和平的重大贡献：我国第一颗原子弹爆炸成功［N］. 人民日报，1964-10-17（01）.

（三）“两弹一星”事业成功的中国意义

“两弹一星”事业的成功，是新中国社会主义建设伟大成就的重要标志，是中华民族创造能力的充分展示，不仅在国际上产生了巨大而深远的影响，奠定了我国在国际舞台上的重要地位，而且为我国社会主义事业持续向前发展奠定了重要基础，增强了我国的科技实力特别是国防实力，为我国的和平发展创造了有利条件、作出了不可磨灭的巨大贡献。

首先，“两弹一星”事业的开展，奠定了我国在国际舞台上的大国强国地位。我国第一颗原子弹试爆成功，标志着我国的国防建设向前迈出了关键的一步，向世界展示了我国的科技实力和军事实力。独立研制“两弹一星”的成功，证明了中华人民共和国的强大硬实力，实现了从无到有的重大突破，同时也向全世界证明了中国不再是弱者、不会再任人欺凌，对世界上的敌对国产生了强大的威慑；“两弹一星”事业奠定了我国军事强国的基础，确保了我国的核威慑力量，是把大国重器牢牢掌握在自己手里的突出表现，为中国的国家安全和发展增添了极大的正能量，提高了中国的国际威望和国际地位，使中国真正获得了世界大国的地位，为日后的国家建设和强大打下了坚实的基础，具有重大战略意义。正如邓小平指出的那样：“如果六十年代以来中国没有原子弹、氢弹，没有发射卫星，中国就不能叫有重要影响的大国，就没有现在这样的国际地位。这些东西反映一个民族的能力，也是一个民族、一个国家兴旺发达的标志。”①

其次，“两弹一星”事业的开展，为我国培养了一大批吃苦耐劳、勇于创新的科技人才队伍。1963年6月至1967年6月，是“草原大会战”时期。二二一基地集中力量突破技术难关，研制生产我国第一颗原子弹和氢弹，这期间取得了辉煌的成果，同时造就了一大批核武器专业人才。为了研制原子弹，二机部还从全国抽调了科学家及高级、中级科学研究人员和工程技术人员、高级技术工人以及由全国各大专院校分配的毕业生和归国留学生，总数达到数千人。他们汇集到二二一基地，以青春年华投身航天事业，发愤图强、埋头苦干，参

① 邓小平. 邓小平文选：第3卷［M］，人民出版社，1993：279.

加我国原子弹、氢弹研制的大会战，在干中学、在学中干，从“门外汉到行家里手”，为“争气弹”全力攻关，实现了核科学技术和航天技术“零”的突破，取得了令全国各族人民自豪的非凡成就，既走出了一条中国特色的原子弹研制道路，也为我国培养了一大批高端科技人才，为我国的航空航天事业等各方面建设和发展奠定了扎实的科研基础。正如时任中国科学院副院长张劲夫谈到的那样，“两弹一星”的研制，我们靠的是一批从国外归来的有高度爱国心的科学家，又靠他们带出一批年轻的科学家，培养和造就了一支具有较高水平和优良作风的航天事业、核事业的科技队伍。

孕育“两弹一星”精神的基地——二二一基地

再次，“两弹一星”事业的开展，为日后的国家建设提供了重要条件。“两弹一星”事业不仅促进了新中国国防事业的快速发展，为我们建立战略导弹部队提供了装备技术保障，增强了我军在高技术条件下的防御能力和作战能力，而且带动了我国高新技术及其产业的巨大发展和进步，促进了经济建设与科技进步的同步协同发展，为中国奠定了尖端科技基础。同时，“两弹一星”事业也为新中国科学研究提供了宝贵的管理经验。研发“两弹一星”是一项大工程，需要动员广泛的力量。如果没有强有力的集中指挥和技术抓总，那么很容易使工程陷入无序、低效和混乱的运行状态。1962年11月，当我国原子弹研制进入关键性攻坚阶段时，为了从总体上进行指挥协调、加强对原子能事业的领导，党中央成立了十五人的专门委员会，专抓尖端事业大范围内的指挥协调。在原子弹研制成功后，1965年，又转向抓导弹、卫星和核潜艇等工作，组织处理了大量需要从总体上协调的问题。1962—1974年，中央专门委员会共召开会议40余次，组织上百个部、委、局级单位，26个省、市、自治区和上千个厂矿、院、校、所及各军兵种的有关单位，进行分工协作，指挥调动各行各业齐心协力为“两弹一星”事业的发展作出贡献。

“两弹一星”事业所取得的巨大成就，是中国人民挺直腰杆站起来的重要标志，增强了全国人民的自信心和自豪感，极大地鼓舞了全党全军全国人民的斗志，增强了民族凝聚力，激发了振兴中华的爱国热情，振奋了中华民族“功成不必在我，功成必定有我”的自强不息的奋斗精神。

（四）“两弹一星”事业永续发展

随着我国国力的不断增强，“两弹一星”事业持续发展，并结出了丰硕成果，创造了一个又一个人间奇迹，深深镌刻在共和国永不磨灭的丰碑上。①

继1964年10月我国第一颗原子弹爆炸成功，1967年6月成功地进行了首次氢弹空爆试验后，新中国的国防科技事业不断发展，取得了一系列新的辉煌成就。

1964年至1980年，我国进行塔爆、地面爆炸、空中爆炸等方式的大气层核试验共23次。同美国215次、苏联219次、法国46次相比，我国大气层核试验次数是最少的。20世纪80年代，中国停止大气层核试验，转为只进行地下核试验。1996年7月29日，在成功地进行了又一次地下核试验之后，中国宣布从1996年7月30日起暂停核试验。中国先后共进行地下核试验22次，与美苏法相比次数最少。在核试验的道路上，美国进行了1030次试验，苏联715

1971年我国第一艘核潜艇（091型）401号顺利下水

① 国防科工委“两弹一星”精神研究课题组. 弘扬“两弹一星”精神自主创新勇攀高峰［M］. 北京：党建读物出版社，2006：37.

次，法国210次，英国45次。我国也只有45次，不及美国的5%。中国核武器试验次数虽然少，但设计水平已与美国接近。在投资上，以“八五”期间为例，仅为美国三个核武器实验室同期投入的1.4%。可见，中国核试验的成功率和效费比在世界上是最高的国家之一。

1971年，我国第一艘核潜艇顺利建成并下水。核潜艇以核反应堆作为推进动力源，具有隐蔽性好、续航能力大、机动性强、实战威力大的特点，可长期在水下活动，有“第二核打击力量”之称。此后又成功研制了不同型号的核潜艇，为我国海军现代化建设作出了重大贡献。

中国早在20世纪80年代，就完全掌握了中子弹设计制造技术。这种武器冲击波效应弱，核沾染范围较小，而高能中子流的贯穿力很强，最适合对付入侵的敌军及坦克等装备。

随后，中国的核武器更新换代，朝着“小型、机动、突防、安全、可靠”的方向发展。小型，是指核弹头重量轻、体积小。机动，是指能在公路行驶过程中和在大洋水下游弋过程中进行发射，不易被敌方摧毁。突防，是指能突破敌方高空对我核弹头的拦截。安全，是要保证在生产、贮存、运输和发射过程中不发生爆炸事故。可靠，是指能在指定目标地点实现规定当量的核爆炸。经过艰苦努力，核武器小型化的一系列关键技术被不断突破，我国新一代更加精良的战略核武器研制技术跻身世界先进行列。

1980年5月8日，我国向南太平洋发射了射程为9000多千米的液体运载火箭“东风5号”，飞行试验圆满成功，标志着我国液体运载火箭技术达到了新的水平，我国成为世界上第三个实现全程飞行试验的国家。1982年10月12日，我国自主研制的固体火箭在潜艇水下发射试验成功，我国成为世界上第五个拥有潜艇水下机动发射固体火箭能力的国家。1985年，我国固体火箭陆上机动型号发射成功。1995年7月在东海海域举行的导弹发射训练中，最新研制的地地导弹发射准确命中目标；1996年3月举行的东南沿海军事演习中，新型地地导弹发射准确命中预定目标；1999年8月2日，我国又成功地进行了一次新型远程地地导弹发射试验，标志着我国战略导弹技术迈向新的发展阶段，达到了一个新的发展水平。

我国的战略导弹，从中近程发展到远程，从液体燃料发展到固体燃料，从陆上发展到水下，从固定阵地发射发展到隐蔽机动发射，已相继研制成功多种型号、不同射程的战略导弹武器系统，并陆续装备了部队，大大提高了部队的武器装备水平。

在战术导弹方面，我国已拥有自主知识产权的中高空、中低空、低空、超低空多种系列的防空导弹武器系统，可从地面阵地发射、车载发射、海上舰艇发射，也可单兵肩射，大大提高了应急机动能力，满足了区域防空、要地防空、野战防空、舰队防空和单兵防空的需要。防空导弹研制实现了基本型、系列化、高起点、上水平，初步完成了更新换代任务。在20世纪60年代，我国地空导弹曾取得击落侵犯我国领空的美制U-2高空侦察机的辉煌战果。20世纪90年代末，各种导弹多次参加东海海域训练和东南沿海军事演习，获得很大的成功。我国已研制成功包括岸舰、舰舰、空舰、潜舰等各种用途的飞航式海防导弹。在导弹技术上从亚声速发展到超声速，从液体发动机发展到固体发动机和冲压发动机，从单项制导发展到综合制导。我国新一代反舰导弹，在小型化、高精度、超低空、抗干扰等方面取得很大进展，主要战术技术性能接近或达到了世界先进水平。在东海海域和东南沿海举行的导弹发射训练和演习中，海防导弹也展示了风采。

自主研制的战略导弹武器，使我国拥有了有效的战略威慑力量和防御反击手段。各种战术地地导弹、防空导弹、空空导弹、海防导弹形成了配套比较完整的武器系列，具有了不同发射方式、攻击不同空域的防空能力，以及抗登陆、封锁重要海域和近海作战的能力。为国家的领土、领空、领海筑起了坚固的钢铁屏障，是完成祖国统一、维护世界和平的强大后盾。

我国的运载火箭由地地战略导弹演变而来。经过努力，我国长征系列火箭已经形成了四大型谱，有12种型号投入使用，是我国为数不多的在国际高科技产业群中有影响力的、具有独立知识产权的品牌产品。长征火箭具有发射近地轨道、太阳同步轨道、地球同步转移轨道等多种轨道的运载能力。其近地轨道运载能力达到300千克～9500千克，地球同步转移轨道运载能力达到5100千克，太阳同步轨道运载能力达到6100千克，基本上满足了发射当今世界各种用途的卫星需求。

截至2006年11月，我国已有93次发射记录，自1996年10月以来连续51次发射成功，成功率达到92%，居世界先进水平。

1985年以后，我国向世界上十多个国家和地区提供了22次商业卫星发射

我国在西昌卫星发射中心用“长征三号乙”运载火箭，成功将“中星6C”卫星发射升空（图片来源于《人民日报》2019年3月10日第2版）

服务，成功发射28颗外国卫星，还提供了5次搭载服务，占同期国际发射市场份额的7%。经过国际公开竞标，我国利用“东方红四号”卫星平台研制的通信卫星，以中国的火箭、卫星及发射支持的整体方式，提供整星出口，向国外用户提供卫星在轨交付服务。我国已先后同尼日利亚、委内瑞拉签署中国为两国研制发射“尼日利亚1号”通信卫星和“委内瑞拉1号”通信卫星的合同，中国研制的这两颗卫星于2007年和2008年用“长征三号乙”运载火箭发射入轨并交付使用。我国卫星整星出口实现“零”的突破。

中国卫星工程从无到有，从单一型号到多型号，从试验阶段到应用阶段，逐步建立了通信广播、对地观测、气象探测、导航定位、海洋监测、空间环境探测、科学试验等应用卫星体系；构筑了水平较高、功能配套、基础实力雄厚、设施齐全的航天器工程设计、研制、生产、试验和技术开发体系；形成了各类航天器小批量生产能力。截至2006年底，我国共研制并发射了70多颗不同类型的国产人造地球卫星和6艘“神舟”飞船，发射成功率达90.6%以上。目前，我国已形成了6个应用卫星系列和1个载人系列。6个卫星系列是：返回式遥感卫星系列、“东方红”通信广播卫星系列、“风云”气象卫星系列、“资源”地球资源卫星系列、“北斗”导航定位卫星系列和“实践”科学探测与技术试验卫星系列，海洋卫星系列也即将形成。这些卫星已广泛应用于经济、科技、文化教育和国防建设的各个领域，取得了显著的社会效益和经济效益。目前，太空中有20多颗国产卫星在轨运行，忠实地履行着“造福人民”的职责。

中国航天科技工业已具备了相当的规模和水平，形成了比较完整配套的科研、设计、生产、试验体系，并且具有了一定的工业生产规模，建立了酒泉、太原、西昌三个能发射各类卫星和载人飞船的航天器发射中心和测控网。一箭多星技术、高能低温燃料火箭技术、静止轨道卫星发射测控技术、捆绑火箭技术、火箭故障检测技术、火箭入轨精度、卫星回收技术、导航卫星技术、太阳同步轨道对地遥感卫星技术、卫星公用平台技术、载人航天技术等领域已跻身世界先进行列。我国是世界上第三个掌握卫星回收技术的国家，卫星回收成功率达到国际先进水平，是世界上第五个独立研制和发射地球静止轨道通信卫星的国家。

1992年9月，中央政治局常委会扩大会议，批准立项实施载人航天工程。

从1999年至2002年，我国成功地进行了4次不载人的飞船发射和回收试验。2003年10月15日，“神舟五号”飞船把我国第一位航天员送上太空遨游，实现了中华民族的千年梦想。2005年10月12日，“神舟六号”飞船实现了2人5天的飞行，完成了真正意义上有人参与的空间实验活动。

“神舟七号”是中国第三个载人航天器，也是中国首次进行出舱作业的飞船，突破和掌握了出舱活动相关技术。2008年9月25日，“神舟七号”飞船载有的宇航员，在9月27日完成了一系列空间科学实验，并按预定方案进行太空行走后，安全返回“神舟七号”轨道舱。这标志着我国航天员首次空间出舱活动取得成功。

“天宫一号”是中国第一个目标飞行器，于2011年9月29日在酒泉卫星发射中心发射。它的成功发射标志着中国迈入中国航天“三步走”战略的第二步第二阶段。

“神舟八号”于2011年11月1日由改进型“长征二号”顺利发射升空。升空后2天，“神舟八号”与此前发射的“天宫一号”目标飞行器进行了空间交会对接。组合体运行12天后，“神舟八号”脱离“天宫一号”并再次与之进行交会对接试验。这标志着我国已经成功突破了空间交会对接及组合体运行等一系列关键技术。

“神舟九号”是中国第一个宇宙实验室项目的组成部分，“天宫一号”与“神舟九号”载人交会对接为中国航天史上掀开极具突破性的一章。2012年6月16日，“神舟九号”飞船将宇航员送上太空，6月18日与“天宫一号”实施自动交会对接。这是中国实施的首次载人空间交会对接。

“神舟十号”于2013年6月11日成功发射，6月13日与“天宫一号”进行对接。

“神舟十一号”于2016年10月17日成功发射，目的是为了更好地掌握空间交会对接技术，开展地球观测和空间地球系统科学、空间应用新技术、空间技术和航天医学等领域的应用和试验。

“神舟十二号”是空间站关键技术验证阶段第四次飞行任务，也是空间站阶段首次载人飞行任务。2021年6月17日，“神舟十二号”成功发射，将聂海胜、刘伯明、汤洪波3名航天员送入太空。3名航天员成为“天和”核心舱的首批“入住人员”，在轨驻留3个月，开展舱外维修维护、设备更换、科学应用载荷等一系列操作。

2021年10月16日，搭载“神舟十三号”载人飞船的“长征二号F遥十三”运载火箭按照预定时间精准点火发射，顺利将翟志刚、王亚平、叶光富3名航天员送入太空。“神舟十三号”载人飞船在太空首次实施径向交会对接。2022年4月14日，“神舟十三号”载人飞船完成全部既定任务。4月16日，飞船返回舱在东风着陆场成功着陆。

2022年6月5日，搭载“神舟十四号”载人飞船的“长征二号F遥十四”运载火箭点火发射，顺利将陈冬、刘洋、蔡旭哲3名航天员送入太空。航天员乘组在轨工作生活6个月。这是中国空间站建造阶段的首次载人飞行，也是中国人的第九次太空远征。2022年12月4日，“神舟十四号”载人飞船返回舱在东风着陆场成功着陆。

2022年11月29日，“神舟十五号”载人飞船由“长征二号F”运载火箭稳稳托举，在某卫星发射中心一飞冲天，将费俊龙、邓清明、张陆3名航天员送入太空。2022年11月30日，“神舟十五号”乘组进驻中国空间站，与先期到达的“神舟十四号”3名航天员完成“太空会师”，首次实现两艘“神舟”载人飞船同时停靠中国空间站。2023年6月4日，“神舟十五号”载人飞船返回舱在东风着陆场成功着陆。

2023年5月30日，搭载“神舟十六号”载人飞船的“长征二号F遥十六”运载火箭点火发射，将景海鹏、朱杨柱、桂海潮3名航天员送入太空。他们在空间站工作生活期间，进行出舱活动，开展空间科学实（试）验，完成舱内外设备安装、调试、维护维修等各项任务。同年9月21日15时，“天宫课堂”第四课开课，景海鹏等3人面向全国青少年进行太空科普授课。10月31日，“神舟十六号”载人飞船返回舱在东风着陆场成功着陆。

2023年10月26日，“神舟十七号”载人飞船从某卫星发射中心发射升空，随后与天和核心舱对接形成组合体。汤洪波、唐胜杰、江新林3名航天员在轨飞行187天，其间进行了2次出舱活动，配合完成空间站多次货物出舱任务，先后开展了舱内外设备安装、调试、维护维修等工作，首次完成在轨航天器舱外设施维修任务，为空间站长期稳定在轨运行积累了宝贵的数据和经验；同时，还在地面科研人员密切配合下，完成了涉及微重力基础物理、空间材料科学、空间生命科学、航天医学、航天技术等领域的大量空间科学实验和试验。2024年4月30日，“神舟十七号”载人飞船返回舱在东风着陆场成功着陆。

2024年4月25日，搭载“神舟十八号”载人飞船的“长征二号F遥十八”运载火箭点火发射，将叶光富、李聪、李广苏3名航天员送入太空。他们在空间站工作生活期间，将进行多次出舱活动，开展微重力基础物理、空间材料科学、空间生命科学、航天医学、航天技术等领域实（试）验与应用，完成空间站碎片防护加固装置安装，舱外载荷和舱外平台设备安装与回收等各项任务。

2017年11月5日，“长征三号乙”运载火箭成功发射两颗“北斗三号”全球组网卫星。据中国卫星导航系统管理办公室公布的计划，以此次任务为起点，我国将迎来“北斗三号”卫星高密度发射。2020年，我国完成35颗“北斗三号”卫星的组网，向全球提供相关服务。

2019年1月3日，“嫦娥四号”探测器成功着陆在月球背面东经177.6°、南纬45.5°附近的预选着陆区，并通过“鹊桥”中继星传回了世界上第一张近距离拍摄的月背影像图，揭开了古老月背的神秘面纱。此次任务实现了人类探测器首次月背软着陆，首次月背与地球的中继通信，开启了人类月球探测新篇章。

“嫦娥五号”在闯过月面着陆、自动采样、月面起飞、月轨交会对接、再入返回等多个难关后，携带月球样品成功返回地面，标志着我国具备了地月往返的能力。

“嫦娥六号”是探月工程四期的重要任务，实现了人类首次月球背面采样和起飞，创造了中国航天新的世界纪录。

伴随着我国启动的“嫦娥工程”月球探测计划，我国以探月为突破口开展深空探测活动，将在中国航天发展史上继发射卫星、实现载人航天后，竖立起第三座里程碑。中国航天必将写下新的篇章、新的精彩故事。“两弹一星”事业的成功，书写了中华民族振兴史上最辉煌的篇章，对中华民族在当代世界的前途和命运产生了决定性的深远影响。

“两弹一星”伟业是新中国建设成就的重要象征，是中华民族的荣耀与骄傲，也是人类文明史上勇攀科技高峰的空前壮举。它使中国的声音在世界上传播得更响亮、更有力量。

在这些科技成果的背后，一个重要的成功之处是培育了一支思想素质好、技术水平高、经验丰富并取得了上千项国家级成果、专利的核技术和航天技术队伍。这支队伍不仅成就了伟大的“两弹一星”事业，而且孕育光大了宝贵的“两弹一星”精神。

二、“两弹一星”精神是中华民族宝贵的精神财富

“伟大的事业，产生伟大的精神”[①]。“两弹一星”工程的启动、推进和最终取得成功，也标志着一种伟大精神锻造的肇始及其孕育和形成。“两弹一星”事业凝聚了一大批中华热血儿女。他们不畏艰难、勇于拼搏，经过几十年艰苦卓绝的奋斗，涌现出一批新的民族英雄和先进分子。他们的光辉事迹将在中华民族的史册上永世传承和万载流传。正是在继承和发扬已有革命精神和优良传统的基础上，“两弹一星”的广大研制工作者克服重重艰难险阻，在成就“两弹一星”辉煌伟业的过程中培育出崇高的“两弹一星”精神。

（一）“两弹一星”精神基本内涵

“两弹一星”精神的形成与“两弹一星”工程的决策和实施紧密相连。1999年9月18日，党中央、国务院、中央军委在北京人民大会堂隆重召开大会，为在研制“两弹一星”中作出突出贡献的科技专家颁奖授勋。会上，江泽民同志作了重要讲话，全面总结了“两弹一星”的成功经验，精辟阐述了“两

① 江泽民. 在表彰为研制“两弹一星”做出突出贡献的科技专家大会上的讲话［N］. 人民日报，1999-09-19（1）.

弹一星”的伟大精神，高度评价了“两弹一星”的卓越成就，号召全党全军全国人民要向功勋科技专家学习，大力弘扬“两弹一星”精神，把有中国特色社会主义事业全面推向21世纪。同时，将“两弹一星”精神概括为“热爱祖国、无私奉献，自力更生、艰苦奋斗，大力协同、勇于登攀”。

党的十八大以来，习近平总书记多次谈到“两弹一星”精神及其时代价值，指出：“发扬‘两弹一星’精神、载人航天精神和‘东风精神’，以民族复兴为己任，追求卓越，扎根大漠，报效祖国和人民。”[①]“突破关键核心技术，关键在于有效发挥人的积极性。要发扬光大‘两弹一星’精神，形成良好精神面貌。”[②]

习近平给参与“东方红一号”任务的老科学家的回信

孙家栋、王希季等老同志们：

你们好，来信收悉。作为“东方红一号”任务的参与者，你们青春年华投身祖国航天事业，耄耋之年仍心系祖国航天未来，让我深受感动。

50年前，“东方红一号”卫星发射成功，我在陕北梁家河听到这一消息十分激动。当年，你们发愤图强、埋头苦干，创造了令全国各族人民自豪的非凡成就，彰显了中华民族自强不息的伟大精神。老一代航天人的功勋已经牢牢铭刻在新中国史册上。不管条件如何变化，自力更生、艰苦奋斗的志气不能丢。新时代的航天工作者要以老一代航天人为榜样，大力弘扬“两弹一星”精神，敢于战胜一切艰难险阻，勇于攀登航天科技高峰，让中国人探索太空的脚步迈得更稳更远，早日实现建设航天强国的伟大梦想。

祝你们健康长寿、生活幸福！

习近平

2020年4月23日

---

① 习近平. 习近平到酒泉卫星发射中心［EB/OL］.［2021-08-31］. http：//topics. gmw. cn/2019-07/12/content_32995204. htm.

② 习近平. 提高关键核心技术创新能力 为我国发展提供有力科技保障［N］. 人民日报，2018-07-14（01）.

2020年4月24日是我国第五个“中国航天日”。50年前的今天，中国用第一枚运载火箭“长征一号”成功将第一颗人造地球卫星“东方红一号”送入太空，拉开了中华民族进军太空的序幕。一曲《东方红》，揭开了中国航天的序幕。“东方红一号”卫星的研制发射，使中国初步形成“人造卫星+运载火箭”比较完整配套的科研生产体系，奠定了中国航天事业发展的重要基础。以此为起点，“北斗”指路、“嫦娥”问月、“天宫”览胜……中国航天事业的脚步未曾停歇。

在第五个“中国航天日”和“东方红一号”卫星成功发射50周年之际，习近平总书记给参与“东方红一号”任务的老科学家回信，向他们致以诚挚的问候，并就弘扬“两弹一星”精神、加快航天强国建设向广大航天工作者提出殷切期望。

可见，“两弹一星”是我国在非常艰苦、没有外援的环境下独立自主开发出来的重大成果，是新中国伟大成就的象征，是中华民族的自豪和骄傲，是共和国屹立于世界东方的伟大丰碑，是中华民族屹立于世界民族之林的坚强保障。“两弹一星”伟业蕴含的“两弹一星”精神是中华民族的宝贵精神财富，象征了中华民族自力更生、在社会主义制度下集中力量从事科学研究，并创造“科技奇迹”的态度与过程。它不仅激励着以一代又一代航天人为代表的广大科技工作者敢于战胜一切艰难险阻、勇于攀登科技高峰，努力为早日实现航天梦、中国梦作出更大贡献，而且对于我们正确理解中国的发展离不开科技发展、离不开科技创新，具有十分重要的理论意义和实践意义。弘扬航天精神，拥抱星辰大海，中国航天必将写下新的篇章、新的精彩！

“两弹一星”精神是爱国主义、社会主义、集体主义精神与科学精神的有机统一和在现实生活中的真实体现、完美呈现，是中国人民在建设新中国、建设社会主义国家进程中为中华民族创造的新的宝贵精神财富。在改革开放新时期，中国人民一直秉承这一精神。在开创社会主义现代化建设新局面和建设中国特色社会主义进程中，“两弹一星”精神进一步拓展，在各行各业中发挥了重要作用。在新时代，“两弹一星”精神必将继续发扬光大，并在全国各族人民奋力实现中华民族伟大复兴中国梦、建设社会主义现代化强国道路上发挥巨大的推进力量。

“两弹一星”精神包含“热爱祖国、无私奉献，自力更生、艰苦奋斗，大力协同、勇于登攀”24个字，既蕴含着“两弹一星”研制者们信念坚定、报效祖国的辉煌篇章，闪耀着他们的满腔热血和赤胆忠心，也反映了“两弹一星”研制者们不畏艰难困苦、脚踏实地、勇于担当、无私奉献、勇攀科学高峰的崇高精神和品格。“两弹一星”精神是中国共产党人精神谱系之一，象征了在欠缺良好环境和条件下从事科学技术开发和研究的精神，是我国“科教兴国”战略的开端。

1. 热爱祖国、无私奉献

“热爱祖国、无私奉献”是“两弹一星”精神中最重要、最核心的内容，也是“两弹一星”研制队伍最重要的精神支柱，是“两弹一星”事业在艰难中起步、在奋斗中前进、在创新中攀登并取得伟大业绩的力量源泉。

“两弹一星”事业的巨大成功，有赖于党中央的英明决策和各方面的有力支持，是社会主义制度能够“集中力量办大事”优势的生动体现。但是，我们所拥有的一切优势和条件，都要通过参与这一事业的科研人员、军队干部和战士特别是他们中的功臣来实现。“两弹一星”功臣们的作用极其重要，功臣们的业绩将永远彪炳史册，功臣们的精神将万古流芳。

热爱祖国体现了人们对自己祖国的深厚感情，揭示了个人对祖国的依存关系，是人们对自己家园以及民族和文化的归属感、认同感、尊严感与荣誉感的统一。它是调节个人与祖国之间关系的道德要求、政治原则和法律规范，也是中华民族精神的核心。热爱祖国是每个人都应当自觉履行的责任和义务，是对祖国的报答；热爱祖国就是一切以国家、民族和人民的利益为出发点，自觉把个人的理想与祖国的命运紧紧联系在一起，自觉把个人的志向与民族的振兴紧紧联系在一起，一切以国家事业为使命，以报效祖国为职责。“两弹一星”研制者们高举爱国主义旗帜，怀着强烈的爱国之情、报国之志，自觉把个人的理想与祖国的命运紧紧联系在一起，把个人的志向与民族的振兴紧紧联系在一起。

无私奉献精神，是无产阶级人生观的一种表现。它包括一切以国家和人民利益为重，始终坚持全心全意为人民服务的根本宗旨，大公无私、克己奉公，抛弃了一切个人主义、利己主义、拜金主义和争名逐利等不良意识。无私奉献，就是为了国家的发展和人民的利益，将个人利益置之度外，淡泊名利，不计较个人得失，以苦为乐、以苦为荣，无怨无悔，勇于贡献聪明才智和全部力量甚至生命。

“两弹一星”研制队伍中的许多人都在国外学有所成，拥有优越的科研和生活条件。为了投身于新中国建设事业，他们放弃国外优厚的条件，冲破重重阻碍，义无反顾地回到祖国。几十年中，他们为了祖国和人民的最高利益，干惊天动地事，做隐姓埋名人，默默奉献，有的甚至献出了宝贵的生命。他们以其惊人的智慧和高昂的爱国主义精神创造着人间奇迹。“中华民族不欺侮别人，也绝不受别人欺侮”是他们的坚定信念。爱国主义是他们创造、开拓前行的深沉动力，也是他们克服一切困难的精神支柱；无私奉献是他们用自己的热血和生命书写的为祖国为人民鞠躬尽瘁、死而后已的壮丽史诗，永远闪耀着催人奋进的光芒。

2. 自力更生、艰苦奋斗

“自力更生、艰苦奋斗”，是“两弹一星”事业坚定不移的基本方针，也是“两弹一星”事业取得成功的根本立足点和重要保证。

“自力更生、艰苦奋斗”，是无产阶级光荣的革命传统。中国共产党自诞生之日起，就把自力更生、艰苦奋斗精神作为自己的鲜明作风，历来坚持走独立自主、开拓前进的道路。在中国革命、建设和改革开放时期，我们党依然强调自力更生、艰苦奋斗精神的重要性。

在新民主主义革命时期，毛泽东就曾经为将大生产运动搞得热火朝天的南泥湾题词“自己动手，丰衣足食”，这成为南泥湾精神的象征。南泥湾精神极大地激发了抗日军民的生产热情，陕甘宁边区处处呈现百业繁荣的可喜景象，为取得革命胜利奠定了坚实的基础。在抗日战争即将胜利之时，针对一些人迷信武器、不相信人民群众力量的错误认识，毛泽东指出：“我们的方针要放在什么基点上？放在自己力量的基点上，叫做自力更生。我们并不孤立，全世界一切反对帝国主义的国家和人民都是我们的朋友。但是我们强调自力更生，我们能够依靠自己组织的力量，打败一切中外反动派。”①从此，“自力更生”就成了中国共产党和中国人民相信自己、依靠自己，战胜一切艰难险阻的斗争口

① 毛泽东．毛泽东选集：第4卷［M］．北京：人民出版社，1991：1132.

号，后来还演变为“自力更生、艰苦奋斗”“自力更生、艰苦创业”等口号。

1956年，中国共产党领导人民基本完成了社会主义改造，社会主义基本制度在中国建立，我国进入社会主义建设时期。但是，怎样建设社会主义？走什么样的发展道路？选择什么样的发展模式？这对于中国共产党来说是一个全新的课题。1958年6月，毛泽东为第二个五年计划要点报告写的批语指出：“自力更生为主，争取外援为辅，破除迷信，独立自主地干工业、干农业、干技术革命和文化革命……认真学习外国的好经验，也一定研究外国的坏经验——引以为戒，这就是我们的路线。”①毛泽东的指示大大加快了我国社会主义工业化建设的步伐，缩短了与发达国家工业水平的差距，尤其是奠定了我国人力资源和技术资源的基础。

在改革开放时期，针对一些企图卡住我们的脖子、不愿意我们得到发展的西方国家的封锁，邓小平指出：“我们一方面实行开放政策，另一方面仍坚持建国以来毛泽东主席一贯倡导的自力更生为主的方针。必须在自力更生的基础上争取外援，主要依靠自己的艰苦奋斗。”“中国的经验第一条就是自力更生为主。我们很多东西是靠自己搞出来的。”②《中国共产党章程》的总纲中明确规定：“中国共产党在社会主义初级阶段的基本路线是：领导和团结全国各族人民，以经济建设为中心，坚持四项基本原则，坚持改革开放，自力更生，艰苦创业，为把我国建设成为富强民主文明和谐美丽的社会主义现代化强国而奋斗。”这表明，实现社会主义初级阶段奋斗目标的根本立足点是自力更生、艰苦创业。可以试想一下，在中国刚刚打开国门，实行改革开放的新时期，如果缺乏独立自主、艰苦创业的精神和劲头，而一味地依赖国外进口，那么中国必将重蹈国民党当局的覆辙，重蹈北洋军阀政府和清政府的覆辙，就会重新变成外国的附庸，终将为历史和时代洪流所湮没。正是着眼于国家安全、社会稳定和人民幸福的现实考量，我们党和国家开始真正独立自主地探索适合本国国情的发展道路。这也是我们党和国家后来形成中国特色社会主义道路、中国特色社会主义制度和中国特色社会主义理论体系的重要原因所在。

---

① 毛泽东. 毛泽东文集：第7卷［M］. 北京：人民出版社，1999：380.

② 邓小平. 我国经济建设的历史经验［M］//邓小平文选：第2卷. 2版. 北京：人民出版社，1994：406.

自力更生的核心和灵魂是独立自主、自主创新。胡锦涛同志在庆祝我国首次载人航天飞行圆满成功大会上的讲话中阐述了自力更生的极端重要性。他说：“必须坚持自主创新的方针，牢牢掌握尖端技术发展的主动权”，“实践告诉我们，对影响国家发展和安全战略全局的尖端科技，必须主要依靠自己的努力来取得突破，这样才能牢牢掌握推动经济社会发展和科技发展的战略主动。我们一定要勇于站在世界科技发展的最前列，独立自主而又积极扩大对外开放，自力更生而又广泛借鉴国外先进技术，在一些重要领域和科技前沿拥有自主创新能力和自主知识产权，大力提高核心竞争力，努力在世界高新技术领域占有一席之地。”①

“两弹一星”事业正是在自力更生、艰苦奋斗中取得成功的。在导弹和原子弹方面，苏联曾经为我国提供了不同程度的技术援助，这对中国原子弹、导弹研制的起步起到过重要作用。但是，随着中苏关系恶化，从1959年6月起，苏联拒绝向中国提供原子弹教学模型和技术资料，并下令撤走了专家。随后，我国原子弹、导弹研制进入自力更生、自主研制的新阶段。实际上，“两弹一星”是从很基础的数据做起。尽管在当时国外也有一些发表的数据，但是可靠程度是不能确定的。比如辐射条件下是否安全，原子核的放射性，铀的浓缩，各种材料的适用条件，用什么样的炸药，等等，都需要研究。实际上，世界各国都对原子弹的理论和数据高度保密，我们根本没有详尽的参考资料。基于这一点，1959年7月，周恩来代表中共中央宣布：自己动手，从头摸起，准备用八年时间搞出原子弹。中国决心依靠自己的力量研制原子弹，并将第一颗原子弹以苏联毁约的年月“596”作为代号。正是有了这样的精神，“两弹一星”研制者们不怕狂风飞沙，不惧严寒酷暑，没有条件就创造条件，没有仪器就自己制造，缺少资料就刻苦钻研。就是这样，广大科研工作者以惊人的毅力和速度从无到有、从小到大，克服了重重困难，在自力更生的基础上创造出“两弹一星”的惊人业绩。

实践证明，无论过去、现在还是将来，自力更生、艰苦奋斗永远是我们战胜一切困难、夺取事业胜利的重要法宝。江泽民在表彰为研制“两弹一星”作

---

① 胡锦涛．在庆祝我国首次载人航天飞行圆满成功大会上的讲话［M］//胡锦涛．胡锦涛文选：第2卷．北京：人民出版社，2016：114．

出突出贡献的科技专家大会上的讲话中高度赞扬了“两弹一星”事业中的自力更生、艰苦奋斗精神，称“两弹一星”的研制工作者们“是一支特别能吃苦、特别能战斗的队伍。他们在茫茫无际的戈壁荒原，在人烟稀少的深山峡谷，风餐露宿，不辞辛劳，克服了各种难以想象的艰难险阻，经受住了生命极限的考验。他们运用有限的科研和试验手段，依靠科学，顽强拼搏，发愤图强，锐意创新，突破了一个个技术难关。他们所具有的惊人毅力和勇气，显示了中华民族在自力更生的基础上自立于世界民族之林的坚强决心和能力”。[①]

3. 大力协同、勇于登攀

“大力协同、勇于登攀”是“两弹一星”伟大事业成功的关键和最鲜明的时代特征，既是“两弹一星”研发者们自强自立、刻苦钻研、积极进取、勇于探索、大力协同的科学精神体现，更集中彰显了社会主义制度集中力量办大事和全国“一盘棋”、协调各方力量的显著优势。曾任核基地司令员、第二机械工业部副部长的李觉将军说：“我们的原子弹能够制造出来，绝不只是一群特殊的人干了一件特殊的事，也绝不仅仅是受到表彰的那一部分人搞出来的。做一次核试验，牵涉的人上千万，没有正确的决策干不成，没有人的爱国热情也干不成，没有大力协同更干不成。”[②]

“两弹一星”的研制成功是全国精密协作、合成作战的重要成果。早在20世纪60年代初，在我国原子弹攻关的关键时刻，毛泽东就指示：“要大力协同做好这件工作。”[③]1962年11月，中央成立以周恩来为主任的专门委员会。在党中央强有力的领导下，全国“一盘棋”，协同攻关，大大加速了“两弹一星”研制进程。要奋斗就会有牺牲。无论是在战争年代还是在经济建设的发展过程中都需要有人挺身而出，甚至牺牲个人的一切利益，为民族大业默默奉献。在研制“两弹一星”时，必须将全国各个领域的优秀科学家集中起来。这必然会对相关单位的科研造成影响甚至带来一定的损失。因为当时各单位人才

---

① 江泽民. 在表彰为研制“两弹一星”作出突出贡献的科技专家大会上的讲话［N］. 人民日报，1999-09-19（01）.

② 梁东元. 尖端科学大纪实596秘史［M］. 武汉：湖北人民出版社，2007：329.

③ 中共中央文献研究室. 毛泽东思想年编：1921—1975［M］. 北京：中央文献出版社，2011：919.

都是稀缺的。而对于个人来说，也会影响到个人的科研进度和科研成果，因为当时这些优秀的科学家都在进行自己的实验，有的人可能还会有重大的突破。但是，他们都义无反顾地去了科研基地，而将单位的或自己的科研课题停了下来，这充分彰显了中华儿女在民族危难时、在民族需要时始终能够义无反顾、挺身而出，始终能够在大局面前舍小家、为大家，充分展现了华夏儿女的拳拳爱国之心和殷殷报国之志。

“两弹一星”工程获得了全国各方力量的大力支持，形成了各部门、机构和科技人员通力合作协同攻关的局面。从导弹研究来看，周恩来在中央会议上明确指示，研究导弹所需要的专家和行政干部，从工业部门、高等院校、科研机构和军队中抽调……要说服更多的人，为研制导弹努力。军队更要起到模范作用，要人要钱，首先拿出来。聂荣臻回忆说，“两弹”的复杂性几乎涉及国民经济所有生产部门和技术领域。当时，“各单位给予了大力支持，尽管有很多困难，还是尽了最大可能，要人给人，要设备给设备”，“实践证明，适当集中力量……是我们在科学技术战线上能够获得突破性成就的关键措施之一。”①

参与核武器研制的著名核物理学家彭桓武说：“我们的核武器完全是集体智慧的结晶。刚开始，没有谁懂得原子弹、氢弹，是靠集体智慧，集体攻关，集思广益，我们才攻破了一个又一个难关，其中每个人，包括我们这些老一些的专家也都要从头摸起……”原子弹成功爆炸后，他赋诗一首：“亭亭铁塔矗秋空，六亿人民愿望同。不是工农兵协力，焉能数理化成功。”

不仅中国科学院的许多研究所参加了“两弹一星”研制，全国的许多大学和科研单位也都参加了这项工作。

核武器基地主要是武器设计、定型、生产、试验，但是许多部件都是在全国其他企业完成然后再组装起来。比如铀矿的勘探、开采和极为困难的铀浓缩，以及常规炸药的爆炸过程，也都是研究的重点课题。爆炸是一个快速的过程，需要有每秒能拍百万张照片的照相机。这样的照相机在当时我们就没有，西安光机所承担了研制的任务。同时，到了真正进行核试验的时候问题则更多了。比如谁去准备试验场地？试验过程中要测量很多数据，包括核试验有多大的威力，它产生了一些什么现象，它的破坏力怎样，都要有大队伍去做。当时

① 聂荣臻. 聂荣臻元帅回忆录［M］. 北京：解放军出版社，2005：625、628.

的研发工作在设备上也十分落后，我们还在使用乌提尔式手摇计算机，每进行一次简单的计算，都要摇多次。这期间，搞技术研究的科研人员也都是在尽最大的努力使设备完善起来。例如中国科学院计算研究所很快就研制出每秒1万次的计算机，而且是64位的。以后又建造了10万次、100万次的，在“两弹一星”研制过程中发挥了非常重要的作用。同时，在“两弹一星”研制过程中，实验与理论是齐头并进的。因为有些理论在大体上论证之后，实验就要开始了。有些理论的正确与否是建立在实验结果之上的。理论与实验又是互相促进的。所以“两弹一星”事业的成功，离不开全国上下的大协作。“两弹一星”事业的辉煌与荣耀属于集体，属于每一个为国防科技事业默默奉献的无名英雄。

此外，“两弹一星”精神还有生活层面的协作。“两弹一星”功勋周光召回忆这段历史时说，在“两弹一星”研制的初始阶段，条件非常艰苦，但是国家尽量照顾我们。三年经济困难时期，周恩来总理要求各部部长保证我们西北研究基地的粮食供应。我们从青海湖里打来一些鱼，叶剑英元帅专门从军队调来一些黄豆给我们改善生活。1961年以后生活条件才有了好转。当时最让人感动的是一些领导干部吃苦在前享受在后的工作精神。当时工厂厂区在海拔3200米以上。开始建厂时，职工宿舍没有建起来，但是工作又不能等，所以有一部分人必须先住帐篷。领导决定自己住帐篷，科技人员住刚盖起来的宿舍，这样持续了一年多的时间。在当时，领导、工人和技术人员、科研人员的关系都很融洽，因为大家都有一个共同的奋斗目标。①

勇于登攀，实际上是一种刻苦攻关、勇于创新、“有条件要上，没有条件创造条件也要上”的进取意识和拼搏精神。科学的本质在于创新。2020年5月29日，习近平总书记在勉励全国广大科技工作者的回信中指出：“创新是引领发展的第一动力，科技是战胜困难的有力武器。……希望全国科技工作者弘扬优良传统，坚定创新自信，着力攻克关键核心技术，促进产学研深度融合，勇于攀登科技高峰，为把我国建设成为世界科技强国作出新的更大的贡献。”②钱

---

① 科学时报社. 请历史记住他们：中国科学家与“两弹一星”[M]. 广州：暨南大学出版社，1999：139.

② 习近平. 给袁隆平、钟南山、叶培建等25位科技工作者代表的回信[N]. 人民日报，2020-05-30（1）.

学森也曾多次谈到，“科学精神最重要的就是创新。”[①]

“两弹一星”研制过程处处体现出我国科学工作者的自主创新意识，并因此攻克一个个难题，突破一道道障碍。在“两弹一星”研制过程中，我们看到了高水平的技术跨越。从原子弹到氢弹，我们仅用两年零八个月，比美国、苏联、法国所用的时间要短得多。在导弹和卫星研制中所采用的新技术、新材料、新工艺和新方案，在许多方面跨越了传统的技术阶段。“两弹一星”处于现代科学技术的前沿，是世界高新科技中最具挑战性的领域，是中国人民创造活力的产物。只有知难而进、勇于探索、开拓创新，才能不断认识和掌握科学规律，攀登科学技术高峰。这种勇于探索、勇于创新的科学精神贯穿于“两弹一星”研制全过程，是我国在核技术、航天技术等尖端领域跨入世界先进行列的强大推动力量，为推动新中国科技发展、自主创新铸就了新的辉煌，为中华民族几千年的文明创造史书写了光彩夺目的新篇章。

（二）“两弹一星”精神的历史地位

“两弹一星”是在我国物质技术基础十分薄弱的条件下研制的，在为“两弹一星”事业奋斗的历程中，广大研制者们求真务实、大胆创新，突破了一系列关键技术，使我国科研能力实现了质的飞跃，成就了“两弹一星”伟业，锻造了“两弹一星”精神，是20世纪中国人民为中华民族创造的新的宝贵精神财富，成为全国各族人民建设新中国、建设社会主义国家的巨大推动力量。

1.“两弹一星”精神彰显了中华民族自强不息的精神品格

“人无精神则不立，国无精神则不强。精神是一个民族赖以长久生存的灵魂，唯有精神上达到一定的高度，这个民族才能在历史的洪流中屹立不倒、奋勇向前。”[②]中华民族能够在五千多年的历史长河中生生不息、薪火相传，很重要的一个原因就是拥有孕育于中华民族悠久辉煌历史文化中的伟大的中国精神。中国精神作为兴国强国之魂，是实现中华民族伟大复兴不可或缺的精神支

① 钱学森：科学精神最重要的就是创新［J］. 职业，2009（34）：71.

② 习近平. 习近平谈治国理政：第2卷［M］. 北京：外文出版社，2017：47-48.

撑和精神动力。

在漫长的历史进程中，中华民族不仅创造出光辉灿烂、享誉世界的中华文明，也塑造出独特的精神气质和精神品格，形成了崇尚精神的优秀传统。这一优秀传统贯穿在中华民族筚路蓝缕的奋斗历程中，推动着中华民族一路向前、发展壮大，是中华民族重要的精神标识。以爱国主义为核心的民族精神和以改革创新为核心的时代精神，共同构成了中国精神的基本内容。而“两弹一星”精神则是中国精神的具体表现。

“两弹一星”精神是一种集体的文化符号、精神标识，是所有参加“两弹一星”工程的工人、科技工作者、解放军官兵，在极端艰苦的生活环境和简陋的科研设施条件下，刻苦钻研、忘我工作，用饱满的革命热情和无私的奉献铸就的报效祖国的伟大精神，是他们在以毛泽东同志为核心的党中央领导下，面对美苏两个超级大国的战争威胁和经济封锁，坚持“独立自主，自力更生”，坚定地沿着毛泽东指出的“我们不能走世界各国技术发展的老路，跟在别人后面一步一步地爬行。我们必须打破常规，尽量采用先进技术，在一个不太长的历史时期内，把我国建设成为一个社会主义的现代化的强国”[①]的光明大道前进中形成的中华民族精神。

在“两弹一星”精神鼓舞下，我国培养出一支不讲条件、不讲报酬、不为名利，因陋就简开展工作，不畏艰险、不计个人得失，为国家强盛、军队强大而默默耕耘、艰苦奋斗的科研技术队伍；涌现出了一大批学科带头人。他们隐姓埋名，默默坚守。他们“献了青春献终身，献了终身献子孙”，彰显了中华民族薪火相传、自强不息的伟大精神品格。

2.“两弹一星”精神承载着中华民族航天强国的伟大梦想

“两弹一星”精神是激励航天人不懈探索、持续奋斗的坚强力量。1970年4月24日，当“东方红一号”卫星在太空奏出《东方红》乐曲时，亿万中华儿女翘首仰望，心潮澎湃。《东方红》乐曲也在太空中传向了世界，奏响了我国航天事业的序曲。“东方红一号”卫星的成功发射，拉开了中华民族探索宇宙奥秘、和平利用太空、造福人类的恢宏序幕。当年，“两弹一星”研制者隐姓

---

① 毛泽东. 中国将要出现一个大跃进（一九六四年十二月十三日）[J]. 安徽教育，1978（1）：2-3.

埋名、置身大漠、奉献青春，艰苦奋斗、埋头苦干，靠自力更生、自主创新、大力协同冲破了技术、人才的重重封锁，使“东方红一号”卫星和原子弹、导弹一起，以高昂奋进的势头和劲头载入史册。

“东方红一号”卫星环绕地球飞行

当时，中国的航天测控科学家们曾经是那样羡慕别人的先进设备，羡慕别人的大气魄。如美国在太空有中继卫星，天上有跟踪测量的飞机，海上有24条船组成的测控网，陆地上在全球布站，形成了陆海天机于一体的庞大的航天测控网。甚至不同的航天器都拥有不同的独立的测控网。甚至有专为航天测控而研制的特殊的计算机。可以说，只要是需要的，只要是能够想象得出的测控设备，美国人都有了。苏联则充分利用他们广袤的国土优势，由东向西一路布站，另外在海外安排有十几艘测量船，其对航天器的测控覆盖率让我们望尘莫及。①

谁都知道，中国的测控设备简陋，规模很小；但却完成了一个又一个“高难度动作”，而且完成得那样精彩和漂亮。这在20世纪60年代对于世界众多国家尤其是第三世界国家是难以想象的，而中国作为当时全球最大的第三世界国家，“两弹一星”的成功研制则为它们提供了借鉴和效仿的榜样。

从20世纪50、60年代开始，中国的测控科学家们就有一句名言：“硬件不行，拼软件！”软件就是人，是他们自己，是他们的身体和智慧。他们用最好的数学模型，用自己独创的一个个公式弥补了设备上的不足。这就是中国人的优势。中国的航天测控网独树一帜，是世界上最简单、最经济也是最实用和布局最合理的，当然也是最高效的。这就是“两弹一星”精神的真实写照。正是这种无私忘我、献身祖国的精神成就了中国航天强国的伟大梦想。

---

① 陈晓东. 中国载人航天从梦想到现实［M］. 北京：解放军文艺出版社，2003：393.

中国发展航天事业的宗旨是：探索外太空，扩展对地球和宇宙的认识；和平利用外太空，促进人类文明和社会进步，造福全人类；满足经济建设、科技发展、国家安全和社会进步等方面的需求，提高全民科学素质，维护国家权益，增强综合国力。“两弹一星”精神激励着航天人追逐梦想，发展航天事业，建设航天强国。经过半个多世纪的迅速发展，我国航天事业获得了辉煌发展，取得了巨大成就。除了早期的风暴火箭，长征火箭总共发射115次，其中成功109次，失败6次，成功率达94%。中国已先后制造具有国际先进水平的“长征”系列火箭，发展了不同系列的卫星，发射了无人飞船和载人飞船，将宇航员送上了太空。从“东方红一号”到“东方红五号”，从“嫦娥一号”到“嫦娥六号”，从“神舟一号”到“神舟十八号”……经过几代航天人的接续奋斗、砥砺前行，我国航天事业创造了以“两弹一星”、载人航天、月球探测为代表的辉煌成就，走出了一条具有中国特色的航天之路，使我国昂首屹立于世界航天大国之列。尤其是进入新时代，在以习近平同志为核心的党中央坚强领导下，在全国人民大力支持下，中国航天事业不断攀登高峰、刷新高度，从“神舟”飞天到“天宫”交会，从“悟空”探苍穹到“墨子”游寰宇；载人航天“三步走”战略任务圆满完成；“嫦娥三号”落月探测和探月工程三期再入返回

“神舟十八号”

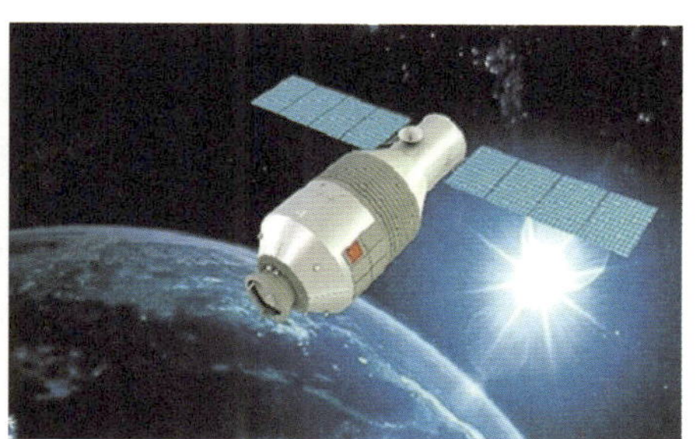

“天宫四号”

“悟空号”暗物质探测卫星

“墨子号”量子科学实验卫星

飞行试验取得圆满成功，“嫦娥四号”首次实现航天器在月球背面软着陆；“嫦娥五号”在闯过月面着陆、自动采样、月面起飞、月轨交会对接、再入返回等多个难关后，携带月球样品成功返回地面，标志着我国具备了地月往返的能力。“嫦娥六号”是探月工程四期的重要任务，实现了人类首次月球背面采样和起飞，创造了中国航天新的世界纪录。北斗卫星导航系统完成全球组网服务；高分辨率对地观测卫星陆续投入使用，民用空间基础设施不断完善，等等。这些伟大成就处处闪耀着爱国情、报国志的光辉，都是“两弹一星”精神的最好诠释，需要我们在新时代继续传承和弘扬。

3.“两弹一星”精神是社会主义制度优势的生动体现

制度是国家发展的重要保障和有力支撑。“两弹一星”工程研制过程生动地体现了我国的社会主义制度优势。“两弹一星”精神是广大研制工作者在“两弹一星”实践过程中孕育形成的。在研制“两弹一星”初期，党中央就提出了“自力更生为主，力争外援和利用资本主义国家已有的科学成果”的方针。当苏联撕毁协议、停止援助后，党中央又及时明确提出全面彻底实行自力更生的方针，并强调“要大力协同做好这件工作”。

1962年11月17日，周恩来主持召开了中央专门委员会第一次会议。根据中共中央关于加强原子能事业的决定，正式成立在中共中央直接领导下的，以周恩来为主任，以贺龙、李富春、李先念、聂荣臻、薄一波、陆定一、罗瑞卿七位副总理和赵尔陆、张爱萍、王鹤寿、刘杰、孙志远、段君毅、高扬七位部长为成员组成的中央十五人专门委员会（以下简称中央专委会），主要任务是加强对我国原子能工业建设和加速核武器研制、试验工作以及核科学技术工作的领导。中央专委会制定了一系列重大方针、原则和政策措施，为研制“两弹一星”指明了正确的前进方向，也有力地推动了“两弹一星”研制进程。

在党中央坚强领导下，全国“一盘棋”，来自全国各地的大批著名科学家、中青年科研人员和工程技术人员、管理保障工作者、工人和解放军指战员，共同努力，密切配合，协同攻关，大大加快了“两弹一星”研制进程，确保我国“两弹一星”事业取得历史性的突破，为锻造“两弹一星”精神打下了深深的烙印。

1958年，我国科学家提出我们也要搞人造卫星。对此，中央政治局开会研究，同意以中国科学院为主研制人造地球卫星，并且批准拨专款2亿元人民币，这在当时可以说是一笔巨款。于是，中国科学院组织各方面协作，把有关单位组织起来。为了搞卫星，当时还成立了“581组”和三个设计院。

周恩来指出，我们发展尖端事业不同于资本主义国家，我们要充分发扬社会主义制度优越性，要组织全国大力协同，从科研一开始就组织协作。同时要发扬风格，通用的技术不要保密，不要有门户之见，要拧成一股绳。有关工业部应当分别组织联合设计，否则各部都自己搞，来个万事不求人，是什么也搞不出来的。他还多次强调，有关部门要做到有人出人、有力出力和协同一致，共同攻克技术难关。据统计，当时共有26个部、委(院)和20个省、市、自治区的近千家工厂、科研机构和大专院校联合起来，拧成一股绳，共同为第一颗原子弹研制进行科技攻关、设备制造和材料生产，完成了近千项重大课题。可以说，原子弹、氢弹、导弹、人造卫星的每一次试验之所以能够取得成功，都是全国大力协同、群策群力、集智攻关的结果。工业落后的中国能够在短时间内攻克“两弹一星”如此尖端的技术，靠的就是全国的大力协同，靠的就是勇攀高峰的科学精神。这充分证明，集中力量办大事，全国“一盘棋”，是中国尖端科学技术研制成功的密钥所在，是中国社会主义制度的优势所在，是“两弹一星”精神形成的内在本质。

（三）“两弹一星”精神的时代价值

中国精神是兴国强国之魂。习近平总书记指出：“实现中华民族伟大复兴的中国梦，物质财富要极大丰富，精神财富也要极大丰富”[①]。2016年4月24日，在首个“中国航天日”，习近平总书记作出重要指示：“探索浩瀚宇宙，发展航天事业，建设航天强国，是我们不懈追求的航天梦。经过几代航天人的接续奋斗，我国航天事业创造了以‘两弹一星’、载人航天、月球探测为代表的辉煌成就，走出了一条自力更生、自主创新的发展道路，积淀了深厚博大的航天精神。设立‘中国航天日’，就是要铭记历史、传承精神，激发全民尤其是青少年崇尚科学、探索未知、敢于创新的热情，为实现中华民族伟大复兴的中

① 习近平. 习近平谈治国理政：第2卷［M］. 外文出版社，2017：323.

国梦凝聚强大力量。”“两弹一星”精神是中华民族面临重重困难却依然迈步求索、自强不息、勇往直前的光辉写照，是一种时代的精神。“两弹一星”精神，构筑起无私奉献、忠于人民、为国争光的家国情怀，是一种永不衰竭的动力，激励着一代代中华儿女在建设中国特色社会主义现代化强国的征程中奋力前行。

1.“两弹一星”精神与社会主义核心价值观一脉相承

毛泽东同志说得好：“人是要有一点精神的，无产阶级的革命精神就是由这里头出来的。”[①]好的精神能够产生民族的凝聚力，支撑起民族的脊梁，转化为巨大的物质力量。中华民族之所以能够屹立世界数千年，创造出光辉灿烂的古代文明，延续数千年而从未中断，一个重要因素是我们的祖先培育出了光辉伟大的民族精神。

“两弹一星”精神是中华民族在艰难岁月中历经砥砺奋斗而形成的宝贵财富，蕴含着爱国、奉献、奋斗、协同、创新等因子，是爱国主义、集体主义、社会主义和科学精神的集中体现。具体说来，“两弹一星”精神内涵包括“热爱祖国、无私奉献，自力更生、艰苦奋斗，大力协同、勇于登攀”，它是“两弹一星”研制者们在艰苦条件下形成的优秀品格。社会主义核心价值观则是当代全体中国人民的共同价值追求，在国家层面的价值目标是倡导富强、民主、文明、和谐，在社会层面的价值取向是倡导自由、平等、公正、法治，在公民个人层面的价值准则是倡导爱国、敬业、诚信、友善。“两弹一星”精神与社会主义核心价值观都是在中国特色社会主义建设道路上获得的宝贵精神财富，都是国家发展永不衰竭的推动力，二者在爱国、富强、敬业、奉献等方面具有一致性和共通性。

爱国主义是千百年来人们在社会实践中形成的对自己的祖国极其忠诚和热爱的深厚情感。中华民族从来就有爱国主义的光荣传统。一部中华民族的发展史，就是一部中华儿女的爱国奋斗史。中国人很早就有天下兴亡、匹夫有责的家国情怀。在中国历史上，既有“美不美，家乡水；亲不亲，故乡人”这样情

① 中共中央文献研究室．毛泽东年谱：1949—1976：第3卷［M］．北京：中央文献出版社，2013：35.

系故土的朴实古语，也有“遥望中原怀故土，静观落叶总归根”这样心怀家国、寄情桑梓的深情诗句；既有“乐以天下，忧以天下”的忧国忧民情怀，也有“公而忘私、国而忘家”的报国为民风范；既有为国家振兴、民族腾飞贡献毕生精力的志士仁人，也有“一身报国有万死”“苟利社稷，死生以之”的民族英雄。在漫长的历史发展过程中，中华民族形成了追求进步、维护民族尊严和国家主权的光荣传统，形成了对外来侵略者无比痛恨、对卖国求荣的民族败类无比鄙视、对爱国志士无比崇敬的宝贵民族性格。爱国主义成为动员和鼓舞人们为祖国的生存发展前赴后继、奋斗不息的伟大精神旗帜。

中国人民在长期奋斗中培育、继承、发展起来的以爱国主义为核心的伟大民族精神，为中国发展和人类文明进步提供了强大的精神动力。此外，中国人民勤劳勇敢、勇于创造的伟大时代精神是推动我国迅速向前发展、创造人间奇迹、走在世界前列的不竭动力。这些都是“两弹一星”精神与社会主义核心价值观内容的具体体现。

2.“两弹一星”精神彰显了造福人民的价值旨归

新中国成立之初，我国面临着严峻的国际、国内局势。在朝鲜战争期间，美国国务卿杜勒斯就曾经叫嚣：“如果不能安排停战，美国将不再承担不使用核武器的责任。”同时，美国还同蒋介石签订了“共同防务条约”，提出假如台湾海峡安全受到威胁，他们有权使用原子弹。在国内，国民党残余势力仍未肃清。为了反对美国的核讹诈、核威胁，尽快增强国防实力，保卫人民，维护和平，1956年4月，毛泽东在《论十大关系》中强调：“我们现在还没有原子弹。但是，过去我们也没有飞机和大炮，我们是用小米加步枪打败了日本帝国主义和蒋介石的。我们现在已经比过去强，以后还要比现在强，不但要有更多的飞机和大炮，而且还要有原子弹。在今天的世界上，我们要不受人家欺负，就不能没有这个东西。”[①]于是，1958年，我国成立了以万毅为部长的国防部第五部，负责领导特种部队组建工作；成立了以聂荣臻为主任的国防科学技术委员会（以下简称国防科委），负责统一领导国防科学技术研究工作。不久，国防部第五部合并到国防科委。

---

① 毛泽东. 毛泽东文集：第7卷［M］. 北京：人民出版社，1999：27.

1959年，苏联单方面撕毁合同时，我国的国民经济也面临着前所未有的困难。在这种情况下，针对国防尖端科技项目是继续搞还是不搞出现了意见分歧。毛泽东明确指出：“要下决心，搞尖端技术。赫鲁晓夫不给我们尖端技术，极好！如果给了，这个账是很难还的。”[①]此时，陈毅也提出了自己的观点，他说：“我这个外交部长的腰杆还不太硬，你们把原子弹、导弹搞出来了，我的腰杆就硬了。”聂荣臻也坚持强调，为了摆脱我国一个世纪以来经常受帝国主义欺凌压迫的局面，我们必须搞出以原子弹为标志的尖端武器，以便在我国遭受敌人核武器袭击时，有起码的还击手段，同时还可以带动我国许多现代科学技术向前发展。

在党和国家高度重视下，经钱学森、邓稼先等一大批科学家的不懈努力，中国科学家以“热爱祖国、无私奉献，自力更生、艰苦奋斗，大力协同、勇于登攀”的精神，成功研制出“两弹一星”，实现了中国有核武器的重大飞跃，标志着我国核武器的发展进入了一个新阶段，也标志着我国核科技进入了世界先进国家行列，大大加强了我国的综合国力和国防力量，极大地鼓舞了中国人民的志气，增强了中华民族的凝聚力。同时，“两弹一星”作为国之重器，保卫了人民，护卫了国家，保卫了新中国的独立地位，也为全国各族人民在和平、安定的环境中进行社会主义建设奠定了坚实的基础。由“两弹一星”事业锻造而成的“两弹一星”精神充分彰显了华夏儿女为国为民的家国情怀，凸显了造福人民的价值旨归。

3.“两弹一星”精神是实现中华民族伟大复兴中国梦的精神动力

从“两弹一星”事业发展历程中可以看出，伟大的事业孕育和铸就了爱国主义、集体主义、社会主义和科学精神相统一的“两弹一星”精神，为中华民族精神宝库创造和增添了新的宝贵的精神财富，是新时代坚持和发展中国特色社会主义、实现社会主义现代化和中华民族伟大复兴、把我国建成富强民主文明和谐美丽的社会主义现代化强国的强大精神动力。

习近平总书记指出，“两弹一星”精神激励和鼓舞了几代人，是中华民族

---

① 中共中央文献研究室. 毛泽东思想年编：1921—1975［M］. 北京：中央文献出版社，2011：901.

的宝贵精神财富。“实现中国梦必须走中国道路”，“实现中国梦必须弘扬中国精神”，“实现中国梦必须凝聚中国力量。”[①]这为我们党团结带领人民继续把中国特色社会主义事业推向前进，为实现中华民族伟大复兴的中国梦而努力奋斗指明了方向。实现中国梦必须弘扬中国精神，这就是以爱国主义为核心的民族精神和以改革创新为核心的时代精神。伟大的梦想，需要伟大的精神作支撑。如果没有振奋的精神，没有高尚的品格，没有坚定的志向，一个民族就不可能自立于世界民族之林。实现中国梦，要求我们不仅在物质上强大起来，而且在精神上强大起来。中华文明生生不息，中国精神薪火相传。以爱国主义为核心的民族精神和以改革创新为核心的时代精神，是凝心聚力的兴国之魂、强国之魂。爱国主义是中华民族的精神基因，维系着华夏大地上各民族的团结统一，激励着一代又一代中华儿女为祖国发展繁荣而不懈奋斗。改革创新体现了中华民族最深沉的民族禀赋，反映了当代中国发展进步的要求，始终是鞭策我们在改革开放中与时俱进的精神力量。要弘扬伟大的民族精神和时代精神，不断振奋全民族的精气神，不断增强团结一心的精神纽带、自强不息的精神动力，永远朝气蓬勃地迈向未来。

当前，我国发展仍处于大有作为的重要战略机遇期，既有难得的历史机遇，也有诸多可以预见和难以预见的风险和挑战。“全党同志必须牢记，要把蓝图变为现实，还有很长的路要走，需要我们付出长期艰苦的努力。”“实现中华民族伟大复兴是一项光荣而艰巨的事业，需要一代又一代中国人共同为之努力。”[②]虽然我们已经日益发展和强大起来，但我们全面实现现代化的目标还未达成，在前进的道路中还有许多复杂的课题等待着我们去一步步探索，还有无数的高峰等待着我们去不断攀登。

一个民族，如果没有振奋的精神和高尚的品格，是不可能自立于世界民族之林的；一个民族如果没有时代精神，就不可能会有进步。实现中华民族伟大复兴，是一项光荣而艰巨的事业，需要每一个中国人付出艰苦努力，用实干托起中国梦。习近平总书记强调：“面向未来，全面建成小康社会要靠实干，基

---

① 中共中央文献研究室编. 习近平关于实现中华民族伟大复兴的中国梦论述摘编［M］. 北京：中央文献出版社，2013：43.

② 习近平. 习近平谈治国理政：第1卷［M］. 外文出版社，2018：36.

本实现现代化要靠实干，实现中华民族伟大复兴要靠实干。”[①]空谈误国，实干兴邦。要在全社会大力弘扬真抓实干、埋头苦干的良好风尚，出实策、鼓实劲、办实事，不图虚名，不务虚功。我们的国家，我们的民族，从近代积贫积弱一步一步走到今天的发展繁荣，靠的就是一代又一代人的顽强拼搏，靠的就是中华民族自强不息的奋斗精神。我们必须居安思危、艰苦奋斗，保持那么一股劲、那么一股革命热情、那么一种拼命精神，披荆斩棘、勇往直前。

实现中国梦任重而道远，需要锲而不舍、驰而不息的艰苦努力。道路不可能一帆风顺，蓝图不可能一蹴而就，梦想不可能一夜成真。我们已经取得辉煌成就，离梦想从未如此接近。同时也要看到，“行百里者半九十”，距离实现中华民族伟大复兴的目标越近，我们越不能懈怠，越要加倍努力。只要一代又一代中国人勠力同心、不懈追求、接力奋斗，我们就一定能够到达中华民族伟大复兴的光辉彼岸。

“两弹一星”精神不仅在“两弹一星”研制过程中发挥了巨大的凝聚人心、振奋人心、鼓舞人心的作用，在探索中国特色社会主义道路，实现中华民族伟大复兴中国梦的今天，“两弹一星”精神始终在传承、在延伸，并且更加熠熠生辉。它带给我们国家和民族的，不仅仅是个人的提高、进步，更是整个社会繁荣和稳定发展的强大精神支撑与智力保障，将继续鼓舞着中华儿女开拓进取、勇于创新，为在本世纪中叶建成富强民主文明和谐美丽的社会主义现代化强国而努力奋斗。

---

① 中共中央文献研究室. 习近平关于全面建成小康社会论述摘编［M］. 北京：中央文献出版社，2016：187.

第三章 03

热爱祖国、无私奉献的担当精神传承

“热爱祖国、无私奉献”是“两弹一星”精神的灵魂和精髓，是“两弹一星”事业在无比艰难的条件下起步、在大家的齐心奋斗中开拓、最终取得伟大成就的力量源泉。“热爱祖国、无私奉献”是“两弹一星”研制队伍崇高精神的高度概括。在新时代开启全面建设社会主义现代化国家和实现中华民族伟大复兴中国梦的新征程，继续发扬中华民族伟大民族精神，鼓干劲、积实劲，弘扬和传承“两弹一星”精神，增强国家政治底气、提升民族士气仍是我们今天义不容辞和当仁不让的应然和必然之举，使其与我国的社会主义现代化建设伟大事业相互交融、相伴而行，焕发出更加绚烂的时代色彩和民族光彩。

爱国主义是中华民族的优良传统和崇高美德，爱国主义在不同历史时期和历史条件下有着不同的内涵和要求。在古代，爱国主义表现为反抗外敌，御侮于国门之外，护卫祖国的锦绣山河，护卫家与国的安定与和谐。汉代的卫青、霍去病大破匈奴，把汉朝的疆域扩大到西域，为汉朝的兴旺繁荣创造了良好的外部环境；宋代抗金名将岳飞一生精忠报国，带领军队保卫国家；郑成功驱逐洋人收复台湾，巩固了祖国统一；清代林则徐不顾内外重压，为了民族大义而虎门销烟，留下振聋发聩、流传后世的诗句“苟利国家生死以，岂因祸福避趋之”。

到了近现代，爱国主义精神主要体现在反对帝国主义侵略、争取民族独立，反对封建主义压迫、推翻封建专制制度。从太平天国、义和团运动有力地打击帝国主义侵略势力，到康有为、梁启超等发起戊戌变法要求变革，再到辛亥革命推翻了腐朽的清政府，最终彻底结束了中国两千多年的封建专制统治。正如习近平总书记所说：“爱国主义是中华民族民族精神的核心。近代以来，中国人民为争取民族独立和解放进行的一系列抗争，就是中华民族觉醒的历史进程，就是中华民族精神升华的历史进程。”①

1949年10月1日，中华人民共和国宣告成立，中国人民在中国共产党的领导下推翻了压在自己头上的“三座大山”，开启了中华民族伟大复兴的新征程，也赋予了爱国主义精神新的内涵。新中国建立后，社会主义制度展现出强大的优越性，吸引着海内外中华儿女为建设繁荣富强的社会主义祖国而奋斗。新时代爱国主义要求坚持爱国主义和社会主义相统一，维护祖国统一和民族团结，尊重和传承中华民族历史和文化，坚定立足民族又面向世界。新时代爱国主义要坚持祖国和人民的利益高于一切；要自觉地维护祖国的独立、完整、统一和尊严；要自觉维护祖国各族人民的安定团结；要自觉为祖国的繁荣昌盛奋发进取；要有民族自尊心和自信心；要尊重、关心和支持其他民族和国家的人民的正义斗争。中国人民在中国共产党领导下取得了革命胜利，中国共产党代表了最广大人民的根本利益，代表了最先进的无产阶级的利益，是实现中华民族伟大复兴必不可少的核心领导力量。因此，在当代中国，热爱祖国与热爱社会主义、热爱中国共产党是相统一的。

---

① 习近平. 在纪念中国人民抗日战争暨世界反法西斯战争胜利69周年座谈会上的讲话［N］. 人民日报，2014-09-04（1）.

一、坚定信念，做奋发有为的时代新人

“爱国主义就是千百年来固定下来的对自己的祖国的一种最深厚的感情”[①]，这种感情在“两弹一星”研制团队身上的表现就是把个人理想与祖国命运紧紧联系在一起。回顾“两弹一星”研制团队的光辉历程，热爱祖国的理想信念始终是支撑着科研前辈们奋勇拼搏、开拓创新的最强大的精神动力，“两弹一星”元勋们的感人事迹始终闪耀着爱国主义的光芒。对于当代青少年来说，已经不需要再面对革命前辈所面对的巨大挑战和艰苦条件，但是这种坚定的爱国主义信念在今日仍然具有学习和实践的价值。从历史的角度看，近代以来历经磨难的中华民族在实现中华民族伟大复兴中国梦的道路上正阔步前进。在这一历史进程中，青少年要坚定爱国信念，练就强国本领，践行报国行为，成长为担当民族复兴大任的新时代爱国青年。

（一）“两弹一星”事业中爱国主义精神彰显

“两弹一星”元勋们正是在这样的爱国主义精神激励下，在刚刚成立的新中国面对帝国主义威胁的危急时刻，奋不顾身地投入到“两弹一星”事业中，为了共和国的国防科技事业贡献自己的智慧、青春甚至鲜血和生命。“两弹一星”研制团队对祖国悠久历史、壮丽山河的热爱，对社会主义事业和中国共产党的拥护，为人民服务的崇高理想，共同交织成热爱祖国的深厚感情。这种爱国主义精神是“两弹一星”团队最坚强、最持久的精神支柱。

---

① 列宁. 列宁选集：第3卷［M］. 北京：人民出版社，1972：608.

② 根据以下资料整理：李依环.“两弹一星”元勋程开甲：一生为国铸核盾民族脊梁更挺直［J］. 智慧中国，2018（12）：62-63；孟玮. “人生的价值在于奉献!”：访“两弹一星”功勋程开甲院士［J］. 民主与科学，2006（6）：29-31.

1. 幸福来源于祖国的强大[②]

在热爱祖国的坚定信念指引下，知识分子把自己的一生献给了“两弹一星”事业。被称为“核司令”的程开甲，1948年在英国获得爱丁堡大学博士学位，成为英国皇家研究所的一名研究员。在得知新中国成立后，他立即决定回国，先后在浙江大学、南京大学任教，为祖国培养了大规模的人才后备队伍。党中央作出研制原子弹的决定后，1960年程开甲被任命为核武器研究所负责技术工作副所长，1962年他成为核武器试验技术总负责人。程开甲主持设计了第一颗原子弹百米高塔爆炸方案。1963年，他前瞻性地筹划了核武器试验研究所的性质、任务、学科、队伍和机构等。

程开甲对待科学态度严谨认真，他常说：“科学实验就得讲严谨，没有严谨就没有成功。”第一次核试验之前，从原子弹爆心向各个测试点铺设电缆时，程开甲提出要在电缆沟里铺细沙，以保证电缆本身和测试的安全。但在一次检查中，他发现没有按要求去铺细沙，立即要求施工人员返工。这时工程队的人不干了，因为已经铺了不少，若返工就得重拉几百车沙子铺上。程开甲坚持说：“不这样就是不行！”问题很快反映到基地司令员张蕴钰那里，张司令员果断地拍板，“按程教授的意见办。”

还有一次，他设计的测试方法遭到许多人的反对，包括当时基地的一位副司令员。有人劝程开甲，“人家是副司令员，是基地领导，你不要和他争了，出了问题他负责。”程开甲严肃地说：“我不管他是不是副司令员，我只看他讲不讲科学。这些数据是在实践中计算出来的，是科学的。要保证安全，就得按数据要求办。我要对核试验的安全负责。”最终的结果是，科学实验压倒了主观主义，程开甲教授的意见得到了不折不扣的执行。1964年9月，在茫茫戈壁滩深处的罗布泊上竖起了一座102米高的铁塔，原子弹就安装在铁塔的顶部。程开甲信心十足地对张蕴钰司令员说：“该想的都想了，该做的都做了。原子弹一定能响，不能不响！”1964年10月16日15时，在惊天动地的巨响中，百

② 根据以下资料整理：李依环.“两弹一星”元勋程开甲：一生为国铸核盾民族脊梁更挺直[J]. 智慧中国，2018（12）：62-63；孟玮.“人生的价值在于奉献！”：访“两弹一星”功勋程开甲院士[J]. 民主与科学，2006（6）：29-31.

米高塔上腾起了蘑菇云，中国第一颗原子弹爆炸成功。

程开甲在科学研究中坚持抓住问题不轻言放弃，对待科学问题严谨认真，这是因为年轻时留下的遗憾让他一直引以为戒。1944年，程开甲在浙江大学任助教，他完成了一篇有意义的论文《弱相互作用需要205个质子质量的介子》。当时在浙江大学任教授的王淦昌后来把这篇论文推荐给来浙江大学考察的英国科学家李约瑟博士。李约瑟看到论文亲自进行修改润色，并将论文带给物理学权威狄拉克。可没想到，狄拉克亲笔回信说："目前基本粒子已太多，不再需要更多的新粒子，更不需要重介子。"结果论文未能发表。考虑到狄拉克是物理学界的权威人物，既然狄拉克亲自回信，程开甲也就没有怀疑权威，放弃了对这一问题的深入研究。值得欣慰的是，王淦昌看到狄拉克的复信并不赞同，依然支持程开甲的研究。他认为，世界上的事物复杂多变，多一些粒子也是合理的。因此，当程开甲提出另一项研究，用五维空间场来容纳无穷系列粒子时空，以各种康普顿长度作为五维空间中的一个维束时，程开甲和王淦昌合作完成了研究论文《论五维空间》，1946年发表在美国《物理评论》上。程开甲当年不经意间放弃的"发现"，30多年后被一个重要的实验证实，而且，实验所测得的粒子质量与程开甲当年的计算值基本一致。这项成果于1979年获得诺贝尔奖，让程开甲颇为遗憾。

许多人谈核色变，说核是魔鬼。程开甲就是跟魔鬼打交道的人。在第二次地下核试验成功后，经过开挖，程开甲和朱光亚决定进入地下核爆后的测试间去实地考察。这两位科学家明知核爆后现场辐射剂量很大，是有危险的，但程开甲说："不入虎穴，焉得虎子。"他们无惧危险，穿上防护衣、戴上手套和安全帽进入坑道，钻进刚刚开挖的直径仅有80厘米的管洞，匍匐着爬行10多米来到了测试间，见到这里四周布满了黑色玻璃体，就像一座怪异的水晶宫。他们最终爬行到坑道末端的产品房——爆心，仔细观察四周奇妙的爆炸效应，完成了洞内探察。程开甲和同事们终于取得了我国地下核试验现象学的第一手资料，为中国核武器研制与应用开拓出成功之路。对于这些永载中国史册的光辉业绩，程开甲认为，这是许多科技人员和广大解放军指战员共同努力的结果。他隐姓埋名20多年，用青春和智慧在大漠戈壁的核试验场铸造了共和国的核盾牌，在中华民族的史册上书写了令后人敬仰与骄傲的"两弹一星"精神，为我们后世所敬仰和传承。

有人问他，“你如果不回国，在学术上会不会有更大的成就?”他感慨道：“如果当初我不回国，在学术上可能有更大的成就，但绝不会有现在这样幸福，因为我现在做的一切都和祖国紧紧联系在一起。不回来最多是一个二等公民身份的科学家。会有一些发明创造，不过如此。可我回来就不同了，我为国家作出多大的贡献哪！而且我在国内干的一切，科技水平不比在那边干的差。”他还说：“我是一个中国人，我不可能到美国去喊美国万岁，我只能喊中国万岁。我这辈子的最大心愿就是国家强起来，国防强起来。”中国这些老一辈科学家对祖国“以身相许、奉献终身”的精神留给我们后辈的宝贵遗产，是激励一代又一代科研工作者和华夏儿女把青春奉献给祖国，把生命之书写在中国的大地上，实现与祖国同进步、共发展。

2. 对“两弹一星”事业以身相许[①]

在热爱祖国的坚定理想信念支撑下，科学家们对“两弹一星”事业以身相许。1930年著名核物理学家王淦昌考取了德国柏林大学，继续研究生学习，师从著名核物理学家莱斯·梅特纳，他是这位女科学家唯一的中国学生。1934年春，在苦学4年取得博士学位后，他毅然决定回国。有的教授想挽留他，说：“中国那么落后，你回去是没有前途的。……要知道科学是没有国界的。”他坚定地说：“科学虽然没有国界，但科学家是有祖国的！我出来留学的目的就是为了更好地报效我的祖国。中国目前是落后，但她会强盛起来的。”

回国后，王淦昌先后任教于山东大学和浙江大学，在战乱中的浙江大学教书14年。1950年后，他调到中国科学院近代物理研究所。1959年他在苏联杜布纳联合原子核研究所的研究中，从4万对底片中找到了一个产生反西格马负超子的事例，发现了超子的反粒子，在国际学术界引起轰动。1961年时任第二机械工业部部长刘杰找王淦昌谈话，请他参与领导研制原子弹，并传达了周总理的指示：“这是政治任务，我们刚起步的国防尖端事业需要尖端人才，需要第一流的科学家。我们的祖国需要更加强大。”王淦昌听罢，毫不犹豫地

---

① 根据以下资料整理：胡仁宇. 王淦昌老师：我国惯性约束聚变研究的开创者与奠基人：纪念王淦昌老师诞辰100周年［J］. 物理，2007（5）：346-349；胡仁宇. 王淦昌：我国核武器物理实验研究的奠基人：纪念王淦昌院士诞辰一百周年［J］. 国防科技工业，2007（5）：14-17.

说："我愿以身相许！"之后他被任命为中国核武器研究所副所长，从此改名为王京，隐姓埋名17年，为祖国的国防科技事业贡献自己的力量。就这样，他和成千上万名科技人员一起在核试验基地上隐姓埋名，默默无闻地苦苦奋斗、战斗了17年。

王淦昌说："科学工作者，要有牺牲精神，要全身心地投入。""科学工作者，要精诚报国。我们必须有一个强大的国防力量。"王淦昌是这样说的，也是这样做的。他在办公室里，白天热火朝天地攻坚；晚上灯火辉煌，继续夜战。作为高级科学技术领导人，王淦昌亲自去实验室做实验，亲自动手清洗橡皮管，亲自管理仪器和设备，并亲自教大家如何做实验，如何安装底片，如何保护底片，如何分析底片，等等。只有在实在太累的时候，他才歪倒在沙发上稍事休息。

为了尽快提高研究人员的理论水平和解决实际问题的能力，王淦昌要求青年们晚睡早起、刻苦钻研，并亲自为他们查找和购买必读的资料。为了解开原子弹之谜，完成必要的炸药爆轰实验，王淦昌身穿蓝布袄，脚踏粗布鞋，同年轻人一起奔波于长城内外，跋涉在荒山野岭之中。试验场的"17号工地"，是出了名的风口地带，气候条件十分恶劣。冬季寒风刺骨，风沙丘一夜就"走"到了小公路上，狂风掀起军用帐篷，被子上积满了厚厚的沙土，人也成了土人；夏季赤日炎炎，有时转眼间会下起冰雹，连夜的暴雨冲翻铁锅，冲坏帐篷，卷走铝桶……在这样的条件下工作，常常吃不上菜，吃不饱饭，许多人患了浮肿病；但王淦昌作为最年长的科学家，不搞特殊化，与大家同甘共苦。

1963年3月，实验工作移师青海。临行前，王淦昌谎称去西安工作，与妻子、儿女告别。他来到位于青海湖东面的海晏县，这里自然条件十分恶劣，平均海拔3200米以上，年平均气温在零下4℃。风沙大，又高寒缺氧、霜冻期长，有时6月份还飞扬着雪花。王淦昌和科技人员就是在这样的条件下，忍受着头晕、目眩、心悸和不思饮食等高原反应，克服水土不服等重重困难，在食品、蔬菜等生活必需品奇缺的情况下，吃着青稞面和蒸不熟的馒头，艰苦创业。由于过度劳累，他的血压升高了，并伴有感冒、发烧和不断地咳嗽。可是，他照样拼命地工作。衣服脏了，就自己在冷水中清洗。棉衣破了，露出了棉花，他无暇缝补，照样穿在身上。在这里，这位五十多岁的科学家带领着科技人员，突破了一个又一个科学技术上的难关，闯过一道又一道实验上的险滩。

1978年，科学的春天来到了，王淦昌被任命为二机部副部长、原子能研究所所长。他积极推进中国核科学的发展。在他的倡导下，我国相继建设了秦山核电站和大亚湾核电站。为了我国科学技术特别是高科技事业的发展，他与王大珩、陈芳允、杨嘉墀于1986年3月2日联名向中央提出了《关于跟踪研究外国战略性高技术发展的建议》。3天后，邓小平批示：“这个建议十分重要。”国务院在听取专家意见的基础上，制定了我国高技术发展“863计划”，为我国高技术发展开创了新局面。1998年6月，王淦昌被授予中国科学院首批“资深院士”称号；1998年12月10日他在北京逝世。他以自己的一生诠释了“科学家是有祖国的”“我愿以身许国”，他用一生践行了对祖国的热爱与承诺，为我国“两弹一星”事业和高科技发展作出了伟大的贡献。正是因为有了这样一批为国家鞠躬尽瘁、死而后已的老一辈科学家，我们的国家与后一辈人才能有今天安定、稳定与持续走向繁荣富强的国际环境和社会环境，我们才能在现今的时代愈来愈接近世界舞台的中央，为世界贡献出自己的一份智慧和力量。

王大珩（左）、王淦昌（右）两位院士

2011年1月26日，习近平同志在看望著名科学家时指出，“两弹一星”精神激励和鼓舞了几代人，是中华民族的宝贵精神财富。广大航天工作者培育和发扬的“特别能吃苦、特别能战斗、特别能攻关、特别能奉献”的载人航天精神，是“两弹一星”精神的延续和发展。[①]而同时践行和发扬了这两种精神的人就是“两弹一星”元勋孙家栋。

① 习近平亲切看望著名科学家［N］. 光明日报，2011-01-22（01）.

孙家栋是我国人造卫星技术和深空探测技术的开创者之一、中国航天科技集团有限公司原高级技术顾问，获得过“两弹一星”功勋奖章、国家最高科学技术奖和“全国优秀共产党员”“改革先锋”等称号，在新中国成立70周年之际又荣获共和国勋章。1958年，他毕业于苏联茹柯夫斯基空军工程学院飞机设计专业，历任第七机械工业部五院副院长、院长，七机部总工程师，航天部副部长，航空航天部副部长。他主持完成了我国第一颗人造卫星、第一颗返回式卫星和第一颗静止轨道试验通信卫星总体设计，领导卫星研制和发射的技术管理工作，在解决重大工程技术问题上发挥了指导和决策作用，使我国成为少数几个拥有相关技术的国家。他担任“东方红三号”通信广播卫星、“风云二号”气象卫星、中巴资源卫星这三个我国第二代应用卫星工程的总设计师，负责上述三个工程大系统的总体设计、技术决策和技术协调，主持解决了一系列重大工程技术问题，工程均取得圆满成功。他担任我国北斗卫星导航系统第一代和第二代工程总设计师，作出了多项重要决策，主持解决了多项重大工程技术问题，建成了北斗导航第一代系统，实现组网应用。他是我国月球探测工程的主要倡导者之一，提出了2020年前我国月球探测工程分三个阶段的实施方案，明确了我国月球探测的发展方向、目标和路线图。他担任月球探测一期工程的总设计师，提出了工程研制的指导思想，确定了工程目标和工程总体方案，对工程各大系统的技术途径作出了重要决策，主持解决了多项关键技术问题。2007年，“嫦娥一号”月球探测卫星成功发射，在一年工作寿命内实现了全部工程目标与科学目标，并实现可控撞月。我国月球探测一期工程获得圆满成功，树立了中国航天史上新的里程碑。

50多年来，孙家栋院士把全部精力和心血倾注于中国航天事业，作为技术负责人和总工程师，参与创造了中国航天史上多个“第一”的辉煌，为我国突破卫星基本技术、卫星返回技术、地球静止轨道卫星发射和定点技术、导航卫星组网技术和深空探测基本技术作出了重大贡献，现仍继续活跃在我国航天技术的前沿领域。他为人正直，顾全大局，并十分重视人才培养，通过航天工程实践培养了一批优秀的航天科技人才。孙家栋经常说：“1967年国家要搞人造卫星，当时也是没有搞卫星的人才，我个人也只是具备了一点最基本的条件。所以主要靠国家经济发展的需要，靠国家发展所创造的环境，对我个人来讲主要还是靠机遇。”“我能够主持卫星总体设计工作，得益于中国航天事业的稳步发展。是中国航天事业的发展为自己提供了‘平台’，是中国航天事业的发展成就了自己。”

2004年，当国家启动“嫦娥一号”探月工程时，已经75岁的孙家栋毅然接下了首任探月工程总设计师的重担。大多数人都会在这样的高龄选择功成身退，他却冒着风险出任探月工程总设计师。对于别人的不理解，孙家栋只有一句话：“国家需要，我就去做。”在“嫦娥一号”顺利完成环绕月球的那一刻，航天飞行指挥控制中心里，大家全部从座位上站起来，欢呼雀跃、拥抱握手。而孙家栋却走到了一个僻静的角落，悄悄地背过身子，掏出手绢在偷偷擦眼泪。“孙家栋无疑是一位战略科学家，总能确定合理的战略目标。”“嫦娥一号”卫星总设计师、中国航天科技集团五院深空探测和空间科学首席科学家叶培建院士说：“在困难面前，他绝不低头；在责任面前，他又‘俯首甘为孺子牛’。”孙家栋的一大长处，就是善于协调各种复杂的技术问题，找到最经济、最合理的解决办法。他说：“几十年的实践证明，核心技术是买不来的，航天尖端产品也是买不来的。我们必须依靠自己的力量发展航天技术。”近年来，孙家栋特别强调要坚持自主创新。他说：“在一穷二白的时候，我们没有专家可以依靠，没有技术可以借鉴，我们只能自力更生、自主创新。今天搞航天的年轻人更要有自主创新的理念，要掌握核心技术的话语权。”孙家栋这种高瞻远瞩的战略视野与谆谆嘱托，正是一代代中华儿女强大民族精神的集中体现，是中华民族自尊、自信、自立、自强精神的集中展示和完美体现，也是我们能够在新民主主义革命时期、社会主义革命和建设时期、改革开放新时期和中国特色社会主义新时代取得一个又一个完美胜利、战胜一个又一个风险挑战的本质原因所在。

2010年孙家栋获得了国家最高科学技术奖。他在获奖感言中发自肺腑地说：“心情非常激动，非常荣幸。自己感觉，航天事业是千人、万人大家共同劳动的结果，是社会主义集中力量办大事的优势下产生的，奖励是给予航天事业的肯定。自己做得有限，心情不安，只有感谢各方面对我的支持和培养，向共同战斗的同志们表示感谢。”“航天的事情一丝一毫都马虎不得，每个人手中的事情看似不大，但集合起来就是事关成败、事关国家经济利益的大事情，不论是哪个航天人，他都会想尽一切办法把事情办好。如果要说我自己，那我也就是那千千万万航天大军中的一分子而已。”一个个人、一份份力量汇聚起中华民族伟大复兴的磅礴伟力，积聚起国家富强的强大政治勇气和现实底气，凝聚起民族振兴的坚强精神力和意志力，朝着同一个方向出发、为了同一个目标努力，为了同一个使命奋斗，心往一处想、劲往一处使，最终就能无敌不可战胜、无坚不可攻破，这正是中华民族精神的精髓所在，是中华民族特有的民族标识和民族特征，是中华儿女讲述中国故事、传播中国声音、彰显中国力量的傲气和底气所在。

3. 做一个爱国的奋进者[①]

为祖国繁荣发展而奋斗的伟大精神不仅体现在“两弹一星”元勋身上，而且表现在其他国防事业的奋斗者身上。做一个爱国的奋斗者——这句话，是钱七虎一生的追求，也是他在各个历史时期对自己的要求。钱七虎院士是我国著名的防护工程学家，现代防护工程理论的奠基人，防护工程学科的创立者，防护工程科技创新的引领者，为我国防护工程各个时期的建设和发展作出了杰出贡献。

钱七虎在抗日战争的炮火中成长，新中国成立后依靠政府的助学金完成了中学学业。这使他从小就在心中埋下了矢志报国的种子。1954年，作为著名的上海中学毕业生，钱七虎原本被选派到苏联读书，而这时却传来消息：我国急需军事人才，新成立不久的哈尔滨军事工程学院要在中学选拔优秀毕业生，学校希望他能去“哈军工”（哈尔滨军事工程学院）学习。一边是有个人前途的留学生涯，一边是使命召唤的家国责任，钱七虎毅然选择了后者。在校期间，钱七虎的课程成绩门门优秀，入学第二年就入了党，每年都被评为优秀学员，还获得了“社会主义建设积极分子”荣誉称号，是全年级唯一的全优毕业生。1960年，钱七虎被选派到苏联莫斯科古比雪夫军事工程学院学习深造。1965年，钱七虎学成归国，成为“哈军工”分建后的原西安工程兵工程学院的一名教师，他的人生和事业就此翻开了崭新的篇章。

20世纪70年代初，戈壁深处一声巨响，荒漠升起一片蘑菇云。当人们欢呼庆贺之时，一群身着防护服的科研人员迅速冲进了核爆中心勘察爆炸现场，

---

① 根据以下资料整理：共产党员网. 钱七虎：一生只做一件事为国铸就“地下钢铁长城”[EB/OL]. [2021-08-31]. http：//www. 12371. cn/2019/04/19/VIDE1555663681534122. shtml.

钱七虎便是其中一员。当时，我国面临严峻的核威胁，为祖国铸就坚不可摧的“地下钢铁长城”，是国家赋予他们的神圣任务，也是他们毕生的事业追求。后来，钱七虎受命进行空军飞机洞库门设计。为实现设计目的，钱七虎多次到核爆试验现场调查研究。最终，他利用当时刚刚兴起的有限单元法进行工程机构计算，成功解决了大型防护门变形控制等设计难题。“哪些事情对国家和人民有利，科技工作者的兴趣和爱好就要向哪里聚焦。”钱七虎常说。珠海经济特区建设机场，要炸平炮台山移山填海。作为这项爆破工程的主持者，钱七虎七次到珠海一线研究解决重大问题，带领团队成员连续奋战，反复做模拟试验。最终爆破成功，达到预期效果。一时间，这在我国爆破领域引起了轰动，被媒体誉为“亚洲第一爆”，时至今日仍保持着世界最大直列装药定向爆破的纪录。“万里长江第一隧”是钱七虎主持完成的又一项重大工程。2008年8月，为确保南京长江隧道施工安全，钱七虎经过反复论证，建议修改原定的沉管法方案，采用盾构机开掘隧道。项目攻关犹如在刀尖上行走，当盾构机掘进第659环时，因刀具磨损严重突然停止工作，隧道施工搁浅。钱七虎凭着一名科学家的担当和自信，建议对盾构机刀具进行自主改良。2010年5月，隧道全线通车，钱七虎先后获得鲁班奖、国家科技进步奖等10多个奖项。南京长江隧道是当时已建的隧道中所经地质条件最复杂、技术难题最多、施工风险最大的工程，钱七虎因此被南京市委市政府授予“一等功臣”荣誉称号。作为多个国家重大工程的专家组成员，他在港珠澳大桥、南水北调工程、西气东输工程、能源地下储备、核废物深地层处置、地下施工盾构机国产化等方面提出了切实可行的决策建议。此外，他还进行了城市地上地下空间一体化规划的理论体系和实践探索，先后组织编制、评审了全国20多个重点设防城市的地下空间规划。老骥伏枥，志在千里。耄耋之年的钱七虎仍以满腔热情履行着自己作为中国工程院院士的职责。他积极为决策部门出谋划策，共向国家部委提交27份研究报告和提案。“科学是老老实实的学问，容不得一点点的马虎和心浮气躁。”钱七虎说，“科学最讲求严谨，最讲求踏实。我深深感到，不论进行科学研究，还是做任何一项工作，都要沉得下心气、耐得住寂寞，一定要有一股百折不挠的韧劲、一颗板凳甘坐十年冷的恒心。”他说：“更重要的是，做科研工作应该站在国家的全局进行前瞻思考。只有把个人的理想与党和国家的需要、民族的前途命运紧密联系在一起，才能有所成就、彰显价值。”个人人生价值和社会价值的大小不取决于自己有多富裕、多尊贵，而更多的应该是为社会贡献了什么、为人民服务了什么，是否有利于国家发展社会、进步和人民幸福，是否得到人民拥护、认可、支持和赞成。只有将个人远大理想和崇高追求与国家、社会和人民的事业相结合、相融人，才能真正实现自己的人生价值和理想，而这些正是老一辈科学家传承给新时代的爱国青年、爱国志士的。我们必将在建设祖国的伟大时代浪潮中尽心竭力，实现与祖国的同进步、共发展。

（二）爱国是奋进的不竭动力

“两弹一星”元勋们“热爱祖国，无私奉献”精神是留给我们的宝贵精神财富，是中国所有科技工作者学习和传承的信念，也是全国青少年应该始终学习和发扬光大的精神。

1. 永远跟党走是不变的信念[①]

张富清是“共和国勋章”获得者，是始终践行共产主义崇高理想的优秀党员，是新时代中国共产党人不忘初心、牢记使命、永远奋斗的光辉典范。他60多年深藏功名，用自己的朴实纯粹、淡泊名利书写了精彩人生。1948年3月，他在陕西宜川县瓦子街参加革命，开启了自己的英雄之旅。

壶梯山战斗、永丰战役中，他任突击组长，先后炸掉敌人3个碉堡，立下赫赫战功。

1955年1月，他退役转业，告别军营，扎根湖北来凤县，锁住荣誉，尘封战功，为当地发展和群众过上好日子不懈奋斗。

1985年1月，他站完最后一班岗。人离休了，思想却不离休。他坚持学习，三十多年如一日。

无论何时、何地、何境，他都把组织的要求摆在第一位。作为一名有着

① 根据以下资料整理：党的好战士张富清［J］. 求是. 2019（19）：80；彭飞. 深藏功名背后的坚守［N］. 人民日报. 2019-05-27（04）；人民网. 紧跟党走，做党的好战士（国家勋章和国家荣誉称号获得者），http：//pic. people. com. cn/n1/2019/0924/c1016-31370289. html，2020年6月13日登录.

70多年党龄的老党员，他精神上追求卓越，物质上毫无所求。

（1）从革命战场到人生战场不改本色

1924年12月，张富清出生于陕西汉中洋县马畅镇双庙村一个贫农家庭。兵荒马乱的年月，他在家种过地，给地主当过长工，没有上过一天学。1945年下半年，家中唯一的壮劳力二哥被国民党抓壮丁。为了维持一家人的生计，他用自己将二哥换了出来。

宜川战役中，国民党军整编第九十师在瓦子街落入我军伏击圈被歼，作为该师杂役的张富清，选择参加革命，成为王震所领导的英雄部队三五九旅七一八团的一名人民子弟兵。

1948年7月，壶梯山战斗打响。这是1948年9月我军转入战略决战前西北野战军为牵制胡宗南部队而发起的澄合战役中的一场激烈战斗。在这场战斗中，张富清荣立师一等功，被授予师“战斗英雄”称号。

1948年11月，永丰战役打响。此时，我军已转入战略决战，西北野战军配合中原野战军、华东野战军作战。在战斗中，张富清带着2个炸药包、1支步枪、1支冲锋枪和16颗手榴弹，攀上寨墙，炸掉了敌人两个碉堡。在身负重伤的情况下，独自坚守阵地到天明，数次打退敌人的反扑。他因此荣立军一等功，被授予军甲等“战斗英雄”称号，并被西北野战军加授特等功。

一次特等功、三次一等功、一次二等功，两次被授予“战斗英雄”称号。这就是张富清在战场上以英勇善战、舍生忘死向党和人民交出的答卷，这就是他向我们展示出的中华儿女不屈风骨和战斗精神，是对中华民族光辉形象的生动展现，是他对国家和人民的最好回答和报答。

1953年3月至1954年12月，张富清进入中国人民解放军防空部队文化速成中学学习。1955年1月退役转业时，张富清坚决服从组织安排赴湖北最偏远的来凤县工作。他带着爱人孙玉兰扎根来凤县，为贫困山区奉献一生，践行一名共产党员“随时准备为党和人民牺牲一切”的初心和誓言。一只皮箱，锁住了他在战场上获得的全部荣誉，也集中彰显了中华儿女“青山处处埋忠骨，何须马革裹尸还”的不屈风骨、优秀品质和崇高精神。

（2）在每一个岗位上担当作为、竭尽所能

到来凤县后，张富清先后任城关粮油所主任，三胡区副区长、区长，建行来凤支行副行长等职务。在每一个岗位上，他都脚踏实地，竭尽所能，担当奉献。

为了带头示范，他让爱人孙玉兰从自己分管的三胡区供销社下岗，让大儿子张建国到卯洞公社万亩林场当知青。

面对工作中的困难，他不躲不绕，想方设法克服和解决。刚开始进驻生产大队时，群众不买账、不认可。为了让群众接受自己，他住进最穷的社员家，白天与社员一起干重体力活儿，晚上开完会后帮社员挑水扫地。

他想群众之所想，急群众之所急。进驻卯洞公社高洞管理区，群众反映出行难、吃水难后，他带着社员四处寻找水源，50多岁的年纪腰系长绳，下到天坑底部找水。他带着社员修路，与社员一起在绝壁上抡大锤打炮眼。

任三胡区副区长、区长期间，他推动水电站建设，让土苗山村进入“电力时代”。

1961年至1964年间，张富清主导修建了三胡区老狮子桥水电站，供附近的两个生产队照明。这是三胡区历史上第一座水电站。“从一个区来讲，能够照上电灯是祖祖辈辈多少年来都没有的事。电灯更明亮，比照桐油灯好多少倍呀！”讲起这件事，张富清高兴地说。

从群众中来，到群众中去。心中无我、忘我，心怀人民、心系人民，付此一生。这就是战斗英雄张富清在工作岗位上向党和人民交出的答卷。

（3）深藏功名六十余载，连家人都不知情

1985年1月，张富清站完最后一班岗，从建设银行来凤支行副行长岗位上退下来。

离休后，张富清保持艰苦朴素的作风，住老房子、穿旧衣服、用老家具、过老生活。虽然离休了，但他没有一丝懈怠，时时处处严格要求自己。卧室的书桌上，摆着成堆的学习资料。书桌右侧的抽屉里，放着他的药——享受公费医疗待遇的他，为了防止家人“违规”用自己的药，甚至锁住了抽屉。

2012年，张富清因病左腿被截肢。为了不影响子女“为党和人民工作”，88岁的他装上假肢顽强地站了起来。

60多年里，张富清除向组织如实填报个人情况外，从未对身边人说起过赫赫战功，更不以此为资本向组织提要求、要待遇。他的老伴儿和儿女都不知情。2018年底，在退役军人信息采集中，这段英雄往事才重现在人们面前。在部队，他保家卫国；到了地方，他为民造福。张富清数十年如一日甘于奉献、勇挑重担，不讲条件、不计得失，一心一意干好每件工作，以满腔热情在艰苦环境中尽职尽责、苦干实干，赢得了党员群众的广泛赞誉，荣获“时代楷模”“全国优秀共产党员”称号。在新中国成立70周年前夕，党和人民授予他“共和国勋章”，习近平总书记亲自给他颁奖。

讲起退役军人信息登记的初衷，张富清说：“我起初不想把这些奖章和证书拿出来，但考虑到如果不拿出来，那就是对党不忠诚，是欺骗党的行为……”

战斗英雄的事迹披露后，诸多光环加身，但他依然是老样子，一切都没有变，还是那个坚守初心、保持本色的张富清。

“我要在有生之年，坚决听党的话。党指到哪里，我就做到哪里；党叫我做啥，我就做啥。”张富清说。

张富清的先进事迹，充分彰显了共产党人坚守初心、不改本色的政治品格，体现了一个共产党员低头、埋头的奋劲，苦干、实干的拼劲，以及淡泊名利、无私奉献的崇高精神。

很多人不禁好奇，张富清老人为何一辈子深藏功名？为何在平凡岗位上能如此低调奉献却甘之如饴？或许，这正是与他的英雄传奇相比更令人敬佩的地方。张富清老人用他的朴实纯粹不仅书写了精彩人生，更给后辈上了人生的重要一课。可以说，老英雄张富清既是一面“镜子”，让我们照见了自己的不足；也是一个标杆，为我们树立了学习的榜样。

在淡泊名利中修养崇高精神。古人讲“举世纷纷名利逐”，但无数共产党人的故事告诉我们“荣名利禄云过眼”。面对记者的提问，95岁的老英雄张富清思绪飘到远方，眼睛湿润：“和我并肩作战的战士，献出了自己宝贵的生命。一个排、一个连的战士，都倒下了。他们对党忠诚，为人民牺牲。和牺牲的战友相比，我有什么资格张扬呢？”即便先进事迹为大家所知悉后他也一直拒绝接受采访，直到有人提醒：“把先进事迹讲出来教育更多人，也是对党和国家事业更大的贡献。”他才接受采访。是啊，与党和人民事业的需要相比，与那些为之付出的鲜血和生命相比，个人的名利又算得了什么呢？对于张富清们来说，比追逐名利更高尚的，乃是追求生命的意义与价值，这也正是一个人能够修养精神、有大境界的关键所在。

在无私奉献中不改英雄本色。老英雄张富清先后在粮食局、三胡区公所、卯洞公社、外贸局、建设银行等单位工作，在各个岗位上留下“政声人去后”的清誉，以无私奉献绽放人生、烛照他人。他常跟子女们这样要求：“我没有本事，也没有力量给你们找工作。我是国家干部，要把位置‘站’正。”无论在什么岗位上，张富清老人不以英雄自居，始终以共产党员、革命军人的标准严格要求自己、为家人立规矩，这也是英雄本色之所在。常言道，“沧海横流，方显英雄本色”。但在平凡岗位上，仍能守住做人的本分、显出英雄的本色，难能可贵。老英雄张富清兼而有之，更启迪我们做人做事做官的本色与本分。

在对党忠诚中坚守为民初心。“大人者，不失其赤子之心者也。”几十年来，张富清老人的岗位、身份一再改变，但始终不变的，是他对人民的赤子之心。“在部队，他保家卫国；到地方，他为民造福”。张富清老人为什么能一辈子坚守为民初心？“在党需要的时候，越是艰险，越要向前”，正是有这样的信念，他在每一次战斗中都要担任“突击队员”；“党的干部，哪里需要就去哪里”。正是有这样的信守，他放弃留在大城市，放弃回到陕西老家，主动选择了湖北最偏远的来凤县。张富清老人的故事深刻表明，“以百姓心为心，与人民同呼吸、共命运、心连心，是党的初心，也是党的恒心。”正如习近平总书记强调的，“对党忠诚，是共产党人首要的政治品质。我们党一路走来，经历了无数艰险和磨难，但任何困难都没有压垮我们，任何敌人都没能打倒我们，靠的就是千千万万党员的忠诚。对党忠诚，必须一心一意、一以贯之，必须表里如一、知行合一，任何时候任何情况下都不改其心、不移其志、不毁其节。年轻干部要以先辈先烈为镜、以反面典型为戒，不断筑牢信仰之基、补足精神之钙、把稳思想之舵，以坚定的理想信念砥砺对党的赤诚忠心。要自觉加强政治历练，接受严格的党内政治生活淬炼，不断提高政治判断力、政治领悟力、政治执行力，使自己的政治能力同担任的工作职责相匹配。要立志为党分忧、为国尽责、为民奉献，勇于担苦、担难、担重、担险，以实际行动诠释对党的忠诚。”[①]张富清为民奋斗的一生、为国奉献的一生和对党忠诚的一生，正是忠诚、忠直精神的最好展示，是一个共产党员革命精神状态和面貌的最好呈现。

---

① 立志做党光荣传统和优良作风的忠实传人在新时代征程中奋勇争先建功立业［N］. 人民日报，2021-03-02（01）.

“国势之强由于人”。新中国成立70多年来，我们之所以能书写翻天覆地的壮丽史诗，就在于有无数张富清“只问为民耕耘，不求自己收获”，在各自岗位上无私奉献、一心奋斗。面向未来，正如习近平总书记所期许的那样，“要积极弘扬奉献精神，凝聚起万众一心奋斗新时代的强大力量”，努力奔跑、接续奋斗，新的更大奇迹一定会在我们手中创造出来。

2. 在理想中奋进，在奋进中建功立业①

全国十大杰出青年、航天集团飞船副总设计师张庆君正是怀着热爱祖国的理想信念，继承并发扬了“两弹一星”精神和载人航天精神。1986年高中毕业后，张庆君以优异的成绩考入了华北电力学院电力通信专业，1990年毕业后又考上研究生继续深造。1993年，他被分配至中国航天科技集团有限公司第五研究院（以下简称航天五院）从事载人航天工作，在以后的“神舟一号”至“神舟六号”飞船技术研制中，张庆君逐渐崭露头角。他也幸运地见证了中国载人航天发展至今的全部历程。

1993年4月，张庆君从华北电力大学硕士毕业以后，就走进了航天五院神舟飞船总体室。航天五院总体部测控与通信分系统主任设计师余孝昌研究员把飞船系统18项关键技术攻关项目之一的“神舟飞船图像和话音处理及传输技术”攻关任务交给了他。张庆君首次采用数字体制，把包括图像信息、话音信息等在内的多媒体信息用一路通道来传输，极大地提高了传输效率，成为我国航天多媒体综合信息处理及传输技术上的新突破。“余老师对我的影响很大，从他身上我看到了一个航天人对技术本身的专注。”回忆起当年那段“苦日子”，张庆君深有感触。当时，飞船遥测遥控有几万根电缆，电缆连接不能出一丝差错。每天晚饭后，住在单身宿舍的张庆君就到余老师的办公室进行复核。余老师念一行，他对一行。张庆君说：“一共七大本节点表，几万个节点，最后没有一个差错。”张庆君说。正是在这种精神的指引下，张庆君和同事们取得了多项前沿技术的成功。“‘神五’从无人到有人，我们为人在舱内呼

② 根据以下资料整理：宗体，齐真. 空间技术新跨越“遥感”地球添“神探”：访高分-3卫星总指挥兼总设计师张庆君［J］. 国际太空，2016（9）：27-32；甘晓. 张庆君：永远向新征程进发［N］. 中国科学报，2016-08-12（03）.

吸产生水汽可能导致的安全隐患采取了措施，确保了首次载人飞行任务的圆满完成。”张庆君介绍。执行“神舟六号”任务过程中，和中国载人航天事业一起成长的张庆君也从普通技术员、飞船总体室副主任，升任飞船副总设计师。始终专注于技术的张庆君带领团队实现了采用海事卫星通道作为“中继”，实现地面测控通信站外航天员与地面的图像话音传输。在我国尚未发射中继卫星的当时，这被业内人士认为是一项壮举。

2006年底，“神舟六号”任务的总结会刚刚结束，张庆君便接到了领导的电话，派他出任“资源一号”卫星总设计师。对于一直从事飞船研制工作的张庆君来说，遥感卫星研制是一个新的领域。在担任卫星总设计师后，他迅速开始对卫星系统和遥感技术进行深入学习。作为“南南合作”的典范，“资源一号”系列卫星是中国和巴西两国联合研制的长寿命传输型对地观测遥感卫星。张庆君认为，提高遥感数据质量和推动遥感数据应用是我国卫星遥感领域发展的当务之急。于是，他带领团队首先将新研制的光学遥感卫星分辨率从20米提高到2米。同时，还与国土资源部的相关工作人员一起，开创了卫星业务化的研制模式，即由用户提要求订制卫星产品。2007年，“资源一号02B”星成功发射，填补了中国国内高分辨率遥感数据空白，打破了国外高分辨率遥感数据在我国民用遥感市场的垄断地位。发射成功后，张庆君受到了多名巴西遥感技术专家的好评。“他们非常希望中国多提供高分辨率的卫星。”张庆君感到十分欣慰。张庆君对业务化研制模式有了新的期待，开始推动与国家海洋局合作，“以前我们国家的海洋观测都是光学卫星，分辨率不高，也受到天气影响。”这次他瞄准了能够做到全天候监测的微波遥感技术。2011年，集主动、被动微波遥感器于一体的我国首颗海洋动力环境卫星“海洋二号”成功发射，扩展了微波遥感的新领域。同时，“海洋二号”将获得包括海面风场、浪高、海流等多种海洋动力环境参数，为海洋防灾减灾、科学研究及国防建设提供支撑服务。同时，相关遥感数据被国外业务化应用，大大提升了我国航天遥感的国际影响和地位。

“高分三号”卫星研制对于张庆君而言，又是新的挑战。作为高分专项中唯一一颗采用合成孔径雷达（SAR）的民用卫星，“高分三号”在技术上的复杂性让世界上许多遥感专家感到惊讶。张庆君说，“高分三号”是我国首颗C波段、多极化的合成孔径雷达卫星，也是迄今为止世界上成像模式最多的合成孔径雷达卫星。多极化是其技术上的难点之一，由于通道数据比单极化系统更为复杂，导致收发信号的仪器研制、信号通道隔离的研制难度加大。系统的稳定性也是极大的考验。“‘高分三号’卫星载荷是脉冲工作，工作时功率达到一万五千瓦，不工作时一千瓦左右。”张庆君说，“功率大范围的波动，却不能对整星供电母线造成扰动，这区别于以前的光学（卫星）和微波卫星。”为了解决这个问题，张庆君和研究人员经过大量讨论后，决定从大容量电容器国产化自主研制入手。“在此之前我对电容器没有深入的了解，只有硬着头皮边学边干。”2014年上半年，张庆君带领团队终于敲定生产厂家，以研发和应用验证同步进行的方式解决了这个问题。成功发射后，“高分三号”将主要应用于我国海洋、减灾、水利、气象等领域，不受黑夜、云雨、雾霾等光照和气象条件的影响，能够全天时、全天候地获得地面和海洋的遥感图像，为我国国民经济建设服务。在工作中学习、在工作中创新，已经成为张庆君重要的爱好。“从图像话音子系统到分系统，再到总体，督促我不断拓宽自己的知识面。”他表示，“从学电，到现在光、机、电、热都要深入了解，从而能够正确决策。更重要的是要提出新的遥感体制和系统，推进在“互联网+”时代空间信息获取、处理、传输和应用，服务国民经济建设，服务人民大众生活和国防建设，也需要不断学习。”

“两弹一星”事业是在极不寻常的历史时期开展起来的，对于共和国的发展和安全具有重要意义，因此“两弹一星”也具有了非同寻常的重大意义。伟大的事业产生伟大的精神，伟大的理想信念是成就伟大事业的必要条件和重要动力，研制团队就是在热爱祖国、无私奉献的坚定信念中奋力开创“两弹一星”宏伟事业的。当代青少年应该传承和弘扬这种伟大的精神，坚定信念，做奋发有为的时代新人。

传承和弘扬“两弹一星”精神，当代青少年应该坚定热爱祖国的信念。爱国主义是中华民族的优良传统文化，也是中华民族精神的核心。当代青少年应该自觉做到爱祖国、爱社会主义和爱中国共产党相统一，学习老一辈科技工作者爱党爱国的高尚品质，将个人价值的实现融入祖国和人民事业的发展当中，弘扬中国精神，为实现中华民族伟大复兴的中国梦而努力奋斗。正如习近平总书记指出：“当代中国青年是与新时代同向同行、共同前进的一代，生逢盛世，肩负重任。广大青年要爱国爱民，从党史学习中激发信仰、获得启发、汲取力量，不断坚定‘四个自信’，不断增强做中国人民的志气、骨气、底气，树立为祖国为人民永久奋斗、赤诚奉献的坚定理想。要锤炼品德，自觉树立和践行社会主义核心价值观，自觉用中华优秀传统文化、革命文化、社会主义先进文化培根铸魂、启智润心，加强道德修养，明辨是非曲直，增强自我定力，矢志追求更有高度、更有境界、更有品味的人生。要勇于创新，深刻理解把握时代潮流和国家需要，敢为人先、敢于突破，以聪明才智贡献国家，以开拓进取服务社会。要实干实学，脚踏实地、埋头苦干，孜孜不倦、如饥似渴，在攀登知识高峰中追求卓越，在肩负时代重任时行胜于言，在真刀真枪的实干中成就一番事业。”①

二、勇担使命，做敢于担当的时代新人

“两弹一星”科研工作者热爱祖国的情怀，突出表现在他们强烈的担当精神上。老一辈科学家无论出身于条件优越家庭还是出身于贫寒之家，都痛恨帝国主义对中国的侵略和压迫。他们亲眼见证了落后就要挨打的道理，亲身经历了帝国主义侵略给中国人民造成的深重苦难。正因如此，老一辈科学家都是怀着改变旧中国落后面貌的远大志向，抱着科学救国的理想远赴重洋留学西方。在新中国成立之前，不少人也想回国实现自己的抱负，但无奈在半封建半殖民地的旧中国报国无门，只能继续漂泊在外。在得知中国人民在中国共产党的领导下解放了全国，建立了中华人民共和国，许多在西方学习和工作的科学家毅然决然地选择回国。他们主动放弃在发达国家优越的生活条件和事业，选择回到祖国贡献自己的知识和力量。老一辈科学家主动承担起了建设新中国、复兴中华民族的历史重任。这种担当精神是他们一片赤子之心的真实体现，更是中国广大知识分子情系神州、魂系华夏的拳拳报国之志和悠悠爱国之情。

---

① 坚持中国特色世界一流大学建设目标方向为服务国家富强民族复兴人民幸福贡献力量［N］. 人民日报，2021-04-20（01）.

（一）拳拳赤子心，悠悠爱国情

人民当家做主的新中国，社会主义的新中国，让分散在全世界的青年学子、专家学者看到了祖国富强、民族复兴的希望，他们迫不及待准备尽早回到祖国，参与新中国的建设。1950年3月18日，朱光亚等52位留美学生在《留美学生通讯》上发表了《给留美同学的一封公开信》，表达了对新中国成立的喜悦和回到祖国怀抱的强烈愿望。信中写道：“从现在起，四万万五千万的农民、工人、知识分子、企业家将在反封建、反官僚主义、反帝国主义的伟大旗帜下，团结一心，合力建设一个新兴的中国，一个自由民主的中国，一个以工人农民也就是人民大众的幸福为前提的新中国。要完成这个工作，前面是有不少的艰辛，但是我们有充分的信念，我们是在朝着充满光明前途的大道上迈进，这个建设新中国的责任是要我们分担的。同学们，祖国在召唤我们了，我们还犹豫什么？彷徨什么？我们该回去了。”“同学们，听吧！祖国在向我们召唤，四万万五千万的父老兄弟在向我们召唤，五千年的光辉文明在向我们召唤，我们的人民政府在向我们召唤！回去吧！让我们回去，把我们的血汗洒在祖国的土地上灌溉出灿烂的花朵。我们中国要出头的，我们的民族再也不是一个被人侮辱的民族了！我们已经站起来了，回去吧，赶快回去吧！祖国统一在迫切地等待我们！”①这封信在今日读来仍让人动容，留学生们的拳拳赤子之心、对祖国的炽热感情、对国家民族命运的强烈担当之情在信中强烈地表现出来。也正是他们具有这种强烈的爱国情怀、真挚而又纯真的民族情怀，我们国家才得以在20世纪50和60年代艰难的国内环境和国际形势下脱颖而出，才使得中国在当时“一穷二白”的局势下，摆脱美苏两极对中国的威胁和恐吓，实现自身的独立自主和自力更生。

“两弹一星”元勋们这种勇于担当的伟大精神和崇高的爱国主义理想一直是鼓舞我国国防科技事业奋力创新的精神动力，也是让所有科技工作者不断学习和传承的宝贵精神财富。王小谟院士是我国著名雷达专家，是预警机事业的

① 国防科工委“两弹一星”精神研究课题组. 弘扬“两弹一星”精神自主创新勇攀高峰［M］. 北京：党建读物出版社，2006：63-64.

奠基人和开拓者。50多年来，他一直坚持自力更生、自主创新，主持研制出多部世界先进的地面雷达，并引领我国实现了从地面雷达向空中预警指挥机的飞越，为推动我国国土防空网建设作出了重大贡献。

1. 捍卫国家主权显身手①

早在20世纪60年代，王小谟就开始对三坐标雷达关键技术进行突破。年仅30岁的他就创造性地提出雷达脉内扫描方法，在一个脉冲发射持续时间内就可以完成整个空域的扫描，大大简化了雷达高频系统，而国外在一年后才提出类似的设想。这初次显露出他对雷达研究的执着和热爱。在随后调入三线工作十几年的艰苦条件下，王小谟担任我国第一部三坐标雷达383总设计师，20世纪70年代初就在国内实现了雷达系统数字化、集成化和自动化。多项第一次的成功实践被我国雷达装备发展的历史铭记：383雷达在探测威力、三坐标测量精度和自动化程度等方面都优于美国当时大量使用的主流雷达TPS-43，一举达到国际先进水平，实现了我国防空雷达从人工引导单一警戒功能向自动化精确指挥引导的转变，有力地推动了我国防空作战模式的巨大变革。鉴于在383雷达研制中的重大贡献，王小谟作为项目排名第一人，1985年荣获国家科技进步一等奖。在三坐标雷达研制成功后，王小谟开始关注地面雷达对低空的防御问题，并主持开展技术攻关。1986年，在国内缺乏研制经费的困难条件下，王小谟针对出口，自筹资金，在前期技术攻关的基础上主持设计了我国第一部中低空兼顾的地面雷达JY-9。该雷达凭借良好的性能，1989年在埃及与美、英、法、俄等国同类产品的同台竞技演习中一鸣惊人，电子对抗性能排名第一，综合排名第二，是国际公认的优秀雷达。不久，即以国际价格出口多个国家，为我国雷达赢得了世界声誉，同时也陆续装备国内。1995年，王小谟再次作为项目排名第一人，荣获国家科技进步一等奖。383雷达和JY-9雷达研制先后荣获国家科技进步一等奖，是我国地面防空雷达于20世纪90年代全面步入世界先进行列的重要标志，也标志着我国基于地面雷达的防空网建设取得

① 根据以下资料整理：李正. 向世界诠释中国“预警机精神”：记国家最高科学技术奖获得者、“中国预警机之父”王小谟院士［J］. 海峡科技与产业，2014（1）：21-24；刘垠. 王小谟：以工程科技支撑引领新时代创新型国家建设［N］. 科技日报，2017-11-03（05）.

重大成果。王小谟不仅开启我国现代雷达技术研制的新篇章，而且在国际雷达界树起了自力更生和自主创新的一面旗帜，是中国人自强不息精神和故事的再续写和再述说，有力地增强了我国的国防能力和国防现代化建设，提升了中国的国际话语权和国际影响力。

拥有预警机是中国几代人的愿望。早在20世纪70年代，中国就曾经启动预警机研制，但终因当时国力有限和技术基础薄弱而未能成功。那时，王小谟就敏锐地意识到，要在信息化条件下捍卫国家主权，中国必须拥有预警机。于是，在雷达科研一线摸爬滚打了几十年的他，义无反顾地投身于中国预警机研制事业。20世纪80年代，王小谟对机载预警雷达规划、实施关键技术攻关，并逐步突破了机载雷达的关键技术。为加快预警机研制，中国开展预警机对外合作。作为中方技术总负责人，王小谟坚决要求中方主导研制方案，并在国内同步研制，为后来的自主开发、研制打下坚实基础。他还创造性地首次提出采用大圆盘背负式三面有源相控阵新型预警机方案。就在外国合作方单方面撕毁合同、中国预警机事业将被扼杀在摇篮里时，中国决定自主研制预警机。王小谟临危受命，主持国产预警机研制工作，为培养中国预警机事业后续力量，他选用年轻人担任总设计师，自己担任预警机研制工程总顾问，全面指导和帮助总师系统对型号技术方案的确定和工程设计。十年磨一剑，中国成功自主研制空警2000、空警200两型预警机，创造出世界预警机发展史上9个“第一”，突破100余项关键技术，累计获得重大专利近30项，在众多关键技术指标上超过世界上最先进的预警机主流机型，是世界上看得最远、功能最多、系统集成最复杂的机载信息化武器装备之一，美国智库评价其比美国E-3C和E-2C预警机整整领先一代。

创新的脚步永不停顿，王小谟随后又将目光聚焦在全数字阵列雷达技术上。数字阵列技术是当前国际上的最新技术，他认为这是中国预警机未来发展方向。基于数字阵列雷达和中国国产运载飞机的新型中型预警机由此开始研制，通过“小平台、大预警”，摆脱了中国大型预警机对进口飞机平台的依赖，解决了中国预警机装备的规模建设问题。更重要的是，这是世界上首次将数字阵列雷达技术应用于预警机，标志着中国预警机的主要技术将从国际先进水平提升到国际领先水平。在王小谟院士的创新发展和辛勤耕耘下，中国国产预警机家族不断发展壮大：既有高端产品，也有高低搭配；既服务于国内，也出口国际市场。同时，国产预警机装备部队后，还推动了解放军信息化武器装备实现跨越式发展，实现一体化、信息化作战，推进解放军从国土防空型向攻防兼备型跃升，在解放军武器装备发展史上具有里程碑意义。中国也由此跨入世界上拥有先进预警机研制能力的国家行列，并在国际上有力地提升了中国的政治和军事影响力。正是王小谟院士强烈的担当精神支撑他带领团队始终坚持自主创新，在国家预警机发展陷入危机时挺身而出，才有了我国预警机和雷达技术的跨越式发展。科技工作者将热爱祖国的感情和勇于担当的精神转化为先进装备保卫祖国的蓝天和人民的安全，为中国人民的生命财产安全和国家航空工业支撑起一片晴空和朗朗乾坤。

2. 用“航天梦”托举“中国梦”①

“两弹一星”元勋留下的勇于担当的伟大精神一直传承在我国的国防科技工业和航空航天行业中，已经作为一种优良传统被继承下来。叶培建是中国绕月探测工程、“嫦娥一号”卫星系统总指挥兼总设计师，曾任第一代传输型侦察卫星系列总设计师兼总指挥，为第一代长寿命传输型对地观测卫星的研制作出了系统的、创造性的贡献，并任太阳同步轨道平台首席专家。2019年9月17日，国家主席习近平签署主席令，授予叶培建“人民科学家”国家荣誉称号；12月18日，他又入选“中国海归70年70人”。叶培建1967年毕业于浙江大学无线电系，大学毕业时被分配到航天工业部卫星总装厂，从此与航天事业结下了不解之缘。1978年，国门刚刚打开，他就产生了继续深造的欲望，他太渴望再读一次书了。就在这一年，他考上了中国计量科学研究院和502所两个专业的研究生，后来又通过了出国资格外语考试，赴瑞士纳沙太尔大学微技术研究所攻读博士学位。

瑞士的景致很美，瑞士的山高雪白，但这些都不能分散叶培建读书的兴趣，他是一个要做学问的人。当时国外还不承认中国的大学文凭，叶培建用很

① 根据以下资料整理：叶培建. 中国科学院院士叶培建：风雨同舟一路前行［J］. 科学新闻，2018（9）：16；李蕊娟. “嫦娥之父”叶培建：梦想征服星辰大海［J］. 中关村，2019（10）：68-70；张亚雄，陈海波. 叶培建：向着璀璨星空继续奋斗［J］. 人才资源开发，2020（9）：87-88.

短的时间就通过了同等资格考试，获得了博士生资格。瑞士国土不大，但教育发达，制度严格。当时瑞士的邻国法国有国家博士、工学博士或科学博士、大学博士等学位，而瑞士仅有科学博士。1983年，叶培建以一篇论文获得了瑞士纳沙太尔大学颁发的等同法国科学博士的证书；但是他不满足，他要获得一个瑞士的科学博士。又经过两年的努力，他终于实现了目标。1985年，他获得了纳沙太尔大学的科学博士学位，论文题目是《手写中文计算机在线自动识别》。在攻读博士学位时，研究所每半天有15分钟的休息时间，因为大家都在这个时间喝咖啡而被称为“咖啡时间”，这个时间也成了叶培建对各国同事讲述中国故事、传播中国声音的契机。20世纪70年代，中国已进入了改革开放时期，可是一提起中国，在西方人的印象里还是男人留着长辫子、女人裹着小脚的样子。叶培建庆幸自己有着博览群书的优势，他教同事们讲中文；向他们讲源远流长的中国历史；讲斑斓多彩的中国文化；讲美丽神秘的西藏，字字句句充满了对祖国的热爱，并渐渐地产生了一些影响。有一次还被邀请到瑞士一个协会为公众专题讲中国的西藏，那次演讲纠正了不少人原先对中国的错误解读。1985年8月，他刚刚完成学业，就踏上了祖国的广阔土地。他说，他要把自己所学尽快用在中国的建设事业上。他出国后所想的就是为祖国的强盛作贡献。异国的环境、异样的风情成为他骨子里与生俱来的中华情结的最好背景。瑞士一家报纸曾写过他的专访。报道中说，他从不去酒吧，偶尔打打乒乓球。他说，他不喜欢酒吧的气氛，也不大喜欢看电影，他把周末的时间都用于看书和工作。记者问他，“为什么要这样下功夫?”他说:“中国那么多人，而派我出来学习，已经为我付出了很多，我知道肩上的担子有多重，我应该努力为国家做些事情。”他的努力刻苦是出了名的。多年以后，当五院教育处长冯合献访问纳沙太尔大学时，学校的人还向他介绍叶培建当年努力学习的故事。

研制“嫦娥一号”探测器时因经费有限，叶培建和同事们一起，把一块钱掰成三块花，精打细算地铺就出中国第一颗月球探测器的“奔月”之路。研制“嫦娥四号”时，鉴于“嫦娥三号”成功落月，有人认为应该见好就收，为了稳妥起见，还应该把探测器落在月球正面，叶培建则极力主张到月球背面去。“无论是技术的进步还是人类探月事业的发展，都需要我们做一些‘冒险的事情’，真正去开拓、去创新，开辟新的天地。”叶培建说。2019年1月3日，中国人自主研制的“嫦娥四号”探测器成功降落在月球背面的冯·卡门撞击坑，中国代表全人类首次探索了月球背面。思想有多远，才能走多远。就这样，中国的“奔月之梦”在叶培建和同事们的不懈努力下得以实现。伟大的事业都始于梦想，基于创新，成于实干。曾有人质疑，为何要花如此大的代价和精力去探索月球和火星以及更深远的宇宙？对此，叶培建总是抱有自己的态度，“人类在地球、太阳系都是很渺小的，不走出去，我们注定难以为继。月球是全人类的，但谁开发谁利用，我们今天不去，以后可能想去都难。”过去，国家在“一穷二白”、比较落后的情况下，几年发射一颗卫星。现如今，一年发射几十颗卫星，让中国人有了更多仰望星空的能力。实践证明，只有创新才能让我们的国家发展得更快、更好。“过去我总说‘要做个可怕的人’，就是要让困难怕你。”叶培建认为，航天是一项“差一点点就成功、差一点点就失败”的事业，面对困难就要迎难而上、越挫越勇。当前，我们的国家面临更严峻的形势、更复杂的变化，我们要发展，就必须靠创新，必须技术上更强大。中国探月工程的论证报告提出，到2020年前完成探月工程“绕、落、回”三步走计划。紧接着，对火星的探测也拉开帷幕。“火星探测是我国真正意义上的第一次行星探测，我们的第一次火星任务将会把三件事情一次做成：首先将探测器发射到火星，对火星进行全球观测；其次降落在火星；同时火星车要开出来，在火星上巡视勘测。这将是全世界首次在一次火星探测任务中完成上述三个目标，在工程实现上是很大的创新，中国现在就是要做别人没有做的事情。”叶培建说，“一个伟大的中国，一个强大的社会主义国家，必然方方面面都要强，要用‘航天梦’来托举‘中国梦’。”未来，随着月球采样返回、火星探测、建设空间站等任务的完成，我们建设航天强国、科技强国的目标一定会实现。可以说，中国的发展缺乏创新能力不行，缺乏进取精神不行，缺乏宏观视野与长远眼光不行。只有强化自主创新之力，提升进取之心，振奋前行之精神，中国才能在航天事业中达到国际领先水平，才能以一步步科学规划的“航空梦”“太空梦”支撑起中华民族伟大复兴的“中国梦”。诚如习近平总书记所说：“伟大事业都始于梦想。梦想是激发活力的源泉。中华民族是勇于追梦的民族。党中央决策实施探月工程，圆的就是中华民族自强不息的飞天揽月之梦。月球探测的每一步大胆设想、每一次成功实施，都是人类认识和利用星球探测能力的充分展示。在建成社会主义现代化强国、实现中华民族伟大复兴的征途上，每一个行业、每一个人都要心怀梦想、奋勇拼搏，一步一个脚印，一棒接着一棒，在奋力奔跑和接续奋斗中成就梦想。”[1]

（二）“两弹一星”功臣的砥砺担当

新中国成立后，党和政府也高度重视海外专家学者回国的问题，并为此做了大量的工作和努力，为各种人才回国创造条件、提供方便。通过政府和海外人士的共同努力，数以千计的海外学子、专家学者得以冲破重重阻力，回到祖国怀抱。很多人投身到新中国的国防建设，投身到“两弹一星”事业。其中，最广为人知的当属中国航天事业的主要创始人钱学森。

1. 活着的目的就是为人民服务[2]

钱学森1935年9月进入美国麻省理工学院航空系学习，1936年9月获麻省理工学院航空工程硕士学位，后转入加利福尼亚理工学院航空系学习，成为世界著名的大科学家冯·卡门的学生，并很快成为冯·卡门最重视的学生。他先后获航空工程硕士学位和航空数学博士学位。1938年7月至1955年8月，钱学森在美国从事空气动力学、固体力学和火箭、导弹等领域研究，并与导师共同完成高速空气动力学问题研究课题和建立“卡门—钱学森公式”，在28岁时就成为世界知名的空气动力学家。1939年，获美国加利福尼亚理工学院航空数学博士学位。1947年，任麻省理工学院教授。

当中华人民共和国成立的消息传到美国后，钱学森和夫人蒋英便商量着早日赶回祖国，为自己的国家效力。此时的美国，以参议员麦卡锡为代表的反共、极右势力对共产党人实行全面追查，并在全美国掀起了一股驱使雇员效忠美国政府的狂热。钱学森因被怀疑为共产党人和拒绝揭发朋友，被美国军事部门突然吊销了参加机密研究的证书。钱学森非常气愤，并因此要求回国。1950年8月，钱学森预订好飞机票准备离美回国，但美国移民局禁止他出境，并将

---

① 为实现我国探月工程目标乘胜前进为推动世界航天事业发展继续努力［N］. 人民日报，2019-02-21（01）.

② 根据以下资料整理：秦伟. “巨星”强国梦：钱学森的工程控制论及他所从事的“两弹一星”事业［J］. 装备制造，2010（1）82-85.

他的全部科学书籍和研究笔记扣留。9月初，美国移民局以他是“共产党”、企图偷运机密的科学文件回国的罪名将其拘留15天。关押期间，禁止他与外人接触，并对其进行精神上和肉体上的摧残。后由加利福尼亚理工学院以1.5万美元保释，但被指令不得离开洛杉矶，还经常受到特务的监视和骚扰。钱学森在美国受迫害的消息很快传到中国，中国科技界的朋友通过各种途径声援钱学森。党中央对钱学森在美国的处境极为关心，中国政府公开发表声明，谴责美国政府在违背本人意愿的情况下监禁钱学森。1954年，一个偶然的机会，他在报纸上看到陈叔通站在天安门城楼上，身份是全国人大常委会副委员长。他决定给父亲的这位好朋友写信求救。正当周恩来总理为此非常焦急时，时任全国人大常委会副委员长陈叔通收到了一封从大洋彼岸辗转寄来的信。他拆开一看，署名“钱学森”，原来是请求祖国政府帮助他回国。1954年4月，美英中苏法五国在日内瓦召开讨论和解决朝鲜问题和恢复印度支那和平问题的国际会议。出席会议的中国代表团团长周恩来联想到中国有一批留学生和科学家被扣留在美国，于是就指示说，美国人既然请英国外交官与我们疏通关系，我们就应该抓住这个机会，开辟新的接触渠道。中国代表团秘书长王炳南1954年6月5日开始与美国代表、副国务卿约翰逊就两国侨民问题进行初步商谈。美方向中方提交了一份美国在华侨民和被中国拘禁的一些美国军事人员名单，要求中国给予他们回国的机会。为了表达中国的诚意，周恩来指示王炳南在中美第三次会谈中，大度地做出让步，同时要求美国停止扣留钱学森等中国留美人员。然而，中方的正当要求被美方无理拒绝。日内瓦会议闭幕后，为不使沟通渠道中断，周恩来指示王炳南与美方商定自1954年7月22日起，在日内瓦举行领事级会谈。为了进一步表达中国对中美会谈的诚意，中国释放了4个被扣押的美国飞行员。中国做出的让步，最终是为了争取钱学森等留美科学家尽快回国；可是在这个关键问题上，美国代表约翰逊还是以中国拿不出钱学森要回国的真实理由，一点不松口。1955年，经过周恩来总理及外交人员的不断努力——包括释放2批15名在朝鲜战争中被俘的美军飞行员作为交换条件，钱学森终于收到了美国移民局允许他回国的通知。五年来，钱学森日夜思念祖国和亲人，时刻做好回国的准备。这一天终于到来了，1955年8月4日，他被允许离开美国。9月17日，归心似箭的钱学森偕妻子蒋英，带着两个孩子同20多名中国留学生一起乘“克利夫兰总统号”邮船离美回国。他们先经中国香港地区，10月8日抵达广州，受到祖国人民和科学界人士的热烈欢迎。在上海，钱学森和分别多年的家人团聚，74岁高龄的父亲特地送他一套复制的“中国历代名画”。

钱学森后来回忆起这段经历时说：“我从1935年到美国，1955年回国，在美国待了20年。20年中前三四年是学习，后十几年是工作，所有这一切都是在做准备，为了回到祖国后能为人民做点事。我在美国那么长时间，从来没想过这辈子要在那儿待下去。我这么说是有依据的。因为在美国，一个人在参加工作伊始，就要把他的一部分收入存入保险公司，以备晚年退休后用。在美国期间，有人好几次问我存了保险没有，我说一块美元也不存。他们听了感到奇怪。其实没什么奇怪的，因为我是中国人，根本不打算在美国住一辈子。”从钱学森的话语中我们不难感受到他对祖国母亲的真挚热爱，他对祖国大地的诚挚热情和对中国人民的深情眷恋。而中国也正是因为有了这样一大批爱国、报国的仁人志士和有为才俊，才能在新时代的今天昂首屹立于世界东方，愈来愈成为世界不可或缺的一分子和重要组成部分。

回国后，钱学森和钱伟长合作筹建中国科学院力学研究所，并出任该所首任所长。不久后，他就全面投入中国的火箭和导弹研制工作中。1956年初，钱学森向中共中央、国务院提出《建立我国国防航空工业的意见书》。在《意见书》中，他对发展我国的导弹事业提出了长远规划。同年，国务院、中央军委根据他的建议成立了导弹、航空科学研究的领导机构——航空工业委员会，并任命他为委员长。也是在这一年，钱学森受命组建中国第一个火箭、导弹研究机构——国防部第五研究院，并担任首任院长。从那时起，钱学森长期担任火箭、导弹和航天器研制的技术领导职务，以他在总体、动力、制导、气动力、结构、材料、计算机、质量控制和科技管理等领域的丰富知识，对中国火箭、导弹和航天事业的发展作出了重大贡献，赢得了“中国航天之父”的美誉。他主持完成了“喷气和火箭技术的建立”规划，参与了近程导弹、中近程导弹和中国第一颗人造地球卫星研制，直接领导了用中近程导弹运载原子弹的“两弹结合”试验，参与制订了中国第一个星际航空发展规划，发展了工程控制论和系统学等。在毕生践行科学报国信念的奋斗历程中，钱学森淡泊名利、人品高洁，充分展现出一位科学大师的高尚风范。他说：“我作为一名中国的科技工作者，活着的目的就是要为人民服务。如果人民最后对我一生所做的工作表示满意的话，那才是对我最高的奖赏。”正如习近平总书记指出：“探索浩瀚宇宙，发展航天事业，建设航天强国，是我们不懈追求的航天梦。经过几代航天人的接续奋斗，我国航天事业创造了以‘两弹一星’、载人航天、月球探测为代表的辉煌成就，走出了一条自力更生、自主创新的发展道路，积淀了深厚博大的航天精神。设立‘中国航天日’就是要铭记历史、传承精神，激发全民尤其是青少年崇尚科学、探索未知、敢于创新的热情，为实现中华民族伟大复兴中国梦凝聚强大力量。”[①]中国进行航天探测、发展航天事业，不仅仅是为了开发太空资源，更多的是以航天事业的发展与进步推动中国综合国力的全方位提升，以增强实现国家富强、民族振兴和人民幸福的勇气和底气。

2. 一腔热情为祖国[②]

钱三强夫妇是从法国归来的著名核物理学家。钱三强1936年从清华大学物理系毕业后，1937年考取中法教育基金委员会赴法国巴黎大学镭学研究所居里研究室做研究生，1940年获博士学位。他在导师的指导下，研究核裂变物理，成绩卓著。1947年，钱三强、何泽慧在美国《物理评论》上发表论文，第一次对原子核三分裂和四分裂做出明确结论。当时，法国的媒体称中国的“居里夫妇”发现了原子核分裂法，钱三强夫妇的研究成果“为原子研究开辟了新天地，物理学大师均赞不绝口”。同年，法国科学院还向钱三强颁发了物理学奖。在法国取得巨大成就的钱三强夫妇心中时刻关心着祖国的发展。1948年，钱三强找到了中共驻欧洲的负责人刘宁一，提出要求回国的心愿。刘宁一鼓励他，“回国大有作为。”钱三强把自己要回国的打算也告诉了导师约里奥-居里。听了学生的要求，身为法国共产党员的约里奥-居里满意地说：“要是我，也会做出这样的决定。”钱三强又去向约里奥-居里的夫人话别。约里奥-居里的夫人语重心长地说：“我俩经常讲，要为科学服务，科学要为人民服务，希望你把这两句话带回去吧。”导师的话成为他一生的座右铭。钱三

---

① 坚持创新驱动发展勇攀科技高峰谱写中国航天事业新篇章［N］. 人民日报，2016-04-25（01版）.

② 根据以下资料整理：钱三强. 神秘而诱人的路程［M］//罗荣兴. 请历史记住他们：中国科学家与“两弹一星”. 广州：暨南大学出版社，1999.

强临行前，两位导师在自己的花园里为钱三强夫妇饯行。1948年5月，钱三强和他的夫人何泽慧抱着刚半岁的女儿，带着丰硕的科研成果，带着导师的重托和法国同行的深情厚意，离开了巴黎回国。他们还随身带着一份珍贵的文件，这就是导师给钱三强在法国学习与工作的鉴定。鉴定是这样写的：“钱先生表现出科研人员所具有的特殊素质，在我们共事期间，他的这些素质又进一步得到加强。他已完成了大量的研究工作，其中有些是非常重要的。他心智敏慧，对科学既有满腔热忱，又有首创精神。我们可以毫不夸张地说，在我们实验室学习并在我们领导下工作的同一代科学家中，他是最优秀的。我们曾委托他领导几批研究人员，他用自己的才华出色地完成了这项困难的任务，并受他的法国和外国学生的爱戴。”“我们的国家对于钱先生的才干业已承认，并先后赋予他重任，先是任命他为国家科学研究中心的研究员，接着又聘任他为研究生导师。他同时也是法兰西科学奖的获得者。”“钱先生还是一位优秀的组织者。他具备了研究组织工作的领导者所特有的精神、科学和技术素质。”

1948年夏天，钱三强怀着迎接解放的心情，回到战乱中的祖国。1949年1月北平和平解放，他在兴奋中骑着自行车赶到长安街汇入欢庆的人群。随后，北平军管会主任叶剑英派人找到他，希望他随解放区的代表团赴法国出席保卫世界和平大会。中共中央还在极其困难的情况下拨出5万美元，要他帮助订购有关原子能方面的仪器和资料。看到共产党的领导人在新中国尚未建立时就有这种发展科学事业的远见，钱三强激动得热泪盈眶。从国外归来后，他在开国大典当天还应邀登上了天安门。从新中国成立之日起，钱三强便全身心地投入原子能事业开创。他在中国科学院担任了近代物理研究所副所长、所长，并于1954年加入了中国共产党。1955年，中央决定发展我国的核力量后，他又成为规划的制定人。1958年，他参加了苏联援助的原子反应堆建设，并汇聚了一大批核科学家。他还将邓稼先等优秀人才推荐到核武器研制的队伍中。1960年，中央决定完全靠自力更生发展原子弹后，已兼任第二机械工业部副部长的钱三强担任了技术上的总负责人、总设计师。他像当年约里奥-居里夫妇培养自己那样，倾注全部心血培养新一代学科带头人。在“两弹一星”攻坚战中，涌现出一大批杰出的核专家，并在这一领域创造了世界上最快的发展速度。后来人们不仅称颂钱三强对极为复杂的各个科技领域和人才使用协调有方，也认为他领导的原子能研究所是“满门忠烈”的科技大本营。钱三强曾说："我们这一代从事科学工作的人，多少年来一腔热情渴望着为祖国的强盛而施展抱负。然而，只是到了新中国诞生，受到中国共产党的启发教育和信任，才真正实现了自己的夙愿。"可见，无论是在革命战争年代、社会主义革命和建设时期，还是在改革开放新时期和中国特色社会主义新时代，中国共产党的领导与广大科技工作者的报国之心、强国之志是高度一致的，是同心同向和同步共鸣的。科学是为了祖国强大而服务，祖国强大是为了人民幸福、民族振兴而创造条件，二者相融相生、同向同行。习近平总书记指出："科学成就离不开精神支撑。科学家精神是科技工作者在长期科学实践中积累的宝贵精神财富。希望广大科技工作者不忘初心、牢记使命，秉持国家利益和人民利益至上，继承和发扬老一辈科学家胸怀祖国、服务人民的优秀品质，弘扬'两弹一星'精神，主动肩负起历史重任，把自己的科学追求融入建设社会主义现代化国家的伟大事业中去。广大科技工作者要树立敢于创造的雄心壮志，敢于提出新理论、开辟新领域、探索新路径，在独创独有上下功夫。"①

火箭控制专家、中国工程院院士梁思礼，1949年9月下旬乘船从美国返回中国。10月1日他在船上听到新中国成立的消息后十分激动。他听说新中国的国旗是五星红旗，但不知道具体的样式，就找来一块红布，中间放一颗大的金色五角星，四角各放一个小的五角星，和同船上的人一起举行了一个庆祝仪式。1999年10月1日，新中国成立50周年大庆时，他看到自己参与研制的导弹方阵气势磅礴地开过去，感慨万千。新中国成立50年，也是他回国50年，他为自己参加了航天事业从无到有的全过程，为祖国的国防建设贡献力量而感到无比自豪。

当代青少年应该继承和发扬这种担当精神，要勇担使命，做敢于担当的时代新人。这种担当精神是"两弹一星"研制者们留下的宝贵的精神财富。正是爱国之情激励着他们为祖国的强盛而勤奋学习，爱国之心支撑着他们冲破重重阻力毅然回到祖国，爱国之志鼓励着他们日复一日、年复一年长期为"两弹一星"事业拼搏。"少年强，则国家强。"当代青少年应该树立远大理想，担当起中华民族伟大复兴的历史使命，把对祖国的热爱转化为奋勇拼搏的精神动力，

---

① 面向世界科技前沿面向经济主战场面向国家重大需求面向人民生命健康不断向科学技术广度和深度进军［N］. 人民日报，2020-09-12（01）.

向“两弹一星”元勋们学习，继承和发扬老一辈科学家热爱祖国、无私奉献的崇高精神。“要接过艰苦奋斗的接力棒，以一往无前的奋斗姿态和永不懈怠的精神状态，勇挑重担、苦干实干，在新时代新征程中留下许党报国的奋斗足迹。”[①]

三、至诚报国，做甘于奉献的时代新人

无私奉献精神是“两弹一星”研制团队精神风貌的集中体现，是在非常艰苦的环境中培养出来的。它不仅体现在科研人员、干部、工人为了国家事业不顾自己小家，不惜牺牲自己的身体健康，而且体现在愿意舍弃名利、甘当无名英雄方面。在新中国成立前，“两弹一星”元勋大多在国外生活和学习，很多人在国外安家立业、事业有成；但是在得知新中国成立的消息后义无反顾地放弃优越的生活条件，克服重重困难回到祖国，不为名、不为利，只求为新中国的建设添砖加瓦，贡献自己的力量。这些海归学者不求官职、不求待遇，主动请缨参加最艰难的“两弹一星”事业，隐姓埋名几十年，无私奉献着自己的智慧和力量。虽然今日我们的经济发展已经取得巨大成就，生活条件已经得到极大改善，不必再像革命前辈当年那样在艰苦环境中奋斗，但这种无私奉献的伟大精神对于当代青少年仍有学习的价值。

（一）“两弹一星”功臣的执着奉献

无私奉献是“两弹一星”团队热爱祖国最直接的表现。古今中外，有无数爱国志士为了自己的祖国顽强奋斗、不懈追求，勇于贡献自己的智慧和力量。“两弹一星”团队的无私奉献精神源于对祖国的热爱，源于对航天事业的热爱。广大科研工作者面对重重困难，以坚强的意志做好自己的工作，以高度的

① 立志做党光荣传统和优良作风的忠实传人在新时代征程中奋勇争先建功立业［N］. 人民日报，2021-03-02（01）.

事业心和责任感埋头苦干，为了祖国在事业需要的时候不惜牺牲个人利益，不惜付出自己的一切乃至生命而无怨无悔。

1. 胸怀祖国，做无名英雄①

核物理学家于敏，被称为“国产专家一号”。于敏的青少年时代是在抗日战争时期的沦陷区度过的。他曾说：“亡国奴的屈辱生活给我留下深刻的惨痛的印象”。此后，于敏考取北京大学，并于1949年成为新中国成立后的第一批大学毕业生。1951年研究生毕业后，他被我国核物理学家彭桓武和钱三强看中，进入中国科学院近代物理研究所工作，从事原子核理论研究。1961年1月的一天，于敏应邀冒雪来到钱三强办公室。一见到于敏，钱三强就直言不讳地对他说：“经所里研究，请报上面批准，决定让你参加热核武器原理预先研究。你看怎样？”从钱三强极其严肃的神情里，于敏立即明白，祖国正在全力研制第一颗原子弹，对氢弹理论也要尽快进行研究。接着，钱三强拍一拍于敏肩膀郑重地对他说：“咱们一定要赶在法国之前把氢弹研制出来。我这样调兵遣将，请你不要有什么顾虑，相信你一定能干好！”片刻思考之后，于敏紧紧握着钱三强的手，点点头，欣然接受了这一重要任务。从此他开始了隐姓埋名的生活，一藏就是30年。氢弹理论探究是一个全新领域，当时的核大国对氢弹研究是绝对保密的。为了尽快研制出中国的氢弹，于敏和同事们知难而进，废寝忘食、昼夜奋战，克服严寒霜冻、炎热酷暑，硬是凭借着一腔热血，一股拼劲、干劲和实劲，以虔诚而深厚、至信而执着的精神和态度攻坚克难，克敌制胜，取得了核技术领域的一个又一个伟大胜利。可以说，当时的广大科研人员将个人荣辱、个人利益置之度外，一心一意地投身于祖国建设的伟大事业之中。这就是中国人民的优良传统，是华夏儿女之所以能立世、能治世的最关键、最重要原因所在。

于敏没有出过国，在研制核武器的权威物理学家中，他几乎是唯一一个未

---

① 根据以下资料整理：于家为国铸重器敏思笃行励后人：再记“两弹一星”功勋获得者于敏院士［J］. 国防科技工业，2019（3）：64-67；崔建东.“中国氢弹之父”于敏：“一切都是为了国家需要”［J］. 党员文摘，2020（1）：12-13；沈黎明.“中国氢弹之父”于敏［J］. 文史春秋，2020（3）：39-42.

曾留过学的人。于敏几乎从一张白纸开始，依靠自己的勤奋，举一反三进行理论探索。从原子弹到氢弹，按照突破原理试验的时间比较，美国人用了7年3个月，英国用4年3个月，法国用8年6个月，苏联用4年3个月。一个主要原因就是计算繁复。而当时中国的设备更无法可比，仅有一台每秒运算万次的电子管计算机，并且95%的时间分配给有关原子弹的计算，只剩下5%的时间留给于敏负责的氢弹设计。于敏记忆力惊人，他领导下的工作组人手一把计算尺，废寝忘食地计算。四年中，于敏、黄祖洽等科技人员提出研究成果报告69份，对氢弹的许多基本现象和规律有了深刻的认识。

1965年，于敏调入第二机械工业部第九研究院。9月，于敏带领一支小分队赶往上海华东计算机研究所，抓紧计算了一批模型。但这种模型重量大，威力比低，聚变比低，不符合要求。于敏总结经验，带领科技人员又计算了一批模型，发现了热核材料自持燃烧的关键，解决了氢弹原理方案的重要课题。10月下旬，于敏开始从事核武器理论研究，在氢弹原理研究中提出了从原理到构形基本完整的设想，解决了热核武器大量关键性的理论问题。于敏向在上海出差的全体同志作了“氢弹原理设想”系列学术报告，引起了大家的很大兴趣。大家普遍认为，通过这个阶段的工作，研究者们抓紧时间试算了两个模型，得到很好的结果。

事后，邓稼先在嘉定的一个小饭馆里自掏腰包摆下庆功宴，以螃蟹来犒劳这些勇于尝试氢弹原理研究的科技人员。5个多月后，中国第一颗氢弹爆炸试验圆满成功。从第一颗原子弹爆炸到第一颗氢弹试验成功，中国仅用了2年8个月。于敏说：“一个人的名字，早晚是要消失的，留取丹心照汗青。能把自己微薄的力量融进强国的事业之中，也就足以欣慰了。”于敏这种为国为民的情怀和壮志，正是中华民族“一身报国有万死，双鬓向人无再青”精神的最好表现，是华夏儿女“忧国忘家，捐躯济难”精神的完美展示，是激励青年一代科技工作者奋发向上、攻坚克难的尖锐利器和强大武器。

于敏在科研中有一项特殊的本领，被简称为“粗估”。与他共事多年的何祚庥院士称，“于敏的这种粗估方法是理论研究的灵魂。”一次，一位法国物理学家在北京作学术报告。当时于敏只有32岁。这位专家刚把实验的准备、装置及过程介绍完，于敏便对坐在他旁边的何祚庥说出了这个过程的分支比大约是多少，边说边在左手心上写着这个数字。最后，法国专家公布了他的实验结果，果然不出于敏所料。物理学家的水平高低常表现在对一些基本理论、方法、技巧的掌握上。这正是于敏的造诣。这种“粗估”的方法被同事们争相效仿、借鉴，成为解决某些工作领域关键问题屡试不爽的“神器”。这种先见之明不仅表现在理论上，更多地体现在工作实践中。有一次，大家看到国外报道了一个重要元素的新的截面数据，这个数据高得有点儿令人吃惊。如果实验数据是对的，将对热核反应大有好处。可如果是错的，则会把大家引入歧途。然而，鉴别数据真伪的办法，一般只有重复做这个实验。这不仅要花掉大量的人民币，而且要花费两三年。这值得吗？一时间议论纷纷，莫衷一是。于敏决心搞清楚它的对错。两天之后，他在全所作了一个报告，从核反应的基本理论出发，分析了各种物理因素，进行了详尽的推导，最后充满自信地宣布，外国报道的数据是错误的，完全没有必要花费那么多人力、物力和时间去重复那个实验。于敏一锤定音，再无人相信这个数据。后来，国外的实验证明了原来报道的那个数据是错的。

数十年默默无闻，于敏却怡然自得。他喜欢诸葛亮，喜欢诸葛亮的“鞠躬尽瘁，死而后已”，更是将诸葛亮的“淡泊以明志，宁静以致远”奉为圭臬。这个内向又安静的科学家，对“宁静”有着自己的理解：“所谓宁静，对于一个科学家而言，就是不为物欲所惑，不为权势所屈，不为利害所移，始终保持严格的科学精神。”于敏始终守着一片宁静，大声说出自己的良知。他曾在“文革”期间遭受错误的批判，“如果我说假话，我可以轻松过关，但我经受不了历史和真理的考验。”与于敏深交并共事30余年的邓稼先曾说：“于敏是很有骨气的人。他坚持真理，从不说假话。”因此，遇到争论，邓稼先常会说：“我相信老于的。”这份宁静，让于敏的身影显得更伟岸。当国家授予他“两弹一星”功勋奖章时，于敏说这是集体的功劳。当人们把“中国氢弹之父”的称号送给他时，他直言这种称呼不科学，“核武器研制是集科学、技术、工程于一体的大科学系统，需要多种学科、多方面的力量才能取得现在的成绩。我只是起到了一定的作用，氢弹又不能有好几个‘父亲’。”于敏未曾出国留学，自言是“道地的国产”。他对自己的学生说，“土专家”不足效法，科学需要开放交流和开阔视野。因此，他鼓励学生出国留学，但有一个条件——“开过眼界后就回国作贡献”。于敏曾对身边人说，不要计较有名无名，要踏踏实实地做一个无名英雄。正如他73岁那年在一首《抒怀》的七言律诗中表达的那样，即使“身为一叶无轻重”，也要“愿将一生献宏谋”。这种胸怀与情怀，怎能不让人钦佩。周光召院士称他“毕生奉献、学界楷模”，陈能宽院士称他“敬业奉献、风高范远”。习近平总书记正是牢记着广大的老一辈科学家的谆谆教诲和舍小家、为大家的高尚情怀，对科研人员提出：“一代人有一代人的奋斗，一个时代有一个时代的担当。荣誉意味着责任和担当，党和人民对广大院士寄予了殷切的期望。科技创新大潮澎湃，千帆竞发勇进者胜。希望广大院士弘扬科学报国的光荣传统，追求真理、勇攀高峰的科学精神，勇于创新、严谨求实的学术风气，把个人理想自觉融入国家发展伟业，在科学前沿孜孜求索，在重大科技领域不断取得突破。”[①]

2. 不为名利，功垂青史[②]

为了祖国的强盛，为了国防现代化建设，“两弹一星”研制团队鞠躬尽瘁，舍小家、为大家，无怨无悔。“两弹一星”元勋邓稼先最早加入原子弹研制队伍。1958年春，钱三强找他谈话：“小邓，我们要放一个大炮仗，这是国家绝密的事情，想请你参加。你看怎样？这可是光荣任务啊！”邓稼先明白，这是组织上要他参加原子弹研制工作。他说：“研制原子弹，我能行吗？”钱三强说：“这是国家对你的信任。这件事关系到国家的安危，相信你能干好！”这次谈话使他终生难忘。他再也不能像以往那样照顾妻儿老小，也不能与家人通信联络。面对这种情况，邓稼先虽有着深深的歉意，也只能埋藏在心底。邓稼先回到家中向妻子说将去很远的地方工作。“调到哪儿?!”这突如其来的离别让妻子许鹿希怔住了。“这不能说。”邓稼先答。“做什么工作?!”许鹿希接着问。“这也不能说。”邓稼先答。许鹿希沉默了，她明白自己的丈夫肯定是要去执行科研方面的保密任务，泪水顿时浸湿了眼眶。过了半晌，她又问：“那你给我地址，我要和你通信。”“这……也不行，”邓稼先哽咽道，“我的生命从此就献给未来的工作了。做好了这件事，生命就有意义，就是为它死了也值

① 习近平在中国科学院第十九次院士大会、中国工程院第十四次院士大会上的讲话［N］. 人民日报，2018-05-29（02）.

② 根据以下资料整理：程秀龙. 邓稼先：为中国“两弹”大漠埋名［J］. 党史文汇，2010（6）：4-13；张开善. 缅怀“两弹”元勋邓稼先［J］. 中共党史资料，2009（2）：144-149.

得。”听到这儿，许鹿希哭了。她没再多问，只是默默地流泪。邓稼先克制着情感，接着说道：“我今后恐怕照顾不了这个家，这些全靠你了。”

1959年6月，苏联单方面撕毁援华协议，撤走了全部专家和关键技术。面对苏联的背信弃义，以邓稼先为代表的科学家们在党中央的有力支持下，主动投入到自力更生的科研中去。在没有相关资料、缺乏实验条件的环境下，邓稼先带领研究团队从零起步，每日三班倒、从不畏繁难，用最原始的算盘工具运算极烦琐的各项数据，数年间奇迹般完成了重任。在开始完全独立的研究摸索后，对于在关乎原子弹试验成败的核心领域，邓稼先得出了与苏联方面完全不同的结论。是坚持己见，还是盲从他人？路向的不同必然涉及成功或失败。邓稼先以坚定的理论自信和道路自信，走出了属于中国人自己的尖端科研之路。事实证明，邓稼先选对了研究方向。数学家华罗庚后来称这是解决了“集世界数学难题之大成”的科研成果，为我国的核武器事业作出了卓越贡献。1964年10月，由邓稼先签字最终确定了中国第一颗原子弹爆炸方案。10月16日15时，我国第一颗原子弹爆炸成功，蘑菇云腾空而起。此刻，几乎所有在场的科学家都流下了激动的泪水。邓稼先虽然也是热泪盈眶，但面对这些年含辛茹苦的成绩所得，他已是什么话都说不出来了，因为这一刻，既是邓稼先不辱使命的一份交代，也是邓稼先给家人的万言家书。通过仪器检测的数据出来了，我国第一颗原子弹试爆成功的水平，已远超过美英苏法等核大国第一次试验时的水平。可是，即便在取得如此的伟绩后，邓稼先也没有自满，从不炫耀。他在经过短暂的休息后又立即投入无声耕耘的科研中去，继续开展接下来的氢弹研制工作。1967年6月17日，距中国第一颗原子弹爆炸仅两年多时间，中国第一颗氢弹爆炸成功。物理学家杨振宁对此曾说，原子弹与氢弹爆炸成功的日子，“是中华民族完全摆脱任人宰割时代的新生日子”。

1949年在美国芝加哥大学合影，左起：杨振宁、邓稼先、杨振平（图片来源共青团中央微信公众号《邓稼先：要是有来世 我还是选择中国 选择核事业 选择你》）

在20世纪70年代末一次空投核弹试验中，降落伞没有被打开，核武器未被引爆，而是直接摔向地面。正当科学家们为此感到万分揪心之际，邓稼先并未多言。他不顾同事们的极力劝阻，只身奔向事故现场，弯下腰搜寻，低着头认真查找，力求尽快确定核弹落点。而在找到核弹后，邓稼先为了在第一时间找出事故的原因，不顾生命安危和辐射的巨毒侵蚀，用双手捧起含有剧毒放射物的碎弹片，仔细观察、展开分析。此时，一个极高智商的科研专家在强烈责任感的驱使下竟变成了外人眼里的绝顶“傻子”。正是由于这个举动，放射物侵入了他的身体。随后，邓稼先还坚持要自己装设备，并第一次以院长的权威对助手们命令道：“你们还年轻，你们不能去！”1985年，邓稼先被诊断为直肠癌，第二年就已经病入膏肓，但他仍不忘祖国的国防事业。这一年，除中法两国外，其余核大国都达到了在实验室用计算机模拟核爆的试验水平，所以，他们以条约方式联合主张核禁试，想借此来限制中国。面对这种情况，邓稼先敏锐地察觉到美苏等核大国的技术水平已经接近理论极限，如果中国不抢在时间节点前实现预期的发展目标，就很可能为西方国家的条约划线所遏制。在3月和5月连续做了两次手术的邓稼先预感到自己时日无多，那段时间里，“要抢时间”是他重复最多的一句话，并用最后的气力为祖国留下核武发展的建议报告。那时，他住在医院，病情日益加重，时常疼出一身冷汗。可即便这样，邓稼先仍然忍着极大的痛苦，找来各种文献资料，与于敏合写了一份关乎中国核武未来发展蓝图和实现途径的《建议书》。张爱萍评价邓稼先时说：“邓稼先同志长期忘我工作，不为名不为利，甘当无名英雄，默默无闻地奋斗了数十年，积劳成疾。他在病重时仍念念不忘我国科技事业的发展，为发展我国的高科技相继献策。邓稼先同志真正做到了他经常讲的一不为名、二不为利，但工作目标要奔世界先进水平。他的名字虽然鲜为人知，但他对祖国的贡献将永垂史册。”“科学无国界，科学家有祖国。我国科技事业取得的历史性成就，是一代又一代矢志报国的科学家前赴后继、接续奋斗的结果。从李四光、钱学森、邓稼先等一大批老一辈科学家，到陈景润、黄大年、南仁东等一大批新中国成立后成长起来的杰出科学家，都是爱国科学家的典范。希望广大科技工作者不忘初心、牢记使命，秉持国家利益和人民利益至上，继承和发扬老一辈科学家胸怀祖国、服务人民的优秀品质，弘扬‘两弹一星’精神，主动肩负起历史重任，把自己的科学追求融入建设社会主义国家的伟大事业中去。”[①]可以说，正是广大科技工作者舍己为人、为国和为民的高尚情怀，将国家利益、集体利益置于至高之位，先人后己、先公后私，我们国家和民族的核技术和航天技术才能在世界上居于领先地位，才能焕发出璀璨夺目的时代光芒与色彩。

（二）奉献的人生最美丽

无私奉献精神不仅仅体现在“两弹一星”研制团队中，在我国国防工业几十年的发展过程中，无私奉献精神也一直是其优良传统，并随处可见。

1. 对国家的忠，就是对父母最大的孝[②]

我国“核潜艇之父”黄旭华，为了核潜艇事业奉献了自己的一生，隐姓埋名三十年无怨无悔。1924年2月24日，黄旭华出生于广东省海丰县田墘镇，小学毕业时，全面抗日战争拉开了序幕。黄旭华在炮火和动荡中度过了少年和青年时代。“（敌人）想轰炸就轰炸，因为我们国家太弱了！我要学航空、学造船，我要科学救国!”海边出生的黄旭华，以造船系第一名的成绩进入国立交通大学，他的学术成长由此起步。1958年，中国启动核潜艇研制工程。一批人担起研制我国核潜艇的重任，黄旭华是其中一分子。彼时，面对苏联的技术封锁，毛泽东誓言：“核潜艇，一万年也要搞出来!”“听了这句话，更坚定了我献身核潜艇事业的人生走向。”黄旭华说。1965年，核潜艇研制工作全面启动，核潜艇总体研究设计所在辽宁葫芦岛成立，黄旭华开始了“荒岛求索”的人生。荒岛之艰难困苦，没有削减同志们的干劲。所有人心里都装着使命，尽快研制出中国的核潜艇。做一辈子“无名英雄”，黄旭华心甘情愿。接下这个绝密任务后，黄旭华三十年没有回过家。家人不知道他在外边做什么，父亲直到去世也未能再见他一面。他说，当祖国需要我一次把血流光，我就一次流光；当祖国需要我一滴一滴流血的时候，我就一滴一滴地流。十年磨一剑。黄

① 习近平在科学家座谈会上的讲话［N］. 人民日报，2020-09-12（02）.

② 根据以下资料整理：新华网. 黄旭华：隐“功”埋名三十载，终生报国不言悔［EB/OL］.［2021-08-31］. http：//www. xinhuanet. com/politics/2019-09/23/c_1125029789. htm.

旭华及其同事们荒岛求索，在世界核潜艇史上写下了光辉篇章——上马三年后开工，开工两年后下水，下水四年后正式编入海军进入战斗序列。中国成为继美、苏、英、法之后世界上第五个拥有核潜艇的国家，辽阔的海疆从此有了护卫国土的“水下移动长城”。

研制初期，最大的困难不是物质匮乏，而是根本没有知识和人才。“当时我们只搞过几年苏式仿制潜艇，核潜艇和潜艇有着根本区别。核潜艇什么模样，大家都没见过。”黄旭华回忆。谁都想不到我国的核潜艇是从玩玩具开始的。当时，他们弄来一个核潜艇玩具模型，拆了装，装了又拆，计算和推理核潜艇的形状、布局。最终，黄旭华选择了难度很大却是最科学的水滴线型为艇体形状。研制核潜艇与综合国力相关，工程曾几上几下。工程被搁置时有单位高薪聘请他，都被他谢绝了。他的妻子李世英总结说：“他是一条道走到黑。”确定了核潜艇的艇型，仅仅是万里长征走出了第一步。核潜艇技术复杂，配套系统和设备成千上万。设备和技术的落后，让黄旭华曾经用最“土”的办法来解决最尖端的技术问题。从核潜艇的艇型方案到弹道方案、从模型制造到模拟试验，“计算数据，当时还没有手摇计算机，我们初期只能依靠算盘。每一组数字由两组人计算，获得相同答案才能通过。常常为了一个数据，我们会日夜不停地计算，争分夺秒”。在进行核潜艇试潜和定重测试时，黄旭华用“秤”的土办法。他要求所有上艇设备都要过秤，安装中的边角余料也要一一过秤。几年的建造过程，天天如此，使核潜艇下水后的数值与设计值几乎完全吻合。

核潜艇战斗力的关键在于极限深潜。然而，极限深潜试验的风险性非常高。美国曾有一艘核潜艇在深潜试验中沉没，这场灾难被写进了人类历史。在核潜艇极限深潜试验中，黄旭华亲自上艇参与试验，成为当时世界上核潜艇总设计师亲自下水做深潜试验的第一人。“所有的设备材料没有一个是进口的，都是我们自己造的。开展极限深潜试验，并没有绝对的安全保证。我总担心还有哪些疏忽的地方。为了稳定大家情绪，我决定和大家一起深潜。”黄旭华说。核潜艇载着黄旭华和100多名参试人员，一米一米地下潜。“在极限深度，一块扑克牌大小的钢板承受的压力是一吨多。100多米长的艇体，任何一块钢板不合格、一条焊缝有问题、一个阀门封闭不足，都可能导致艇毁人亡。”巨大的海水压力压迫艇体发出“咔嗒”的声音，惊心动魄。黄旭华镇定自若，了解数据后，指挥继续下潜，直至突破此前纪录。在此深度，核潜艇的耐压性和系统安全可靠，全艇设备运转正常。新纪录诞生，全艇沸腾了！黄旭华抑制不住内心的欣喜和激动，即兴赋诗一首："花甲痴翁，志探龙宫。惊涛骇浪，乐在其中！"正是凭着这样的奉献精神，黄旭华和团队于1970年研制出我国第一艘核潜艇，各项性能均超过美国1954年的第一艘核潜艇。建造周期之短，在世界核潜艇发展史上是罕见的。1970年12月26日，当凝结了成千上万名研制人员心血的庞然大物稳稳浮上水面时，黄旭华流下了激动的泪水。正如钱学森所说："没有一万年，也没有一千年和一百年，只用了十年，我们就建造出了自己的核潜艇。"严谨认真的科学精神，不讲条件、只谈贡献的报国精神，是中国"两弹一星"、航天探测、核潜艇研制和深水探测得以成功问世的重要精神食粮，是在自然灾害、外国威胁和条件不成熟局势下，中国老一辈科学家攻必克、战必胜的精神支撑和保障，是中华民族的骄傲与象征。在新时代的今天，我们新一代科技工作者和新一代青年必将在继承老一辈科学家奉献精神、科学精神的基础上保持奋进的势头、前行的劲头刻苦钻研，在建设现代化国家的时代浪潮中"燃烧青春"、奉献自我。正如习近平总书记在开启建设社会主义现代化国家新征程时谈到，"科学成就离不开精神支撑。科学家精神是科技工作者在长期科学实践中积累的宝贵精神财富。新中国成立以来，广大科技工作者在祖国大地上树立起一座座科技创新的丰碑，也铸就了独特的精神气质。""大力弘扬胸怀祖国、服务人民的爱国精神，勇攀高峰、敢为人先的创新精神，追求真理、严谨治学的求实精神，淡泊名利、潜心研究的奉献精神，集智攻关、团结协作的协同精神，甘为人梯、奖掖后学的育人精神。"①

新中国刚成立不久，母亲对离家的三儿子再三叮嘱："过去颠沛流离，如今工作稳定了，要常回家看看。"黄旭华满口答应，却心知实难兑现。30年间，父母与三儿子的联系只能通过一个信箱。父母多次写信来问他在哪个单位、在哪里工作，身负重责的黄旭华避而不答。这期间，父亲病重了，黄旭华怕组织上为难，忍住没提休假申请；父亲去世了，黄旭华工作任务正紧要时，也没能腾出时间奔丧。直至离开人世，父亲仍然不知道他的三儿子到底在做什么。"我到现在还感觉很内疚，很想念我的父母。"可是，当别人问起黄旭华对忠孝的理解之时，黄旭华淡然答道："对国家的忠，就是对父母最大的孝。"对

① 习近平. 在科学家座谈会上的讲话［N］. 人民日报，2020-09-12（02）.

于妻子和三个女儿，黄旭华同样心怀愧疚。在他开始研制核潜艇后的几十年间，夫妻要么天各一方，要么就是同在一地却难相见。妻子李世英只好独自操持着家里的大事小情。李世英说：“我理解他的工作性质。党派他去哪里，他就需要去哪里，这是我们应尽的义务。”一对白发伉俪，一样的赤子深情。

有人会问，到底是什么让黄旭华能做到以国为家、心甘情愿地奉献一生？是颠沛流离的求学之路，让他怀抱着对祖国母亲的赤诚之心。为国的赤胆忠心、为民的真挚诚心是黄旭华一生最真实的写照，也是众多“黄旭华”老先生风骨的最完美展现。他们以大无畏的勇气、无私无惧的信念斩断了后退之路，征服了人类难以逾越的“巅峰”和“险峰”，跨越了人类史上难以渡过的“弱水”之河，使天堑变通途。钱学森、钱三强、钱伟长、邓稼先、于敏等老一辈科学家和科技工作者为中华民族的伟业鞠躬尽瘁、死而后已，为中国的国防工业和国防事业“油尽灯枯、蜡炬成灰”，书写了可歌可泣、战天斗地的感人事迹和战斗精神。他们这种奉献精神需要我们青年一代在中华民族伟大复兴的时代征程上继续书写、继续弘扬和继续传承，这既是我们青年一代义不容辞的职责，也是当仁不让的使命担当。我们青年一代必将在老一辈科学家战斗精神的激励下大有可为和大有作为，为中华民族复兴的伟业出智力、献心力，继续书写新时代的中国辉煌。正如习近平总书记对青年一代提出热切期盼时讲到，“实现第二个百年奋斗目标，实现中华民族伟大复兴，青年一代责任在肩。希望同学们树立远大理想、热爱伟大祖国、担当时代责任、勇于砥砺奋斗、练就过硬本领、锤炼品德修为，努力成为对社会有用的人、道德高尚的人，积极投身全面建设社会主义现代化国家的伟大事业。”①“青年一代有理想、有本领、有担当，国家就有前途，民族就有希望。希望你们努力在为人民服务中茁壮成长、在艰苦奋斗中砥砺意志品质、在实践中增长工作本领”②。

---

① 在服务和融入新发展格局上展现更大作为奋力谱写全面建设社会主义现代化国家新篇章[N]. 人民日报，2021-03-26（01）.

② 习近平. 习近平书信选集：第1卷［M］. 北京：中央文献出版社，2022：266.

③ 根据以下资料整理：人民网. 曾庆存：“诗人院士”的气象生涯［EB/OL］.［2021-08-31］. http：//paper. people. com. cn/rmzk/html/2020-03/03/content_1974559. htm.

2. 为人民服务，为真理献身[③]

在科学界，曾庆存成名很早。

25岁破解世界级气象难题，为如今的天气预报技术奠定基础；44岁“够格”领取国家津贴，与著名数学家陈景润“同在第一档”；45岁当选中国科学院学部委员（院士）。

出了科学界，听说过曾庆存的人不多。一次到北京友谊宾馆参加国际会议，车门打开，先出来一顶破草帽。门童悄声向同车者打听，听说是“国际著名科学家”时大吃一惊：没瞧出来！

一辈子，他把“国家需要”挂在嘴边、放在心上。

2020年11月10日，著名大气科学家、中国科学院大气物理研究所研究员曾庆存站上了2019年度国家最高科学技术奖的领奖台。

（1）让天气预报越来越准

点开手机，随时查看几天后的天气，如此便利精准的科技，离不开曾庆存创造的算法。

古人看云识天。到了20世纪，人们发明气象仪器测量大气状态，绘成“天气图”，但还要依赖预报员的经验，误差较大。预报能不能准点、再准点？科学家想办法把千变万化的天气变成一组方程式，输进数据，计算机就能得出结果——现在通行的“数值天气预报”由此而来。

这组方程式被称为“原始方程”，它囊括了太多的变量，极其复杂，对计算能力要求很高。计算速度如何“追上”天气变化速度？难题一时困住了世界气象学界。

20世纪50年代末至60年代初，曾庆存从北京大学被选派到苏联留学。他的导师、国际著名气象学家基别尔把这道难题抛给年仅25岁的曾庆存，作为他的博士论文。苦读冥思，反复试验，几经失败，曾庆存从分析大气运动规律的本质入手，想出了用不同的计算方法分别计算不同过程的方法，提出了“半隐式差分法”。这是世界上首个用原始方程直接进行实际天气预报的方法，并

---

③ 根据以下资料整理：人民网. 曾庆存：“诗人院士”的气象生涯［EB/OL］.［2021-08-31］. http：//paper. people. com. cn/rmzk/html/2020-03/03/content_1974559. htm.

随即被用于天气预报业务。

他的算法至今仍是世界数值天气预报核心技术的基础。现今，数值预报越来越准确，3天预报准确度可达70%～80%。在我国华南地区，可提前3—4天对台风路径做出较为准确的预报。

在数值天气预报的基础上，曾庆存又在卫星大气红外遥感、跨季度气候预测、气象灾害监测预报、地球系统模式等领域都相继形成了开创性的理论研究成果，并得到了广泛应用。

2016年，81岁的曾庆存荣获全球气象界最高荣誉——国际气象组织奖。

（2）走出一条中国式科研道路

曾庆存与气象的缘分，并非一开始就注定。

1935年，曾庆存生于广东省阳江市一个贫苦农家，全家老小力耕垄亩，也只能勉强喝上“月照有影的稀粥”。穷困没能阻止这个家庭对知识的渴求，曾庆存和哥哥打着赤脚，一边劳作、一边读书。

1952年，曾庆存考入北京大学物理系。新中国成立之初，无论是抗美援朝，还是国民经济建设，我国都急需气象科学人才。曾庆存二话不说，服从国家需要学习气象学。

那个年代，一场晚霜就把河南四成的小麦冻死，严重影响粮食产量。“如果能提前预判天气，做好防范，肯定能减不少损失。”田地里长大、经历过饥饿的曾庆存深知气象学的重要。

1961年，曾庆存在苏联科学院获副博士学位后回国，写下一首《自励》诗：“温室栽培二十年，雄心初立志驱前。男儿若个真英俊，攀上珠峰踏北边。”珠峰是世界最高峰，象征着科学之巅；北边在我国境内，昭示了一条“中国道路”。26岁的曾庆存立下誓言，从此矢志不渝。

1970年，国家决定研制自己的气象卫星，曾庆存又一次服从国家需要，离开原来的研究领域，被紧急调任作为卫星气象总体组技术负责人。他克服重重困难，解决了卫星大气红外遥感的基础理论问题，并用一年时间写出了当时国际上第一本系统讲述卫星大气红外遥感定量理论的专著，为监测暴雨、台风等及相应灾害提供了重要手段。

20世纪80年代初，曾庆存挑起中科院大气物理研究所所长的大梁。当时，我国基础研究经费短缺，虽然大气科学在理论上不比国外差，但中国科学家缺少一个重要工具——高速计算机。“我们的计算机每秒百万次，人家是亿次，要追赶他们就好比毛驴追汽车。”曾庆存在大气物理研究所的老同事回忆。

曾庆存就要追！一时没有“汽车”，那就先换“自行车”，总得咬着牙自己往前赶。“哪怕当掉裤子也要买计算机！”曾庆存撂下话。

担任所长的9年间，在曾庆存的带领下，大气物理研究所建设了2个国家重点实验室，成为国际知名的大气科学研究中心。

天气能预报，气候也能预报吗？预测未来一年甚至几十年的气候，事关夏季洪涝、冬季雾霾、农业规划、能源布局等，涉及国计民生方方面面。曾庆存回答：能。2009年，曾庆存与其他科学家萌生了建立“地球模拟器”的想法。

在数百位科学家的共同努力下，国家重大科技基础设施“地球系统数值模拟装置”于2018年在北京市怀柔科学城破土动工，2022年完工。该装置为国家防灾减灾、应对气候变化、生态环境治理、可持续发展等重大问题提供科学支撑。

（3）“黄牛风格，赛马精神”

初识曾庆存的人，可能觉得他不苟言笑。深入了解后，就发现他才情横溢、总能冒出些金句。

他做学问，也写诗。“不追求华丽，平淡有意境。”有人评价，人如其诗。

他时常用一句话勉励和要求自己：为人民服务，为真理献身，凭黄牛风格，具赛马精神。“平常像老黄牛一样踏实科研、好好积累，当国家和人民用你的时候，就像赛马一样向前冲。”

曾庆存把自己当成一块砖，国家哪里有需要，他就去哪里，研究就做到哪里。1979年，他不顾身体有伤病，躬在仅有几平方米、摆上两张床就站不下两个人的蜗居里，不分昼夜写作，完成了《数值天气预报的数学物理基础》第一卷。

这部长达80万字的大气动力学和数值天气预报理论专著，将数学、力学和气象学有机地结合起来。国际同行评价：是“气象学理论化极重要的篇章”和“构筑气象力学必不可少的学术基础”。

一箪食，一瓢饮，居陋巷。多年前，曾庆存就有一句“名言”：饿着肚子推公式，越推越新鲜。同事评价他，脑袋是尖的，屁股是方的。专心研究时饿着肚子都不怕，任谁也干扰不了他。

学术认真、工作拼命，是学生们对他的一致印象。论文经过曾庆存的手，总会密密麻麻布满他亲笔修改的意见，甚至还有加页。出差时，一回酒店，曾庆存就躲进房间写稿子；同行的学生等他吃饭，饿到了晚上九、十点。

2017年春节，别人欢度假期，年过八旬的曾庆存窝在家里埋头推导大气污染优化控制理论。从大年初一到初七，撰写了数十页手稿，为中央要求环保执法禁止“一刀切”提供了理论基础。

做学问勇攀高峰，生活上却满不在乎。同事赵思雄笑称曾庆存总是“鞋儿破，帽儿破”。“夏天在中关村，如果见到一个戴破草帽的老头，十有八九就是他。”赵思雄说。

回顾自己的科研成绩，曾庆存一如既往地谦逊，“我曾立志攀登科学的‘珠峰’，但我并没有到山顶，大概在海拔8600米的地方建了个营地，供后来者继续攀登。”

当代青少年应该继承和发扬这种奉献精神，要至诚报国，做甘于奉献的青少年。“两弹一星”研制团队用实际行动诠释了为祖国为人民无私奉献，为了国家富强、民族振兴甘当无名英雄。在“两弹一星”团队中，从领导干部、专家学者到每一个工人，都始终以高度的政治责任感和严密的组织纪律性坚持个人利益服从全局利益，坚持领导干部带头做榜样，“舍小家、为大家”，告别家人，离开大城市，在艰苦的环境中奋斗几十年。经历了这一时期的考验和锻炼，“热爱祖国，无私奉献”的精神不但在当时的研制队伍中扎根，而且一代代得以传承，形成了我国国防工业的优良传统。对于今天的青少年来说，在革命前辈奋斗的基础上我们的生产、生活条件已经得到极大改善，不用再面对新中国成立初期那样艰苦的环境，但无私奉献的精神传承在今天仍然具有重要意义。在今天，实现中华民族伟大复兴的中国梦仍是我们要为之拼搏和奋斗的目标，国家富强、民族振兴的历史任务仍是当代青少年肩上的重任。在新时代我们应该继承和发扬老一辈科学家留下的“热爱祖国，无私奉献”的伟大精神，并赋予其新的内涵，在建设中国特色社会主义伟大事业的新征程中为了祖国的繁荣富强、为了国防现代化建设、为了中华民族伟大复兴继续作出自己的贡献。无论在革命战争年代，还是在国家承平时期全身心建设社会主义，青年一代总是能够继承老一辈革命家、老一辈科学家的不屈风骨、坚毅精神，走在斗争的最前沿、走在奋斗的最前线；始终能够将青春热血洒在祖国的广阔土地上，洒在祖国的“肥沃”土壤上；始终能够真挚、热情、积极主动地回应祖国呼唤、民族召唤；始终能够在最紧要、最危急、最关键的十字路口，坚定立场、站住方向；始终能够毫无怨言、无怨无悔地“燃烧小我、奉献大我”，服从组织命令、听从组织安排，为祖国和民族的复兴伟业竭诚尽力、尽心竭力。老一辈科学家在20世纪50和60年代书写和创造的“两弹一星”精神，改革开放新时期和中国特色社会主义新时代创造的载人航天精神和月球探测工程等一系列伟大民族创造的伟大民族精神是需要传承和发扬的，是需要将千年燃烧之薪火代代相传、世世永续的。而这正是我们青年不可推卸之责任，不可逃避之使命。使命正起航、责任正当肩，青年一代要负起该负的责任，承担起应当承担的时代使命，不退缩、不畏难、不惧难地克险关、战险阻，将天堑变通途、化危机为转机，为国家富强、民族振兴、人民幸福尽心竭力。

诚如习近平总书记所言，“100年来，中国青年满怀对祖国和人民的赤子之心，积极投身党领导的革命、建设、改革伟大事业，为人民战斗、为祖国献身、为幸福生活奋斗，把最好的青春献给祖国和人民，谱写了一曲又一曲壮丽的青春之歌。”“实践充分证明，中国青年是有远大理想抱负的青年！中国青年是有深厚家国情怀的青年！中国青年是有伟大创造力的青年！无论过去、现在还是未来，中国青年始终是实现中华民族伟大复兴的先锋力量！”“新时代中国青年要担当时代责任。时代呼唤担当，民族振兴是青年的责任。鲁迅先生说，青年‘所多的是生力，遇见深林，可以辟成平地的，遇见旷野，可以栽种树木的，遇见沙漠，可以开掘井泉的。’在实现中华民族伟大复兴的新征程上，应对重大挑战、抵御重大风险、克服重大阻力、解决重大矛盾，迫切需要迎难而上、挺身而出的担当精神。只要青年都勇挑重担、勇克难关、勇斗风险，中国特色社会主义就能充满活力、充满后劲、充满希望。青年要保持初生牛犊不怕虎、越是艰险越向前的刚健勇毅，勇立时代潮头，争做时代先锋。一切视探索尝试为畏途、一切把负重前行当吃亏、一切‘躲进小楼成一统’逃避责任的思想和行为，都是要不得的，都是成不了事的，也是难以真正获得人生快乐的。”“新时代中国青年要珍惜这个时代、担负时代使命，在担当中历练，在尽责中成长，让青春在新时代改革开放的广阔天地中绽放，让人生在实现中国梦的奋进追逐中展现出勇敢奔跑的英姿，努力成为德智体美劳全面发展的社会主义建设者和接班人！”①

---

① 习近平. 在纪念五四运动100周年大会上的讲话［N］. 人民日报，2019-05-01（02）.

第四章 04

自力更生、艰苦奋斗的开拓精神传承

“自力更生、艰苦奋斗”是中华民族精神的重要组成部分，是中国人民在漫长的历史发展中逐渐形成的精神品质。它是“两弹一星”精神内涵和具体体现，是时代的产物。虽然它是由当时的客观条件所决定的，但却是“两弹一星”事业中自始至终的基本方针。中国之所以能够完成“两弹一星”伟大事业，根本原因在于中国共产党的领导。党自诞生之日起就把自力更生、艰苦奋斗作为自己的优良作风。不论是民主革命时期，还是社会主义建设时期，我们党始终强调自力更生、艰苦奋斗的重要性。正是我们党汇聚了全民族的力量，领导了一大批隐姓埋名、无私奉献的科技工作者，才完成了“两弹一星”的伟大创举。在“两弹一星”事业中，涌现了一大批具有代表性的科技工作者，其中以王希季、孙家栋、周光召、于敏、钱学森、吴自良、陈芳允、杨嘉墀、彭桓武、朱光亚、黄纬禄、王大珩、屠守锷、陈能宽、任新民、王淦昌、邓稼先、赵九章、姚桐斌、钱骥、钱三强、郭永怀等为杰出代表。他们被授予“两弹一星”元勋称号，得到了全民族的尊敬和认可。在这个科技工作者群体身上体现出自力更生、艰苦奋斗的开拓精神。在科技资源有限、生活条件艰苦、技术难题频现等困难面前，这个群体克服一切困难、战胜一切挑战，创造了一个又一个奇迹。这一切都是源于每一位科技工作者自力更生、艰苦奋斗的强大精神。因此，自力更生、艰苦奋斗是“两弹一星”精神在新时代的延续，而青年人则是这种精神最好的传承人和发展者，更是在新时代的历史起点上再度书写伟大故事、传播中国声音的忠实践行者、坚定信仰者。

一、吃苦耐劳，做坚忍不拔的时代新人

吃苦耐劳是“自力更生、艰苦奋斗”精神的具体体现。“两弹一星”群体在攻关过程中，面对着不利的主观条件和客观条件，正是凭着吃苦耐劳的坚强精神，在短时间内完成了这项伟大的事业。对于新时代青少年来说，我们生活在中华民族正经历着伟大复兴的时代，享受着优越的物质条件和丰富的精神文化，这是我们得天独厚的条件。要看到这一切是由之前几代人的无私奉献甚至是舍身忘我的牺牲换来的，我们在独享这些的同时应该回顾前人所走过的道路，从其中找到我们今天拥有的这一切的根源。回顾中国近代史会发现，虽然“两弹一星”时代已过去五六十年，即使到今天这项事业也远离我们的生活，我们可能会记住几个杰出人物的名字，但是忽略了这项事业的整个群体；我们可能会简单地了解杰出人物的贡献和事迹，但是我们可能很少会深思他们成就背后的原因。了解过去是为了更好地面向未来，“两弹一星”群体的每一个人都被记录在中华民族历史丰碑上。我们不仅要了解这个群体身上具有的优良品质，而且应该继承和发展，吃苦耐劳则是其中最为重要的精神之一。所以，青少年一代要保持吃苦耐劳的优良品质，做坚忍不拔的青少年。

（一）吃苦耐劳是“两弹一星”元勋的基本特质

自力更生、艰苦奋斗是“两弹一星”群体的精神支撑，是他们坚强意志的体现和不断战胜困难的精神动力，也是吃苦耐劳的现实体现。中华民族在长期历史发展过程中形成了以爱国主义为核心的团结统一、爱好和平、勤劳勇敢、自强不息的民族精神，改革开放新时期又形成了以改革创新为核心的时代精神。不同时期形成了一脉相承、相互贯通的民族精神的传承链条，更展现了中华儿女和中华民族在神州大地上谱写的一篇篇壮丽诗歌、凯歌，书写的一幕幕传奇故事，更体现了神州大地上勤劳勇敢、自强不息、艰苦奋斗精神的一如既往、一以贯之，更彰显了中华儿女的不屈傲骨和坚毅品质。民族精神和时代精

神是我们在革命、建设、改革开放和新时代总的精神支柱，更是激励我们在新时代不忘初心、奋勇前行的不竭动力。同时，它又随着我国实践的不断深入而表现为不同的形式和内容，从而实现了自身的历久弥新、推陈出新。我国老一辈科学家在社会主义建设时期书写的“两弹一星”精神，则正是中华儿女伟大民族精神的时代彰显和与时俱进。

1. 不等不靠，艰苦创业

20世纪50年代，时任外交部长陈毅曾说过：“中国穷，当了裤子也要造出原子弹。有了它，我这个外交部长就好当了。”[①]可以说，他的这句话反映了党的第一代中央领导集体的心声。为此，“两弹一星”伟大事业在新中国成立之初就被提上日程。随着国际局势的不断变幻，1956年，党中央作出了研制原子弹和导弹的战略部署，以此满足新的国家安全需要，促进新形势下国防发展。自此之后，“两弹”研制的历史大幕被徐徐拉开。在苏联的支持下，1957年10月15日，我国与苏联签订了新技术协定。中国科学家紧紧抓住这一时机，以最快的速度掌握“两弹”的核心技术，建设相关的国防工业。为此决定筹集人力和物力，首先组建原子弹和导弹研究院，以承担原子弹、导弹研制、实验、生产等工作；组建特种试验部队，开展选址勘测、建立实验靶场的具体工作。

导弹事业的发展较为迅速。研究院初创时，在党中央的号召下，一方面，钱学森、任新民、屠守锷等一大批相关专业的研究学者汇聚到导弹研究院，制定周密的研究计划，对长远发展规划和相关的技术问题进行了集中论证。在此基础上，结合实际情况，决定仿制苏联提供的供教学和科研所用的科研弹P-1和P-2。另一方面，由从朝鲜归国的志愿军二十兵团、科研工作者、工人和技术人员组成的建设大军进军戈壁滩，克服一切困难，在短短两年内建立起生产设施和生活设施齐全的导弹试验基地，保障了导弹研发工作的顺利进行。

1960年，就在导弹研制工作紧张进行的过程中，7月16日，苏联政府正式照会中国外交部，限期召回全部在华工作的苏联专家，销毁已经供给中国的全部技术图纸，终止在建和未建的全部工程项目。苏联专家的撤离以及我国不能

---

① 回望与展望（1949—1989）[M]. 北京：国防工业出版社，1989：202.

掌握核心材料对于已近完成、准备试验的导弹研制工作无疑是沉重的打击。虽然如此，这并没有中断我们的研制事业，在已掌握的技术和当时已有条件基础上，科研工作者和一线试验人员共同努力，同年我国自己制造的第一枚导弹试飞成功。

相比于导弹研制，发展核武器事业对于当时中国来说具有更大的挑战，这项事业也是在党中央统一领导下有条不紊地进行的。为了集中力量发展核武器研制事业，早在1955年初，党中央就作出了发展我国原子能事业的战略部署。为此，党中央成立了以周恩来总理为主任、7位国务院副总理和7位部长组成的专门委员会（简称“中央专委”）统一领导各项工作，希望在较短的时间内依靠自身突破原子能技术难题。一方面，成立第二机械工业部第九研究所，负责具体落实中央各项工作，组织实施原子能工业。另一方面，从中国科学院、国防科研机构、工业部门、高等院校和地方科研力量五个方面，涉及26个部门1000多家科研院所和厂矿企业中抽调骨干力量，采取技术攻关会战形式，攻克了一个又一个技术难关。为了铭记1959年6月苏联方面停止对我国的核项目援助计划，我国将第一颗原子弹工程代号命名为“596”。科研技术的不断前进向具体生产领域提出了新的难题，解决原料、电子元件、精密机械、仪器仪表、特殊设备、测试技术、计量基准等方面的难题成为了当时的重中之重。而将涉及如此之多领域的生产部门组织到一起，没有党中央坚强有力的领导是不能实现的。在此艰难局面下，党中央果断决策、科学规划，制定长期战略发展目标，汇聚、吸引大批海外归国留学人员归国参加祖国建设，统筹协调各方面力量，调动全党全国人民的积极性和主动性，勒紧裤腰带过紧日子，为“两弹一星”研制事业积蓄人力、物力和财力。此外，广大科研人员和军队干部、士兵上下一心、团结一致，发扬流汗、流血不流泪的“拼命三郎”精神，打持久战、攻坚战和速决战，在不到十年的时间里就取得了“两弹一星”巨大辉煌成就。这不仅唤起了广大国人的强烈民族自豪感、自信心，而且坚决而有力地打击了苏联、美国两极世界对中国的威胁、讹诈和封锁。中国在世界范围内的声音得到加强，中国拥有了走向以及接近世界舞台中央的勇气和底气。正如毛泽东主席所说：“我们现在还没有原子弹。但是，过去我们也没有飞机和大炮，我们是用小米加步枪打败了日本帝国主义和蒋介石的。我们现在已经比过去强，以后还要比现在强，不但要有更多的飞机和大炮，而且还要有原子弹。在今天的世界上，我们要不受人家欺负，就不能没有这个东西。怎么办呢？可靠的办法就是把军政费用降到一个适当的比例，增加经济建设费用。只有经济建设发展得更快了，国防建设才能够有更大的进步。”“经过一段时间，我们就不但会有很多的飞机和大炮，而且还可能有自己的原子弹。”[①]

在苏联中断援助项目、决定撤走在华专家后，赫鲁晓夫对中国人自己进行原子弹研究并不看好，甚至曾扬言，“我看他们不仅得不到原子弹，到头来恐怕连裤子都穿不上。”[②]对于这样的轻视，中国人民以实际行动予以回击，付出了难以想象的人力、物力和财力。在核武器研制过程中，程开甲的名字是不应该被忘掉的。1960年，程开甲从南京大学物理系调到第二机械工业部第九研究所担任该所副所长，配合朱光亚进行原子弹试验部分的工作。为此他组织科研攻关团队，建立包括理论研究所、光学研究所、力学冲击波研究所、核辐射研究所、电子学和控制研究所在内的五个核试验研究所，进驻位于西北的核试验基地。

众所周知，党的第一代中央领导人在生活上非常关心和爱护知识分子，就像陈毅说过的那样，“科学家是宝贝疙瘩，不爱护不行！我们不吃，也要保障他们起码的生活。”[③]但是，即使是“起码的生活”，在试验基地都是难以保障的。在那个年代，基地生活条件极其艰苦，基本的生活条件有时也难以保障，甚至用水都存在问题，试验基地附近的孔雀河不符合饮用水质，镁离子超标，长期饮用不利于身体健康。就是这样的水源有时也难以保障，一次用水要被多次使用，早晨的洗脸水用于洗衣服，甚至晚上再次用于洗漱。经常会发生用水紧张，这时可能很多天都不能洗漱。粮食问题也很严峻，经常吃不饱。正是在这样艰难困苦的条件下，程开甲带领着科研团队，发挥了吃苦耐劳的工作作风，不受艰苦生活条件的影响，集中全部精力在科研攻关上。经过六年艰苦卓绝的不断探索和“两弹一星”群体的不懈努力，1964年10月16日，中国第一

---

① 中共中央文献研究室. 建国以来毛泽东军事文稿：中卷［M］. 北京：中央文献出版社，2010：308.

② 洛普. 核武器：人类灭绝性武器的真实故事：下［M］. 北京：中国民族摄影艺术出版社，1998：372.

③ 洛普. 核武器：人类灭绝性武器的真实故事：下［M］. 北京：中国民族摄影艺术出版社，1998：379.

颗原子弹成功爆炸，中国成为了继美国、苏联、英国和法国之后的第五个独立拥有核武器技术的国家。

可以说，正是我国老一辈科学家凭借着坚忍不拔之意志、艰苦奋斗之品质，我国在核技术领域才取得举世瞩目的成就，才逐步探索出一条独立自主、自力更生的科技发展之路。可以说，在危难之时敢于和勇于挺身而出，在祖国最需要时坚定不移、艰苦奋斗，是中华儿女千年以来始终一以贯之的，是中华民族始终一脉相承的。正是因为有了这种强烈的民族精神支撑，中国人民和中华民族才能在新时代的今天自尊自信地昂扬向上、奋发有为。

正如毛泽东主席所说，“中国的革命和中国的建设，都是依靠发挥中国人民自己的力量为主，以争取外国援助为辅，这一点也要弄清楚。那种丧失信心，以为自己什么也不行，决定中国命运的不是中国人自己，因而一切依赖外国的援助，这种思想是完全错误的。但是我们在肯定这一点之后，又必须肯定另一点，即应当继续努力同苏联和一切兄弟国家团结一致，继续努力同世界上一切兄弟党、人民革命政党和广大人民群众团结一致，取得他们的同情和援助。如果我们不肯定这一点，那也是完全错误的。”“我们主张，各国尽量多搞，以自力更生、不依赖外援为原则。自己尽可能独立地搞，凡是自己能办的，必须尽量地多搞。只有实在不能办的才不办。”“我们这些国家，要以自力更生为主，争取外援为辅。”“什么都靠别人，靠不住。自己要有志气，有干劲。”[①]此外，他也讲到，“苏联把专家撤走，撕毁了合同，这对我们有好处。我们没办法，就靠自己，靠自己两只手。……苏联撤走专家，到现在已经三年了，我们的工业建设搞出了许多自己的经验。离开了先生，学生就自己学。有先生有好处，也有坏处。不要先生，自己读书，自己写字，自己想问题。这是一条真理。”[②]可见，中国“两弹一星”的成功问世决不是偶然的，而是中国人民和广大知识分子艰苦奋斗的智慧结晶和丰硕成果，更是中华民族独立自主、自力更生发展道路的必然结果。

中国原子弹的成功试爆，尤其是在以美苏为首的两极世界中成功试爆，有力地打击了美苏两国极其嚣张的霸权主义行径，粉碎了两极称霸全球、瓜分世

---

① 毛泽东. 毛泽东著作专题摘编：上［M］. 北京：中央文献出版社，2003：937-938.

② 毛泽东. 毛泽东著作专题摘编：上［M］. 北京：中央文献出版社，2003：952.

界的阴谋企图。此外，“两弹一星”的成功问世，不仅坚决捍卫了我们国家的独立和领土主权完整，保障了国内较为安定的建设环境，而且为广大第三世界国家提供了庇护和效仿的榜样，有力地维护了世界大国的平衡状态，保障了较长时期的世界和平与稳定，促进了世界各国经济的迅速恢复和发展。

2. 迎挑战冲破困境

人造卫星研制相比于导弹和原子弹较晚。1958年，我国科学家提出了研制地球卫星的建议。党中央决定以中国科学院为主组建专门研究机构，为此成立了中国空间技术研究院，承担第一颗人造卫星研制工作，设立了代号“581”的攻关任务。

孙家栋担任中国第一颗人造地球卫星“东方红一号”的技术总负责人。他毕业于苏联茹科夫斯基空军工程学院，留学苏联期间获得了“斯大林金质奖章”，回国之后先进入国防部第五研究院参与导弹研制工作，后来在钱学森的推荐下，组织开展中国第一颗人造地球卫星“东方红一号”研制工作。在研制过程中，面临着很多挑战，之所以能不断地渡过这些难关，在他看来与党中央的关怀和全国人民的支持分不开。“当时制造卫星需要一个物件，我们找到一家工厂的老师傅，告诉他我们现在做的事情是国家重点任务，我们要的这个东西是什么条件、多大尺寸。他也不问真假，就说：‘行，你回去吧，一个月后再来。’一个月以后再去，人家果然给你做好了，而且也不要钱。”[①]正是凭着这种吃苦耐劳的坚强毅力，不断地探索研制过程中各种困难的解决方式，1970年，“东方红一号”发射成功。孙家栋成为了当之无愧的中国航天的“大总师”，在晚年还担任了“中国探月工程总设计师”“风云二号H星工程总设计师”，为中国航天事业贡献着自己的力量。

我国核武器事业的奠基人之一、“两弹一星”功勋奖章获得者陈能宽院士，为我国核武器事业发展奉献了毕生，是我国近代以来爱国知识分子的典范。

20世纪50年代，面对严峻的国际形势，党中央作出了“发展中国核事业”的战略决策，为新中国的国防安全奠定了基础。核事业的发展离不开人才

① 孙家栋.“国家需要，我就去做”[N]. 光明日报，2019-07-04（01）.

的支持。为了进行通过爆轰物理实验验证原子弹理论方案，1960年，陈能宽奉命调入第二机械工业部第九研究所（今中国工程物理研究院）担任爆轰物理研究室主任，投身于中国核事业。对于当时不到40岁的陈能宽来说，自己面前充满着各种各样的挑战，炸药和爆轰方面的知识也严重不足。面对这些困难，他没有气馁，以第一代核事业的开拓者为榜样坚定自己的理想信念。他曾说过，“他们大多是从事基础研究的，很有造诣，世界知名。如果完全从个人兴趣选择出发，研制武器的吸引力就不一定处于首位。但是，他们毅然决然地以身许国，把国家安全利益视为最高价值标准。”正是凭着自己的爱国之心和吃苦耐劳的精神攻克了一个又一个难关。他带领的团队从“零”开始，在缺少加工设备的情况下，亲手制造了上千个炸药部件，进行了上千次实验。在没有任何国外专家的帮助下建立了我国核武器爆轰物理理论和试验体系，带动了炸药以及光、电测试的技术攻关，为原子弹和氢弹技术突破奠定了重要基础。在此基础上，空投核航弹和导弹核武器试验先后成功，实现了原子弹武器化，使中国跃居核武器大国的地位。

中国的“两弹一星”之所以能在国家“一穷二白”的状况下连续攻城拔寨、攻坚克难，是因为参与研制的广大科研人员具有强烈的爱国主义情感和强烈的民族情怀。新中国自建立以来，就有其独一无二的制度优势和社会优势。制度优势在于，无论是在承平时期还是在战争年代，在中国共产党的坚强领导下，能够最大程度汇聚民心、凝聚民意、聚合民智，能够在最大程度上团结一切可以团结的力量，集中力量办大事、化难事、解心事。社会优势在于，神州大地集聚了千年的深厚的历史文化基础，筑牢了中华民族深厚的人民群众之基，强固了中华儿女无论在何时何地都能够上下一心、团结一致、风雨同舟和勠力同心的精神脊梁，强化了中华民族的血脉联系。可以说，正是基于新中国这种独特的制度优势和社会优势，我国广大知识分子和科研人员的个人追求、人生理想与国家和民族的发展保持了最大程度的一致性和高度同向性。这也是广大科研人员和老一辈科学家能够在国家、民族最需要之时挺身而出、奉献自我的重要原因所在，是他们能够将小我融入大我，将国家利益、集体利益和人民利益置于至高无上地位的重要精神支撑，更是他们能够在冰天雪地、黄沙漫天的恶劣环境中攻必克、战必胜，取得“两弹一星”伟大成就的核心灵魂之所在。可以试想，在无垠沙漠、高寒缺氧的艰苦条件下，老一辈科学家、科技工作者、军队士兵和干部如果缺乏这么一种“铁人精神”，缺乏这么一种流血、流汗不流泪的“硬汉精神”，我们能取得“两弹一星”伟大成就吗？中国能取得今天这样的国际地位吗？答案是不言而喻的。邓小平曾经讲过：“我们的科学技术队伍，在毛泽东思想的哺育下，确有很大的进步。绝大多数科学技术人员热爱党、热爱社会主义，努力同工农兵相结合，满腔热情地对待自己从事的科学技术工作，做出了成绩。……这样的队伍，多么难能可贵！这样的队伍，就整个说来，不愧是我们工人阶级自己的又红又专的科学技术队伍！”“革命事业需要有一批杰出的革命家，科学事业同样需要有一批杰出的科学家。我们工人阶级的杰出人才，是来自人民的，又是为人民服务的。在广泛的群众基础上，才能不断涌现出杰出人才。也只有有了成批的杰出人才，才能带动我们整个中华民族科学文化水平的提高。”[①]

中国的核事业飞跃发展引起了西方大国的恐慌。为了扼杀中国的核事业，西方国家提高了技术门槛，签署了“禁止大气层核试验条约”。如何摆脱西方国家的干涉，掌握地下核试验测试技术成为了当时陈能宽团队需要攻克的新的挑战。对此，陈能宽与朱光亚、王淦昌等科学家进行了周密部署，并亲自参加大部分核试验的方案制定和组织领导，带领团队攻克了面临的测试技术难题，成功地实现了试验方式的转变，提高了试验效费，最后打破了“限当量核试验条约”的限制，成功地完成了从全当量到减当量的试验，粉碎了西方国家扼杀中国核事业的阴谋。

此后数十年，陈能宽带领团队深入草原、戈壁、大漠等艰苦地区进行核武器试验，发扬了艰苦奋斗的精神，走出了一条中国特色的核武器科技事业发展道路。作为爱国知识分子的陈能宽注重基础知识学习，在打牢理论基础的基础上探索自己的科学方法。在当时国家“一穷二白”的历史条件下，他结合实际情况改造了试验场所，用人工方法制作炸药，在简单的保护措施下冒着生命危险进行一个又一个试验，用手摇计算机、计算尺和算盘分析各项试验数据，对试验反复计算、验证、修正和论证，逐步掌握了爆轰物理研究的核心技术，在最短的时间内研制了我国第一颗原子弹的关键部件。在长期的工作中，陈能宽总结出核武器技术创新要以“自力更生为主。原子弹的研制技术高度保密，所

① 邓小平. 邓小平文选：第2卷［M］. 北京：人民出版社，1994：92，96.

以掌握技术诀窍，必须靠自力更生”。

1960年，河北怀来县花园镇附近的炸药实验室及爆轰实验场破土动工。该爆轰实验场被定名为“17号基地”，陈能宽参加了“17号基地”筹办和设计。对于这段时期的工作，他指出，试验场是核武器研制的重中之重，是验证一切理论研究的前提和基础。

在“17号基地”投入使用之后，陈能宽一方面全身心投入到科研之中，另一方面不遗余力地培养后备人才。在他看来，科技发展促使学科门类不断细化，交叉学科是未来科学领域的主力，而他身边的试验人员平均年龄20岁，缺乏经验，还有很多东西要学习，所以要快速地培养出接替我们工作的一代人。为此，陈能宽亲自培养初来基地的青年研究者。他后来回忆到，为了给青年人打下坚实的理论基础，他首先安排了一次基础理论的讲座，将爆轰物理学研究方法一点一滴地传授给他们，推荐他们去读俄文版《爆轰物理》和赵忠尧编写的《核物理基础知识》两部著作，并特别叮嘱他们要刻苦学习，利用国内外科研院所的一切资料，尤其是美国和苏联等核武器相对成熟的大国的文献资料。在实际工作中，他和青年人一起搜集、整理和分类相关资料，制作成研究卡片，为研究奠定了文献基础，促使青年人快速地掌握了我国积累的核心技术。

与此同时，“17号基地”还面临着更多的困难。首先是恶劣的自然环境。基地地处华北平原的风口地带，一年四季都不同程度地受到恶劣天气的影响：春天飞沙；夏季降暴雨甚至冰雹；冬季气温低，没有防寒设施。由于经济条件的限制，试验场的设施十分简陋且拥挤，只是水泥碉堡构成的建筑群，有的建筑物中摆满了昂贵的试验仪器，有的储备各种各样的炸药。试验场工作人员的宿舍就是一排平房，30多人一排的大通铺是工人、战士和科研人员休息的地方。有一次，在各项试验工作已准备就绪的时候，天突降暴雨，从山口奔涌的洪水把试验场冲得七零八落。在陈能宽的带领下，试验场二室的工作人员不分昼夜地进行恢复工作，付出的辛苦是难以想象的。

“宝剑锋从磨砺出，梅花香自苦寒来”。艰难困苦的环境磨砺人，却也成就人。中国的老一辈科学家在祖国“一穷二白”的艰难局面下，手动操作、手动计算、手动加工，忍受了常人无法容忍的孤独、苦难，跨越了人类史上难以逾越的难关、险关，隐姓埋名20甚至30多年，一干就是一辈子，把青春和人生奉献给了祖国，把个人理想融入建设祖国的时代大潮，真正践行了吃苦在前、享受在后，真正向祖国和人民兑现了其牺牲自我、奉献大我的庄严承诺，挺起了华夏一代代科技工作者和科学家的精神脊梁，在中国科学技术史上树立了永垂不朽、万载辉煌的精神丰碑，成为我们一代又一代后进者奋发向上、砥砺前行的精神食粮，成为一代代中国青年学习和效仿的榜样。艰难困苦，玉汝于成。中国科学家在极端困苦、极端恶劣的环境下，取得“两弹一星”伟大成就，所用时间之短、所耗费材料之少，且试爆效果和成效甚至要优于欧美和苏联等国家。这就表明，中国人民和中华民族的创新创造能力、独立自主自力更生的能力是强于美国和苏联的。中国人民完全有能力、有信心维护本国领土主权完整和国家安全，中国决不会接受任何国家的威胁和威慑，任何企图分裂我党我国的行径只能自食恶果、自我反噬和引火烧身。

邓小平指出：“根据我长期从事政治和军事活动的经验，我认为，最重要的是人的团结，要团结就要有共同的理想和坚定的信念。我们过去几十年艰苦奋斗，就是靠用坚定的信念把人民团结起来，为人民自己的利益而奋斗。没有这样的信念，就没有凝聚力。没有这样的信念，就没有一切。我们共产党人的最高理想是实现共产主义，在不同历史阶段又有代表那个阶段最广大人民利益的奋斗纲领。因此我们才能够团结和动员最广大的人民群众，叫做万众一心。有了这样的团结，任何困难和挫折都能克服。过去我们打败国民党用美国装备武装起来的几百万现代化军队，就靠这一条。那时我们没有飞机，没有大炮，主要是靠人。所以我说，人的因素重要，不是指普通的人，而是指认识到人民自己的利益并为之而奋斗的有坚定信念的人。”[①]革命事业靠坚定的理想信念支撑，建设事业靠坚定的理想信念指引，“两弹一星”研制工作的顺利进行更要靠拥有坚定理想信念的科学家和科技工作者来奋勇执行。“两弹一星”的成功问世正是广大科研人员艰苦奋斗的智慧结晶，正是全党全国各族人民坚定信念、信心，团结一致、上下求索所必然结出的丰硕成果。

时代正当前，使命在召唤。我们青年一代作为奋勇争先、开拓进取的一代，作为与时俱进、继往开来的一代，必然要在承继前人成果和精神的基础上赢得主动、开创未来。这就决定了我们必然要在优越的社会环境中不忘初心、

① 邓小平. 邓小平文选：第3卷［M］. 北京：人民出版社. 1993：190.

勇于担当，更要在艰苦磨砺中担当使命、执着前行。青少年“要接过艰苦奋斗的接力棒，以一往无前的奋斗姿态和永不懈怠的精神状态，勇挑重担、苦干实干，在新时代征程中留下许党报国的奋斗足迹。节俭朴素、力戒奢靡是我们党的传家宝。现在我们生活条件好了，但艰苦奋斗的精神一点都不能少，必须坚持以俭修身、以俭兴业，坚持厉行节约、勤俭办一切事”[①]。

青少年要有吃苦耐劳的精神，学习实践对于身心发育未成熟的你们来说可能感觉会很苦，但这是你们人生这个阶段必须经历的一个过程，唯有掌握科学知识才能更好地建设我们的国家。要知道，今天拥有的知识是进入社会工作甚至改变未来的基础，具有吃苦耐劳精神是一个人成熟的基本条件。任何成果的取得都不是凭空而来的，不能吃苦、不肯吃苦，你们的理想和抱负是不能实现的。所以，吃苦耐劳是你们应该具有的品质，要杜绝害怕吃苦、贪图安逸的想法，发挥吃苦耐劳的精神，在学习和以后的工作中不畏艰辛、不辞辛劳，坚持自己的理想追求。总而言之，今天的青少年在学习和生活中要以“两弹一星”英雄群体为榜样，发扬吃苦耐劳精神，从而形成自力更生、艰苦奋斗的高尚品德，成为新时代社会主义事业的合格建设者和接班人。

（二）吃苦耐劳精神传承与发展

1. 顽强的坚持成就了改变中国命运的伟业

在“两弹一星”研制过程中，中国社会各行各业都贡献着自己的力量。为了试验基地221厂的顺利建成，青海省海北藏族自治州金银滩草原上的牧民们自觉服从国家建设需要，远离故乡，将27万多头牛羊马匹迁入荒漠。据统计，此次迁徙涉及家庭1700多户9000多人。同样，为了解决导弹基地和核武器试验基地的生活困难，从1960年初，驻扎部队从河南、山东等地招收了各行各业的手工业者，生产涉及酱油、食醋、豆腐、粉条等生活消费品，满足两个基地工作人员的物质需求。正是这一个个普通家庭、普通人的感人壮举，才

② 立志做党光荣传统和优良作风的忠实传人在新时代征程中奋勇争先建功立业［N］. 人民日报，2021-03-02（01）.

促进了研制基地的建成。

除了这些普通民众之外，在“两弹一星”英雄群体中，一大批隐姓埋名的一线普通研制者演绎了一个又一个真实生动的故事。他们响应国家号召，毅然决然远离家乡，深入戈壁荒漠，将人生中最美好的时光奉献给了这项伟大的事业。在“两弹一星”研制初期，科研人员、一线普通研制者、基地工人和驻扎部队在茫茫荒漠中，首先要与恶劣的自然条件进行斗争。试验基地所处地区地形复杂，气候异常，夏季气温高达40℃，冬季最低温度达到零下40℃，有时晴空万里的状态下会突降大雨。当时生活消费品极度匮乏，参加研究的科研人员每天的伙食费是1.5元，经常吃不饱，有时连续几天大风天气做饭都成问题。就是在这样的条件下，我们的基地人员战高温、住土房、吃野菜，心往一处想、劲往一处使。没有稳定的生活消费品，我们的基地人员就自己解决，自己养鸡喂鸭，自己种地种菜；没有桌子自己造，克服一切困难，顺利完成一次次试验任务。这都体现出他们吃苦耐劳的坚强意志。吃苦耐劳精神在广大科研人员与普通民众的现实生活中得到了最好的诠释和最完美的展示。吃苦耐劳精神并不十分抽象，也不是在最重大、最关键的节点上才能得到彰显，而是在一件件微不足道的小事，在一件件见微知著、不必言说的细节上逐渐养成的。正可谓“不积跬步，无以至千里”“冰冻三尺，非一日之寒”“千里之行，始于足下”。吃苦耐劳不是一时一事之功，也不是一蹴而就、一挥而就之事，而是需要久久为功、持之以恒，于细微之处见效果的。中国科研人员在祖国需要时毅然决然地投身到最艰苦、最恶劣的工作环境中做实验、搞科研，既无任何抱怨诉苦之言，更无任何丁点不满不快的恼怒情绪。相反，他们在与自然、与天地作斗争时愈战愈勇、愈挫愈勇，最终成功战胜各种急难危困，跨过“巅峰”和“险峰”，实现了导弹、原子弹、氢弹“三弹”结合以及人造卫星的成功升空。所以，老一辈科学家吃苦耐劳精神是于平凡中磨砺的，是于艰难困苦中铸就的。新时代的今天，我们青年一代在优越的生活条件中读书学习，在安定和谐的环境中成长成才，必然和必要之举就是不忘初心、勇担使命。正如习近平总书记指出：“实践再次证明，中国特色社会主义制度具有无比强大的生命力和创造力，中国人民和中华民族具有无比强大的凝聚力和向心力。只要全党全国各族人民紧密团结在党中央的周围，就没有任何困难能够难倒我们，就没有任何力量能够阻挡中华民族实现伟大复兴的铿锵步伐。”“百年恰是风华正茂。我们要认真回顾走过的路，不能忘记来时的路，继续走好前行的路，坚定理想信念，牢记初心使命，植根人民群众，始终保持蓬勃朝气、昂扬斗志。只要我们党始终站在时代潮流最前列、站在攻坚克难最前沿、站在最广大人民之中，就必将永远立于不败之地。”“人们把为民服务、无私奉献比喻为孺子牛，把创新发展、攻坚克难比喻为拓荒牛，把艰苦奋斗、吃苦耐劳比喻为老黄牛。前进道路上，我们要大力发扬孺子牛、拓荒牛、老黄牛精神，以不怕吃苦、能吃苦的牛劲牛力，不用扬鞭自奋蹄，继续为中华民族伟大复兴辛勤耕耘、勇往直前，在新时代创造新的历史辉煌。”①

试验过程并非一帆风顺，很多环节都存在着急需解决的问题。1968年11月，科研人员准备在核试验基地进行第五次空爆测试，需要在试验区进行布点连线。布点多达10多个，分布在爆心四周几十公里范围内，且布点工作需要在试验前的24小时（也称“负24小时”）之内完成。时间紧、任务重，不能有任何闪失，否则会对试验产生严重影响。当天上午，科研工作者和技术人员就进入了试验区，布点连线工作起初非常顺利，没有任何问题。直到20点到达最后一个布点时，意外发生了。由于戈壁滩的温差较大，晚间气温降到零下40℃，这导致试验发电机不能正常运转。由于规定的空爆测试时间即将到来，不可能等到白天气温升高后恢复发电机工作。在这千钧一发之时，布线人员沉着冷静，不畏零下40℃的严寒，脱下自己御寒保暖的皮大衣，一层一层地包裹在发电机上，使它升温恢复正常运转。时间一分一秒地过去，眼前的发电机还是静静地躺在那里。布线人员已经忘记了寒冷，等待着转机出现。几小时后，发电机恢复了正常工作。布线人员抓住这一时机，迅速完成最后一个布点的连接工作，使第五次空爆测试得以顺利进行。这项任务结束时已是凌晨4点，工作人员并未回到基地休息，而是整理行装转移到规定的地点。测试结束后，工作人员立即进入试验场内，收集、整理和判读试验数据，迅速分析试验结果。当这批试验人员回基地休息时，距从基地出发执行布点连接任务已经过去了33小时。正是试验基地工作人员吃苦耐劳的自我牺牲，才换来了试验的顺利进行。在任何艰难险阻面前，我们的工作人员都不轻言放弃，以最大的决心和毅力完成了一项又一项任务，为试验顺利进行开辟了道路。

---

① 习近平. 在二〇二一年春节团拜会上的讲话［N］. 人民日报，2021-02-11（01）.

在这简陋的环境中，没有任何一个人抱怨过，没有任何一个人中途离开。正是凭着共同的信念和坚定的意志，这支来自全国各地，由各行各业优秀工作者组成的队伍形成了强大的凝聚力，干着一番改变中国命运的伟大事业。他们同样是一群来自普通家庭的人，但是干着一件能够载入历史的不平凡的事。他们既要面对自然环境极度恶劣、物质资源匮乏的困难，也要在几乎是一片空白的科研基础上铸就中国的“国之重器”。在主观条件和客观条件都不利的情况下，他们战胜了一个又一个困难，完成了一个又一个艰巨任务，最终成就了“两弹一星”的伟大壮举，靠的就是坚持不懈、久久为功，凭借的就是信念不动稳如山、面色不改心不跳，依仗的就是“路漫漫其修远兮，吾将上下而求索”的自强精神。“两弹一星”精神的横空出世，既是我国科学工作者“艰难困苦、玉汝于成”的集大成之作，也是我国全体民众上下一体、团结一心，披锐利之甲、执锋利之剑，斩敌于马下的斗争精神的最好证明，更是中华民族战天斗地、剑指苍穹，攻无不克、战无不胜的奋进精神的最好彰显。“两弹一星”横空出世之信、成功问世之音，响彻在神州九百六十万平方公里的每一块土地上、每一个角落里，跨越山川江河，响彻在世界各国的每块土地上。其荡气回肠之音，久久不能平息。它既唤醒了广大国人的民族自豪感、自尊心和自信心，也激起了成百上千、成千上万甚至数亿神州儿女的强烈报国情、悠悠强国志，更震动了世界，震慑了蛮横不讲理的美苏两个超级大国，使其威胁中国、恐吓中国的阴谋彻底破产，使其谋求世界霸权和推行霸权主义、强权政治的企图付诸东流。

江泽民在表彰为研制“两弹一星”作出突出贡献的科技专家大会上将“两弹一星”精神概括为“热爱祖国、无私奉献、自力更生、艰苦奋斗、大力协同、勇于攀登”。这些精神气质促进了“两弹一星”事业的顺利进行，体现在每一个科研工作者和基地人员的身上。此外，他又指出：“我国已有一支近千万人的科技大军，他们同其他知识分子一道，构成工人阶级的重要组成部分。这支大军，继承、发扬革命先辈和老一辈科学家的优良传统，忠于祖国，忠于人民，忠于社会主义事业，具有为祖国强盛而艰苦奋斗的献身精神，具有实事求是的科学态度，具有勇攀高峰、能打硬仗的可贵品格。”“我们坚信中华民族科技工作者的智慧和创造才能，努力弘扬民族自尊心、自信心，提倡集体主义、爱国主义精神和社会主义、共产主义思想，在独立自主的基础上坚持改革开放，积极吸取世界各国科学技术发展的先进成果、先进经验，引进技术，引进人才，从我国实际出发，进行消化、吸收、提高、创新。正是坚持这一原则，才使我国自己的科技力量得以健康成长、发展壮大。”“我们相信，一切热爱祖国的科学家、专家、技术人员，一定会在党的基本路线的指引下，为我国经济的繁荣，为社会的全面进步，为中华民族的振兴，为人民的共同幸福，作出新的越来越大的贡献。”[①]百年风雨、百年春秋，在中国共产党领导下，中国人民正在中华民族伟大复兴的征程中高举“两弹一星”伟大精神旗帜，毫不动摇、毫不妥协、毫不退缩地埋头苦干、实干，正以时不我待、舍我其谁的革命精神和气魄书写和创造新的时代成就和民族辉煌。

“两弹一星”英雄群体虽然已过了风华正茂的年月，但是他们铸就的自力更生、艰苦奋斗的开拓精神则影响了一代又一代科研工作者，培养出一大批先进的研究团队。中国科学院空间中心空间综合电子技术研究室是我国航天产品研制的主要单位之一，它保障了“神舟一号”至“神舟四号”飞船上全部仪器设备研制和运转，成功完成了各飞船发射和回收任务。研究室科研工作者以国家需求为己任，以一丝不苟的工作态度保障飞船上全部仪器的正常运转。室领导以身作则，严格要求，形成了良好的工作作风，传承了“两弹一星”精神。载人航天工程被称为新时代的“两弹一星”。在党中央高瞻远瞩的战略部署之下，空间综合电子技术研究室从零起步，牢记党和人民的重托，充分发扬吃苦耐劳的工作作风，攻克了一系列关键技术，解决了重大的技术难题，实现了工程建设的重大突破，使我国载人航天工程进入世界先进行列。在每次研发过程中，研究团队不懈努力、精益求精，团队成员将自己的青春年华都奉献给自己的工作，形成了一支特别能吃苦、特别能战斗、特别能攻关、特别能奉献的队伍。

今天的科研环境相比于从前已经大大改善，科研团队的基本生活条件得到了很大的提高。虽然如此，但团队成员仍坚持吃苦耐劳的工作态度，在研究中最大限度地降低成本，节约研究开支。比如，在20世纪90年代，空间中心空间综合电子技术研究室已经积累了近百万元可以自主使用的科研基金。在那个年代这无疑是一笔巨款。对于基金的使用，研究室部分人建议购置一台公

① 江泽民. 论科学技术［M］. 北京：中央文献出版社. 2001：1-12.

务汽车，这样可以方便外出工作，节省时间、提高效率，这在当时并不是一个过分的建议；但研究室结合当时的科研进展和工作需求，认为公务汽车成本相比于公共交通成本大，从而否定了购买公务汽车的建议。而当年由于一些原因，国家计划经费相比于往年偏少。为了不影响已经开始实施的科研计划，研究室从自己掌握的这笔科研基金中拿出几十万元购买了当时急需的科研设备，保障了科研任务的顺利进展。可见，即使在有条件改善自身生活条件时，空间中心空间综合电子技术研究室也没有以自己的利益为先，而是将科学研究放在了第一位。这源于他们对“两弹一星”元勋们的敬畏，源于对这一伟大事业的尊重。

热爱才能向往，崇敬才能致远。中国科研人员投身核领域和航天领域进行研究并不是盲目被动的选择，而是有着客观清晰的规划、清醒理性的认知。他们积极主动、义无反顾地投身“两弹一星”研究领域，是因为对科研事业的热爱、对祖国母亲的深情眷恋，更是对人民哺育的忠实回报。他们不讲收获、不谈辛劳、不言回报，只谈付出、只讲奉献、只言贡献。他们以低头实干的诚心、埋头苦干的实劲，团结一心、上下一体，攻克了许多难关，战胜了许多超越人类身体和精神极限的艰难险阻，创造了人类历史上多个“第一”，刷新了世界科技史上的攻关纪录和历史数据，使世界改变了对中国的陈旧观念和过时看法，在世界上每一个角落里埋下了中国故事的种子，使中国声音、中国话语遍及海内、广为流传。试想一下，在20世纪50—60年代那样艰难困苦的环境中，为什么众多海外留学的有识之士、仁人志士愿意放弃优越的海外生活条件和高薪，而义无反顾地回到穷困落后的祖国？最关键、最重要和最首要的原因就是他们的根在中国、魂在中国，祖国对他们的辛勤哺育、默默付出和他们对祖国的深情厚爱、深刻情感，使他们归国当仁不让、义无反顾，使他们为国鞠躬尽瘁、死而后已。这就是中国的“两弹一星”灵魂之所在，也是它的精髓、奥义之所在。江泽民讲过：“中华人民共和国建立以来，我国知识分子队伍迅速壮大。在工业、农业、商业、教育、科技、文化、卫生、国防、外交等各条战线和各级党政机关，在城市、农村特别是生活和工作条件艰苦的边疆、山区、沙漠、海洋，在发展社会主义经济、政治、文化事业方面，在管理国家和社会事务方面，在维护祖国尊严和人民安全方面，知识分子都作出了不可磨灭的贡献。例如大家知道的，我国原子弹、氢弹、核潜艇、人造卫星的研制，最近长征三号火箭发射亚洲一号卫星的成功，还有南京长江大桥、葛洲坝工程、正负电子对撞机设计和建设，高温超导的研究，籼型杂交水稻的推广，等等，都凝聚着我国科技人员的智慧和劳动，都是我国人民主要依靠自己的力量获得的巨大成就。在知识分子队伍中，涌现出一批又一批优秀人物。他们有的曾在旧中国饱受磨难，有的是新中国建立后由海外归来的，有的是在社会主义制度下培养起来的。他们真正是祖国的骄傲，民族的脊梁。最近，'奋斗者的足迹'知识分子报告团在北京等地讲演，事迹感人，在广大青年和人民中引起了强烈反响。社会主义现代化建设事业呼唤着我国知识分子大显身手。我们希望，广大知识分子继续积极地投身到这个伟大事业中去，创造出新的更大的成绩。"①

新时代中国科技发展历史上孕育的载人航天精神与"两弹一星"精神一脉相承，它们的核心都是以民族振兴、国家富强和社会进步为己任的奋斗精神。这种精神将各条战线上的科研工作者凝聚到一起，无论身边的环境多么恶劣，不管面对的挑战多么艰巨，吃苦耐劳都是战胜各种困难的精神支柱。在经济社会迅速发展、价值取向呈现多元化发展趋势的今天，坚持吃苦耐劳精神更具有现实意义，它是实现中华民族伟大复兴中国梦的精神动力。

2. 勿忘人民，坚持劳动

山西省平顺县西沟村党总支副书记，第一届至第十三届全国人大代表申纪兰，是"共和国勋章"获得者，曾荣获"全国劳动模范""全国优秀共产党员""全国脱贫攻坚'奋进奖'""改革先锋"等称号；但她没有沉浸在荣誉之中，而是将"勿忘人民、勿忘劳动"视为自己对人生的一种诠释。作为公众人物的申纪兰并没有显得与众不同，甚至有些普通，她一直坚持着参加劳动生产。在她的带领下，这个华北平原上的小山村发生了翻天覆地的变化，成为中国农村改革发展的一个缩影。西沟村自古以来农业基础条件薄弱，不适宜农业生产。面对这一客观条件，申纪兰没有气馁。她带领全村人改造山地、建设梯田，使西沟村发生了沧海桑田的变化。

1929年，申纪兰出生于山西省平顺县山南底村。少年时的她目睹了战争

① 江泽民. 论科学技术［M］. 北京：中央文献出版社，2001：15-16.

的残酷，对农民与中国共产党的关系有了更深刻的体会。她投身农业生产之中，担任南底村纺花织布小组组长，与农民的接触让她对中国农村生活有了全面的认识，改变农村要从农业生产活动中的劳动者入手。为此，她主张打破传统观念，实行“男女干一样的活，应记一样的工分”的原则。1951年，西沟村成立了初级农业合作社，嫁入西沟村的申纪兰积极参加农业劳动，并被选为副社长。在生产劳动中她发现，重男轻女的观念还根深蒂固地存在于农民观念中，表现在：妇女的劳动报酬比男性劳动者要少一半，按照当时的工分计酬方式，如果男人干一天活记10个工分，那么妇女只能记5个。在她看来，不平等的报酬挫伤了妇女的劳动积极性，让更多女性劳动者放弃参与社会公共性生产而选择从事家庭生产，这不利于农业社会化生产的发展趋势，从根本上阻碍妇女地位提高。为了改变这种状况，实现新社会妇女解放，申纪兰一方面挨家挨户走访，向西沟村妇女宣传“劳动才能获得解放”的主张；另一方面改变男社员的思想观念，让全体社员都接受男女同工同酬的观点。这个过程并不是一帆风顺的，也遇到了很多阻碍，尤其是一部分男社员不能接受。在申纪兰看来，只有用事实才能彻底改变这部分人的观念，让妇女不再受歧视。

结合西沟村实行男女共同协作劳动的生产模式，申纪兰进行了改革探索，为女社员划分出特定的土地独立生产，与男社员进行劳动竞赛。大多数男社员认为女社员没有男人的帮助很难独立完成劳动，因此并未引起重视，认为稳操胜券。相反，女社员为了证明自己与男社员有同样的能力，始终在田间争分夺秒，最终赢得了劳动竞赛。这样的结果出乎男社员的意料，取得了意想不到的效果，使许多男社员开始接受和支持“男女同工同酬”的观点，从而改变了西沟村的劳动关系。申纪兰的做法得到了山西省妇联的支持。为了使妇女能安心生产，在省妇联的协助下，西沟村建立了农忙托儿所，解决了妇女的后顾之忧。1952年，西沟村在劳动生产中基本上实现了“男女干一样的活，应记一样的工分”，受到了国内外的关注。在1954年9月召开的中华人民共和国第一届全国人民代表大会上，“男女同工同酬”被写入了第一部《中华人民共和国宪法》中，申纪兰的名字也因此家喻户晓。

20世纪80年代，中国农村进入了改革时代，全面推行家庭联产承包责任制成为实现农业现代化的制度保障。在改革中，西沟村遇到了新的问题。针对这些问题，申纪兰结合西沟村的实际情况大胆进行改革。她认为，改革宜统则统、宜分则分，统分适度，实现优势互补。对此，她提出了“耕地包产到户、自主经营，林地和有林山坡归集体管理”的主张，规定耕地三年一小调、五年一大调，添人增地、减人减地，从而保证了劳动力与土地的合理配置，避免荒地出现。与此同时，她带领全村兴办村办企业，使西沟村的整体经济取得了长足发展，人均收入同步增加。2012年，为了响应国家号召，在她的领导下，西沟村停办了不符合国家产业政策和环保要求的铁合金厂，重新寻找发展定位。作为唯一曾连任13届全国人大代表的她，始终将目光投向中国农民，为中国的农村发展奉献了自己的一生。她常说：“按照党的要求干，就没有什么干不成的事情。”“我的话，就是一个农民对党的恩情由衷的感激。”“共产党就是要全心全意为人民服务，要立党为公、两袖清风、一身正气。”[①]这些都是她崇高的情怀体现，是一名老党员的心声。共产党员的先锋模范作用就是冲锋在前、永不退却，就是吃苦在前、享受在后；一个共产党员的人生追求就是在服务人民中彰显人生价值，就是在深入群众、联系群众中发挥模范作用，真正为人民群众化难事、解心事、除恶事、做好事、办实事，提升民众获得感、幸福感和安全感；共产党员信念之基、立足之本就是人民群众，始终扎根在人民群众辛勤耕耘的沃土之上，与人民群众心相交、命相融，在与人民群众心往一处想、劲往一处使，始终保持紧密的血肉联系的过程中，汲取民之智慧、汇聚民之力量，上下一体、勠力同心，共同推动祖国的繁荣、进步和发展；共产党员想问题、办事情，想得对不对、办得好不好，要以人民群众高兴不高兴、拥护不拥护、赞成不赞成、答应

申纪兰（左）与西沟村村民交流（图片来源《人民日报》，2020年7月3日，第11版）

① 许雄.“共和国勋章”获得者申纪兰——处处以身作则事事为了人民（国家勋章和国家荣誉称号获得者）[EB/OL].［2021-08-31］http：//www. wenming. cn/specials/xzg70s/ghgxz/shij/201909/t20190920_5261015. shtml，2020年6月13日登录.

不答应作为根本判断依据和衡量标准；人民群众生活过得舒心、住得放心，就在很大程度上证明我们的工作做得好、做得对，应该坚持不懈、持之以恒，反之，则应该及时纠正错误、及时加以整改，吸取经验、教训，以发扬成绩、弥补不足；共产党员为民奋斗的初心、为民担当的使命，不会自然而然地长久保持下去，也不会不受蒙尘而自然保鲜保质，需要我们时刻保持安而不忘危、存而不忘亡，需要我们始终保持如临深渊、如履薄冰的谨慎，旦警夕惕、戒骄戒躁，不因成绩而骄傲，不因失败而气馁，始终在自我警醒、自我勉励中保持共产党员的先进性、纯洁性，以保证自身初心不改、勇担使命。习近平总书记指出：“人民是我们党的力量源泉，我们党根基在人民、血脉在人民，必须把人民放在心中最高位置，始终以百姓心为心。共产党的干部要坚持当‘老百姓的官’，把自己也当成老百姓，不要做官当老爷，在这一点上，年轻干部从一开始就要想清楚，而且要终身牢记。年轻干部无论是立身处世还是从政干事，首先要解决好‘我是谁、为了谁、依靠谁’的问题，不断追求‘我将无我，不负人民’的精神境界。要拜人民为师，甘当小学生，特别要多交几个能说心里话的基层朋友，这样才有利于了解真实情况，才有利于把工作做好。要牢记我们党为人民谋幸福、为民族谋复兴的初心使命，始终坚守党全心全意为人民服务的根本宗旨，用心用情用力解决好群众‘急难愁盼’问题，让群众有更多、更直接、更实在的获得感、幸福感、安全感。”“我们共产党人开展自我批评，根本动力来自党性，来自对党和人民事业高度负责的精神。年轻干部要有‘检身若不及’的自觉，经常对照党的理论、对照党章党规党纪、对照初心使命、对照党中央部署要求，主动查找、勇于改正自身的缺点和不足。要本着对党、对事业、对同志高度负责的精神大胆开展批评，帮助同志发现缺点、改正错误，团结同志一道前进。要涵养虚心接受批评的胸怀和气度，胸襟开阔、诚恳接受，有则改之、无则加勉。”①

弘扬吃苦耐劳精神，既要从小事做起，也应该成为崇高的理想追求；既要在自己平时的生活中不断实践，也需要依靠强大的理想信念来支撑。只有继续发扬吃苦耐劳精神，才能实现中华民族伟大复兴，最终实现人类社会的进步。

---

① 习近平. 立志做党光荣传统和优良作风的忠实传人 在新时代新征程中奋勇争先建功立业[N]. 人民日报，2021-03-02（01）.

唯有继承中华民族文化中的优良传统，才能在今天的社会生活中不断取得进步，才能更好地适应今天的社会改革发展。回顾历史，审视当下，吃苦耐劳精神并没有过时。无论我们的社会物质文明和精神文明发展到怎样的高度，青少年都不应该丢弃吃苦耐劳的优良传统。我们要看到，在社会发展道路上中国还有很多挑战和困难需要面对，社会进步和民族复兴还有很长的路要走，在很多领域还存在不能短时间解决的问题。我们不能沉浸在一时的胜利之上，而是要继续发扬吃苦耐劳、艰苦奋斗的精神。只有这样，我们才能渡过这些难关。我们还要看到，吃苦耐劳精神的内涵和形式在今天已经更具丰富性，不去攀比物质条件，而是追求对社会多作贡献；不贪图安逸，而是适当从紧的生活；不将个人利益放在第一位，而是以集体利益为主。所以，青少年应该传承吃苦耐劳精神，将吃苦耐劳精神作为自己的生活态度和人生追求，作为自己学习和生活的行动准则。

（三）吃苦耐劳精神的时代体现

新时代中国特色社会主义建设事业是由千千万万劳动者共同创造的，吃苦耐劳精神是他们身上最集中的体现。他们在各条战线上贡献着自己的力量，是各行各业的领军人物。正是因为一代代科技工作者在科技战线上的辛勤耕耘、默默付出和无私奉献，我国的科学技术领域才能不断取得更新的突破、更深层次的发展，才能在科研领域牢牢掌握积极性、主动权，打破技术瓶颈，实现科学技术上的独立自主、自力更生。

1. 矢志不渝，筑牢人民健康防御网

中国工程院院士侯云德毕业于苏联医学科学院伊凡诺夫斯基病毒学研究所。在留苏的三年里，他发表了17篇有关病毒学方面的论文，在苏联学术界产生了重大影响，被直接破格授予苏联医学科学博士学位。回国后在中国疾病预防控制中心病毒病预防控制所工作，由他编著的105万字的《分子病毒学》被奉为病毒学领域的“圣经”，成为影响几代人的经典之作。20世纪30年代，科学家就选育出痘苗病毒天坛株，但是在当时还没有完全掌握基因背景情况。侯云德勇担重任，刻苦钻研、吃苦耐劳，投入大量时间和精力希望解决这个问

题，最终完成了痘苗病毒全基因组测序与分析，成为当时国内完成的最大基因组全序列。基于扎实的研究和不断的探索，侯云德在病毒学领域取得了很多成就。他曾连任三届“863计划”生物技术领域专家委员会首席科学家，率领团队相继研制出2种国家Ⅰ类新药和6种国家Ⅱ类新药。其中具有自主知识产权国家Ⅰ类新药——重组人干扰素α1b，改变了多年来我国干扰素全部依赖进口的历史，开创了我国基因工程创新药物研发和产业化先河。在他的学生段招军看来，“是非经过不知难。从论文到新药，商品化产品化国际化9个字谈何容易！有时连基本试剂都没有，侯老从国外带回各种宝贵试剂，谁需要他都给。”侯云德正是凭着吃苦耐劳精神和敏锐的发展目光，注重科技成果转化，服务社会的研究方向，促进了生物技术产业发展。

我国传染病发病人数和种类均居全球首位，尤其是艾滋病、病毒性肝炎和结核病是各种传染病中发病率和病死率较高的种类。针对这一现实情况，2008年，79岁的侯云德临危受命，担任了“艾滋病和病毒性肝炎等重大传染病防治”科技重大专项技术总师，为国家设计和制定了降低“三病两率”和应对重大突发疫情的传染病预防控制总体科技规划。在战略上，他紧抓防控链条上检测、筛查和鉴定病原体三个关键环节；在战术上，提出了传统技术与前沿基因组学、生物信息、蛋白质组学交叉整合。他带领团队经过多年共同努力，创建的突发疫情处置检测技术体系可以在72小时内鉴定和筛查约300种已知病原体和筛查未知病原体，建立了人民健康防御网。正是侯云德矢志不渝的积极探索和研究中吃苦耐劳精神，才让整个团队取得了如此巨大的成就。可以说，老一辈科学家这种临危受命、义无反顾的献身精神，正是中华民族能在新时代的今天可立世、可治世的重要精神支撑，是中华儿女能够在各项科研领域中作出突出贡献和创新的精神动力和源头活水，是激励新时代广大青年勇担使命、一往无前和永不懈怠的红色血脉和关键因素。

2. 坐热冷板凳，铸就强国梦

中国科学院院士、中国科学院物理研究所研究员赵忠贤是我国高温超导研究领域的领军人物，他相继获得了2016年度国家最高科学技术奖、两次国家自然科学奖一等奖、两次国家自然科学奖二等奖、第三世界科学院物理奖等举世瞩目的奖项。这些成就的背后是他几十年如一日的辛勤付出，是他对自己所从事的研究事业的无比热爱。与“两弹一星”群体一样，从他身上可以看到吃苦耐劳精神品质。

赵忠贤毕业于中国科学技术大学，毕业后进入中国科学院物理研究所工作，从事高临界温度超导体研究。超导应用在今天十分普遍，小到日常生活中的医疗仪器和通信基站，大到大型对撞机，很多领域都有它的影子。高温超导体是指临界温度在40K（约零下233 ℃）以上的超导体，而这样低的温度限制了超导的广泛应用。解决这一难题，寻找高温超导体，成为全世界科学工作者努力的方向。1986年，柏德诺兹和缪勒发表了《在Ba-La-Cu-O体系可能存在35 K超导电性》的文章。这篇文章引起了赵忠贤的兴趣，甚至其中的一些观点与他之前的文章不谋而合。正是在这篇文章的启迪下，在前期研究成果的基础上，沿着已有的方向，1986年底至1987年初，赵忠贤及其带领的中科院物理所团队在实验室中夜以继日地持续奋战，终于，赵忠贤和他的团队在钇钡铜氧中发现了93 K的超导转变，在国际上首次公布其元素组成为Ba-Y-Cu-O，得到了国际上很多相关领域研究者的承认。凭借这项成果他获得了1989年国家自然科学奖一等奖。正是赵忠贤团队发扬吃苦耐劳的工作作风，才能在几个月内解决这项困扰超导研究领域多年的难题。

20世纪90年代，国际上的高温超导研究遇到了瓶颈，国内相关研究受到了严重的影响。赵忠贤后来回忆，“当时虽然遇到了瓶颈，但我坚信，高温超导研究有潜力，未来必将有重大突破。”为了在高温超导研究领域有所突破，他反复进行了多次实验。每次失败后不会气馁，从头再来。凭着这坚强的毅力，2008年赵忠贤团队有了重大发现，发现了系列50 K以上的铁基超导体，并且创造了大块铁基超导体55 K的世界纪录，轰动了国际超导研究界。2013年，赵忠贤团队再次凭借高温超导研究问鼎国家自然科学奖一等奖。经过20多年艰苦卓绝的努力，我国超导研究已经达到世界一流水平。赵忠贤伴随着这项事业一路走来，每当回忆过去的研究岁月，他都感慨万千，“如果要说遗憾，就是我们国家研究超导起步时的条件实在太艰苦了！因为经费有限，项目组使用的基础设备都是老装备或者自己动手造的。虽然很土，但很管用。”可见，中国科技工作者和科研人员心里始终想着国家，始终装着人民。他们将自己的人生追求融入祖国建设的时代浪潮中，融入服务人民的伟大事业中，始终为了祖国和人民利益放弃自我、牺牲小我、奉献大我。无论是冰天雪地，还是黄沙高原，我国科技工作者不诉苦、不怨苦、不怕苦，在艰难困苦中玉汝于成，在战天斗地中磨砺自我，取得了令后世景仰与骄傲的卓越成就，为国人自尊、自信地站立于世界民族之林奠定了持久而厚重的物质技术基础和人文精神基础，是中华民族精神丰碑永存于世、永世辉煌的重要保证。

在中国俗称小儿麻痹症的脊髓灰质炎，长期以来严重影响了人民的生活。病毒将导致被感染者瘫痪，甚至失去生活自理的能力。严重的被感染者没办法自主呼吸，甚至会失去生命。面对这一情况，“中国脊髓灰质炎疫苗之父”顾方舟为防治我国脊髓灰质炎奉献了自己毕生的精力，为几代中国人的健康成长保驾护航。

“那是在1955年，江苏南通首先暴发了大规模的脊灰疫情，全市1680人突然瘫痪，其中大多数为儿童，甚至有466人因此而死亡。随后，疫情迅速蔓延到青岛、上海、南宁等地。一时间，全国谈之色变。”[①]面对这种情况，顾方舟临危受命，刚踏上国土还来不及休整的他就全身心地投入了抗击脊灰疫情的斗争之中。在当时，美国等少数国家已经成功研制出脊髓灰质炎死疫苗和活疫苗。两种疫苗都各有优势：死疫苗安全性高，但是售卖价格昂贵，与活疫苗的价格比例高达1∶100；相反，活疫苗安全性不如死疫苗，但是价格便宜。针对我国的疫情并结合社会经济发展水平，顾方舟向当时的卫生部提出了集中研制活疫苗的建议。在他看来，这既符合中国国情，也能从根本上实现广泛接种和人群免疫。不久，他的建议得到了国家的认可，政府成立了专门的研究小组进行脊髓灰质炎疫苗研制工作，集中力量攻克这一难题。在中国工程院副院长、中国医学科学院院长、北京协和医学院校长王辰院士看来，“顾方舟先生在脊髓灰质炎疫苗研发上的首要科技贡献是确定了疫苗研发的技术路线。”取得这样的成就，产生这样的影响，源于他坚定不移的信念和吃苦耐劳的品格，更是他的科学勇气和崇高的社会责任感。为了研制自主疫苗，顾方舟带领团队赴各地考察选址，最终决定在云南省昆明市远离市区几十公里的西山建立医学生物学研究所。在研究所筹建过程中，为了节约经费，顾方舟自己带人搞基建、挖洞、建房。正是在这简陋的环境中，凭借着攻克病毒的决心和坚强的毅

① 根据以下资料整理：金振娅. 顾方舟：护佑几代国人健康成长［N］. 光明日报，2019-10-20（02）.

力，顾方舟团队成功地研制出脊髓灰质炎液体活疫苗，挽救了百万人的生命，提高了国民的健康水平。

医者父母心，为人父的顾方舟为了国家和民族的发展，冒着可能导致瘫痪的风险给不满一岁的幼子试药。这种选择和壮举源于他对科学的信仰和对国家民族的热爱，体现了他全心全意为人民的高尚情怀。疫苗研制虽然顺利，但是在当时缺少冷链运输的中国，疫苗仅能在医疗水平和条件较好的城市中普及，在乡村以及偏远地区还难以推广。为了在全国婴幼儿中推广疫苗，顾方舟转换思路，将需要低温条件的液体疫苗制作成在常温下便易携带的固体疫苗，这就是众所周知的“中国糖丸”。婴幼儿只要服用一枚“糖丸”，就能达到免疫的效果。这种剂型改进，是中国消灭脊灰之路的独特创举。在1962年脊灰“糖丸”问世2年之后，这项成果在全国得到了普遍推广，挽救了百万人的生命。自此之后，中国脊灰的年均发病率从1949年的10万分之4.06降至1993年的10万分之0.046，直到2000年世卫组织宣布中国为无脊灰状态。顾方舟用一颗“糖丸”守住了几代中国人的健康，将自己的一生都奉献给了研制脊髓灰质炎疫苗的事业。无论是生命垂危的生死关头，还是在祥和盛世、欢声笑语中，广大医务工作者始终保持着一如既往的舍生忘死和艰苦奋斗的精神，风雨无阻、逆行出征，彰显了华夏“白衣天使”的根与魂。正如习近平总书记在全国抗击新冠病毒感染疫情表彰大会上讲话中指出：“面对突如其来的严重疫情，广大医务人员白衣为甲、逆行出征，舍生忘死挽救生命。全国数百万名医务人员奋战在抗疫一线，给病毒肆虐的漫漫黑夜带来了光明，生死救援情景感天动地！54万名湖北省和武汉市医务人员同病毒短兵相接，率先打响了疫情防控遭遇战。346支国家医疗队4万多名医务人员毅然奔赴前线，很多人在万家团圆的除夕之夜踏上征程。人民军队医务人员牢记我军宗旨，视疫情为命令，召之即来，来之能战，战之能胜。广大医务人员以对人民的赤诚和对生命的敬佑，争分夺秒，连续作战，承受着身体和心理的极限压力，很多人脸颊被口罩勒出血痕甚至溃烂，很多人双手因汗水长时间浸泡发白，有的同志甚至以身殉职。广大医务人员用血肉之躯筑起阻击病毒的钢铁长城，挽救了一个又一个垂危生命，诠释了医者仁心和大爱无疆！”[①]我国广大医务人员是有高度责任感的人。

---

① 习近平. 在全国抗击新冠肺炎疫情表彰大会上的讲话［J］. 求是，2020（20）：1.

身患渐冻症的张定宇说：“我必须跑得更快，才能从病毒手里抢回更多病人。”同时，他们又是十分谦逊的人，钟南山同志说：“其实，我不过就是一个看病的大夫。”人民群众说：“有你们在，就安心！”广大医务人员是最美的天使，是新时代最可爱的人！他们的名字和功绩，国家不会忘记，人民不会忘记，历史不会忘记，将永远铭刻在共和国的丰碑上！中国的科技工作者无愧于中华民族的骄傲，无愧于神州土地培育出的爱国之士、爱民之士，他们的光辉事迹将万载流传、永世不朽。

各行各业优秀人物都具有吃苦耐劳精神，无论是在青年求学时，还是在成为领军人物后，吃苦耐劳精神是他们战胜困难、取得成绩的保障。青少年不能安于现状，不能单纯地享受前人给我们留下的“财富”，要增强“吃苦在前，享受在后”的意识。青少年不能在困难面前轻易屈服、怨天尤人，应该多一点战胜困难的决心和勇气，不断锻炼自己、超越自己。青少年要培养吃苦耐劳精神，在学习和生活中发扬斗争精神，努力攻坚克难。习近平1985—1988年在福建省厦门市工作期间，曾对厦门大学大学生张宏梁提出了“年轻人要自找苦吃”的嘱托。“年轻人要自找苦吃”的嘱托，体现了习近平对青少年的殷切期望。青少年要有吃苦耐劳的精神，要积极主动地刻苦学习，也要参加社会实践，了解中国社会，感悟人生，体会人民生活，在学习和实践中充实自己、开阔视野、增长才干，培养自己为国家、为人民服务的坚强意志，培养对党和国家事业的高度责任感，使自己成为新时代中国特色社会主义事业的建设者和接班人，为国家和人民贡献自己的青春和力量。

二、脚踏实地，做埋头苦干的时代新人

世界上的大多数成功者都是脚踏实地的人，中国共产党早期创始人之一李大钊曾说过：“凡事都要脚踏实地去作，不驰于空想，不骛于虚声，而惟以求真的态度作踏实的工夫。以此态度求学，则真理可明；以此态度作事，则功业可就。”成功的道路上没有捷径，不是靠空喊口号，而是脚踏实地、一步一个脚印地走好脚下的每一步。“两弹一星”伟大事业的成功不是靠别人，正是靠

自己，是靠一群吃苦耐劳、脚踏实地的人无私奉献得来的。他们怀着崇高的理想信念，在特殊的历史环境中，凭着惊人的毅力克服一切艰难险阻，实现了民族的梦想，演绎了一段段可歌可泣的感人故事。他们追求目标不停步，面对困难不退缩，坚守自我不放弃，经受了各种干扰和挑战。青少年应该培养自己脚踏实地的品格，要将自己的理想和信念建筑在现实之上，从实际出发思考问题，不能刻舟求剑，也不能异想天开。青少年担负着祖国的重托和时代的重任，就要着眼于现实，既要仰望星空，更要脚踏实地。所以，要脚踏实地，做埋头苦干的时代新人。

（一）脚踏实地是“两弹一星”群体的基本素质

空谈误国，实干兴邦。一个国家的兴衰荣辱，一个时代的跌宕起伏，一个民族的团结与分裂，都与“空谈”和“实干”两大经国之理念、治世之策略密切相关、紧密相连。中华民族自古以来就以踏踏实实的干劲、扎扎实实的拼劲、勤勤恳恳的奋劲著称于世。中华文明之所以能在长达五千年的历史起伏中完整地保存下来，就是因为中华民族从未骛于虚名、痴迷虚名而大搞空谈之说。即使在祥和安定和一片盛世的环境中，中华儿女也始终低头耕耘、埋头苦干，始终脚踏实地，着力于实干。正是凭借着这股执着的拼劲、闯劲和干劲，中华民族才真正能够在新时代的今天站得住、站得稳、行得远。而中国在20世纪50和60年代之所以能够成功研制出“两弹一星”，也是广大科技工作者脚踏实地、敢干实干的必然结果。

1. 为国献身留英名

“两弹一星”英雄群体在科研试验的道路上普遍都有脚踏实地的工作作风，郭永怀是其中代表之一。郭永怀为我国“两弹一星”事业作出了巨大的贡献，是我国近代力学事业的奠基人之一，著名力学家、应用数学家和空气动力学家，中国科学院学部委员。郑哲敏院士和李家春院士在《科学和技术结合的典范——纪念郭永怀先生诞辰九十周年》一文中对郭永怀一生做出了如下的评价：“他总是将当前有重大应用背景的科学问题作为自己的研究方向，尤其是同国家结合民族利益紧密相关的问题；他善于通过观察和思考，提出既能反映问题本质，又能具体进行定量分析的简化数学模型来进行研究；他能运用一切现有的有效数学手段，或研究和发展新的数学方法，得到满足工程需要的解答；分析所获得的结果，深入研究其中的规律，进一步指导未来的工程实践。这是他取得重大科学成就的关键。”①

1938年，郭永怀考取了中英庚款留学生，远赴加拿大多伦多大学，进入应用数学系学习，师从系主任J. L. 辛格教授。他勤奋刻苦学习，仅用半年时间就获得了硕士学位。1941年，郭永怀进入美国加州理工学院古根海姆航空实验室，从事跨声速流动不连续解的研究。当时他师从航空大师冯·卡门，经过四年的努力获得了博士学位。1946年，郭永怀受邀任教康奈尔大学航空研究生院，主要从事黏性流体力学方面的研究。在康奈尔大学任职期间，他先后发表了《在中等雷诺数下绕平板的不可压缩黏性流动》《弱激波在平板边界层上的反射》等文章，解决了跨声速流动中的重大理论问题：出现激波的条件，激波对于气动力的影响以及连续亚超声速混合流的存在的可能性，为人类突破声障作出了重要贡献②。

在新中国成立后的前十年，郭永怀全面参与我国近代力学建设事业。“我自认为，作为一个中国人，我有责任回到祖国，和人民一道，共同建设我们美丽的山河。”③1956年10月，美国政府解除了禁止中国学生出境的禁令，郭永怀的妻子李佩回忆当时的经历说过：“禁令一取消，老郭就坐不住了，整天和我盘算着回国的事。美国的许多朋友（包括已经加入美籍的华人朋友）劝他，康奈尔大学教授的职位不错，孩子将来在美国也可以受到更好的教育，为什么总是记挂着那个贫穷的家园呢？不劝倒罢，劝的人越多，老郭越来火。他说，家贫国贫，只能说明当儿子的无能！”④身居美国的郭永怀毅然决然地离美归国，投身到新中国的建设事业中。在为他送行的野餐会上，郭永怀的同事还是

① 郑哲敏，李家春. 科学和技术结合的典范：纪念郭永怀先生诞辰九十周年［M］//郭永怀先生诞辰九十周年纪念文集. 北京：气象出版社，1999：23–26.

② 郑哲敏. 郭永怀生平事迹介绍［M］//郭永怀先生诞辰九十周年纪念文集. 北京：气象出版社，1999：1–5.

③ 郭永怀. 我为什么回到祖国：写给还留在美国的同学和朋友们［N］. 光明日报，1957–06–07.

④ 金志涛，王士波，许运江，等. 为“两弹一星”殉职的郭永怀［J］. 炎黄春秋，2001（03）：12–16.

希望他改变计划，但是他已经抱定了回国的决心。当时在场的中国学生对他说："您给我们指出了方向，我们应该回到自己该去的地方"[①]。可见，中国的广大科学家即使身在繁华的国外、享受高额的薪金，仍然感念祖国的养育之恩、哺育之情。心系祖国、感恩祖国，常怀报国之情、强国之志，是海外留学人才毅然决然、义无反顾地投身祖国建设伟大事业的重要原因，也是中国在当时和现在取得"两弹一星"和载人航天伟大成就的重要保障。

回国之后，郭永怀进入中国科学院工作，与钱学森、钱伟长等著名科学家一起组建了力学研究所，并担任副所长一职。从学科设置、研究方向到人才选拔和培养他都亲力亲为，投入了大量的时间和精力。后来出于国家的需要，他又担任了我国12年科学技术发展远景规划力学专业科技规划组副组长，投身到我国力学学科发展建设之中。他主持制定了我国近代力学发展方向、近期规划和远期目标、全国高等院校力学专业设置，并亲自担任中国科学技术大学化学物理系主任，承担了培养我国后备人才的工作。他常教导学生，"我们这一代，你们及以后的二、三代要成为祖国的力学事业的铺路石子"[②]。这种精神也反映在他对青年人的培养之中。他在审阅《力学学报》送审稿时，对于年轻人的文稿、译稿，他总是反复推敲，逐字逐句地批注和修改[③]。

1957年，郭永怀当选中国科学院学部委员和中国力学学会理事，组建了高超声速空气动力学、电磁流体力学和爆破力学研究团队，领导了这个刚在国际上新兴起的研究领域的研究工作。1961年，他成立了高超声速研讨班，将在京从事空气动力学研究领域的学者组织在一起，促进了我国这一研究领域的快速发展。

20世纪50和60年代，苏联宇航事业迅速发展。1957年，苏联成功地发射了世界上第一颗人造地球卫星，1961年苏联"东方一号"飞船首次进入太空。中国科技界举行了多次座谈会，郭永怀对每次发言都做了充分准备，提出的很多具体问题成为后来我国航天事业集中关注和要解决的问题。由于为我国

---

① 李佩. 访罗湖忆当年［M］//郭永怀先生诞辰九十周年纪念文集. 北京：气象出版社，1999：6.

② 戴世强. 当好铺路石子［M］//郭永怀纪念文集. 北京：科学出版社，1989：6-26.

③ 郭永怀. 郭永怀文集［M］. 北京：科学出版社，1982.

航天事业发展作出的突出贡献，1964年郭永怀当选中国航天理事会副理事长。1967年，国防科委决定成立第十七研究院，由空气动力学部力学研究所所长钱学森担任筹备组组长，郭永怀担任主管技术的副组长。空气动力学是航空航天工作的基础，在他的引领下，第十七研究院将理论研究、实验研究和模拟自由飞行实验结合在一起，以此为基础建立各个专业研究所，在队伍建设和仪器配备上达到了国内先进水平。后来第十七研究院发展为风洞指挥部，以及在此基础上的空气动力研究和发展中心，承担我国航空航天飞行器及风洞工程研制与发展工作，成为具有国际水平的研究重镇。

在“两弹一星”事业中，郭永怀也倾注了大量的精力。1960年，郭永怀兼任核武器研究院副院长，投入到我国核武器研制工作中。当时研究团队对原子弹引爆方式存在着不同意见，争论很大，最终形成了两种针锋相对的看法。郭永怀经过细致研究考察，在对比两种方法的优劣之后，制定了以较高级的内爆发为主攻方向的“争取高的、准备低的”方针。在试验环节，郭永怀经常深入试验现场指导工作，开展试验研究。当时团队内部对原子弹爆轰聚焦技术方案争论比较激烈，年轻学者陈能宽提出了一个具有风险性但有很高效率的方案。团队中的很多人对这个方案都持有否定意见，但是郭永怀经反复检验后大胆地采纳了这个方案。1964年12月5日，郭永怀从兰州乘飞机返京途中遭遇空难，不幸以身殉职。工作人员在清理现场时发现有两具被烧焦的尸体紧紧抱在一起，后经辨认是郭永怀和警卫员牟方东。当人们将他们分开后发现，郭永怀那只装有绝密文件的公文包完好无损地夹在他们胸前。在生命的最后一刻，郭永怀想的还是国家的事业。

为了表彰他的功绩，1968年12月25日，中华人民共和国内务部授予郭永怀烈士称号，他的英名和所开创的事业将永载史册。习近平总书记曾对中国广大科学家和其他科研人员做出高度评价并提出殷切希望，指出：“长期以来，中国科学院、中国工程院团结带领包括院士在内的广大科技工作者，以实现国家富强、民族振兴、人民幸福为己任，着力攻克关键核心技术，破解创新发展难题，在重大科技领域不断取得突破，为我国科技事业发展作出了突出贡献。中国科学院、中国工程院要继续发挥国家战略科技力量的作用，同全国科技力量一道，把握好世界科技发展大势，围绕建设世界科技强国，敏锐抓住科技革命方向，大力推动科技跨越发展，勇攀科技高峰。”“‘繁霜尽是心头血，洒向千峰秋叶丹。’两院院士是国家的财富、人民的骄傲、民族的光荣。长期以来，一代又一代科学家怀着深厚的爱国主义情怀，凭借深厚的学术造诣、宽广的科学视角，为祖国和人民作出了彪炳史册的重大贡献。祖国大地上一座座科技创新的丰碑，凝结着广大院士的心血和汗水。我们的很多院士都具有‘先天下之忧而忧，后天下之乐而乐’的深厚情怀，都是‘干惊天动地事，做隐姓埋名人’的民族英雄！”①

2. 潜心研究，变废为宝

中国工程院院士、南京理工大学教授王泽山是中国火炸药学科带头人，发射装药理论体系的奠基人，被称作“火药王”，相继获得1993年度、1996年度和2016年度国家技术发明奖一等奖、2017年度国家最高科学技术奖，是中国火炸药领域的顶级专家。

在青年王泽山生活的时代，我国火炸药研究和生产主要依靠苏联的支持，本质上是仿制苏式火炸药。王泽山认定“军工强国”，1954年考取了中国人民解放军军事工程学院。在学院中他刻苦学习，掌握了火炸药的基本知识，为他进一步在这个领域发展打下了坚实的基础。毕业后他毅然投入火炸药研究领域。20世纪60年代，他将计算机技术、诺模图设计原理引入中国火药学体系，提出“火炮内弹道压力平台”概念和“弹道性能与装药潜能”理论。当废弃的火炸药再利用成为世界难题时，他带领科研团队用5年时间攻克难关，使我国每年上万吨废弃的火炸药变废为宝，转化为爆破、驱动药剂和化工原料等宝贝。60多年他专注火炸药研究，探索出一条独立自主的研究道路，取得了国际先进水平，焕发了中国火炸药在我们这个时代新的生机。

王泽山著述等身，出版了15部专著，还主持编写高校火药学系列教材10部410万字。他注重对学生的培养，用自己的实际行动影响和教育自己的学生，很多教导和嘱托让学生终身受益。孙金华在回忆师从王泽山学习的日子时，谈到老师在很多方面都对他产生了影响，“老师经常告诫我们，一辈子不要贪多，能够做好一件事就行了。”在王泽山培养的90余名博士研究生中，不

① 习近平. 在中国科学院第十九次院士大会、中国工程院第十四次院士大会上的讲话［N］. 人民日报，2018-05-29（02）.

少人成为我国火炸药学科、技术研究以及国防领域的领军人才。正是用言传身教的方式，将吃苦耐劳精神不断传承给自己的学生，使得他们成为了国家的栋梁之才。王泽山在火炸药研究上非常刻苦，将大量的时间和精力都投入到科学研究中。在一次采访中，他透露了和爱人的“约法两章”。“我工作的时候，相互之间不打扰。遇到春节等长假，我们约定外出旅游。到了地方，她正常出去玩，我正常在房间工作。”可以说，正是这种对科研的执着和付出才让他取得了今天的成绩。

王泽山在火炸药研究上有时可以用“拼命”来形容。火炸药户外实验是研究中的重要环节。由于实验具有一定的危险性，因此实验场地大多选在人迹罕至的户外地区。可以说，参与户外火炸药实验并不是一件轻松的事情。但是，无论实验地区条件多么艰苦，王泽山几乎每次实验都要亲临现场。在他看来，“火炸药实验比较危险，我做了几十年，比年轻人有经验，到现场也放心。”他的团队成员诸平研究员回忆道，“一次他带着我们做实验，零下27℃，数据采集仪器都不工作了，他却坚持了一周，每天工作10多个小时。”为了抽出时间进行研究，王泽山几乎将日常生活时间都拿了出来。他在家里和办公室储存了大量的方便食品，这经常是他的一日三餐，为的就是将节省出来的吃饭时间投入到研究中。他参加学术会议时，一般都不参加会后的招待宴会，总是在会议结束后就离开会场。按照相关规定，院士有配车出行的待遇，但在王泽山看来这无疑给国家添了麻烦。他出行时大多乘坐公共交通，从来不向学校要车，也不让其他人送。可以说，王泽山几乎将自己的全部时间都奉献给了科学研究事业。他一直保持着早年求学时养成的吃苦耐劳的优秀品质，即使拥有了院士称号之后他也不忘初心，“要为中华民族伟大复兴而不懈努力”。2017年1月9日，王泽山荣获2016年度国家技术发明奖一等奖。他所发明的“远程、低过载发射装药”使中国身管武器的射程、最大发射过载、炮口动能等核心指标位居世界前列。应用他的技术，火炮射程足足提高20%。

需要指出的是，王泽山带领团队历时20年研发出具有普遍适用性的全等式模块装药技术。而他开始这项研究时已经61岁——一个在多数人看来应该颐养天年的年纪。

外界这才发现，已值耄耋之年且享誉无数的王泽山院士仍然奋战在科研一线，一年中有一半时间守在条件艰苦的试验场。曾师从王泽山的中国科学技术大学教授孙金华说，从40 ℃高温的铁矿到零下30 ℃的靶场，老师从不肯在实验室里休息，“从他身上，我们真正理解了什么是以身作则”。

“摆在他面前的永远是更高的挑战、更新的目标。”曾与王泽山共事多年的南京理工大学原校长徐复铭，深知好友心事。果然，谈起问鼎国家最高科学技术奖的感受，“这是一项非常崇高的荣誉，我感到幸福而满足。”王院士话锋一转，“接下来我还要不断完善、追求完美。”

中新网记者追问关于“完美”的话题，王泽山院士先说到课题组工作，他已瞄准新的研究方向；但他强调，自己在团队里“只做助力，不做主力，不能影响年轻人的发展”。

“我就是搞科研的，在科研上不愿意使巧劲，不追求短平快的项目。科学要实在，不要浮夸。选定目标不要轻易放弃，遇到问题不轻易放弃。”王泽山这样做，也时常这样谆谆教导他的学生们。

正是这种脚踏实地的精神，成就了王泽山院士在装药设计领域的学术地位。可以说，勤勤恳恳、老老实实做人，扎扎实实、兢兢业业做事，是中华民族的传统美德和行事准则，是中华儿女立根固本、培魂铸神的起点和归宿。一个人只有从点滴小事做起、从细微之处着手，不驰于空想、不骛于虚声，勤勤恳恳耕耘、踏踏实实做事，脚踏祖国大地出发，胸怀家国情愫起航，才能积累丰富经验，掌握渊博学识，实现报国之理想、强国之志向，才能将自己的人生理想融入祖国建设的时代伟业之中，才能在服务民族、服务人民的过程中彰显自身最大的人生价值和社会价值。古语有云，“人固有一死，或重于泰山，或轻于鸿毛。”我国老一辈科学家和科技工作者去往祖国最需要的地方，前往人民最需要的地方，勤勉工作、辛劳付出，不言苦、不言累，流血流汗不流泪。他们将一腔热血、满腔热情挥洒在了祖国和人民最需要的地方，将自己的人生和理想完全倾注于报国的远大志向之中。正是因为他们不空谈、只务实，不骛于虚名，执着于实干，才奠定了中国在高新技术领域和众多科研领域遥遥领先的优势地位，才能使今天的中国能够抵制某些国家一以贯之推行的“霸道”，打破一国独尊的霸权主义行径，促进世界和平与发展。习近平总书记讲道：“崇尚英雄才会产生英雄，争做英雄才能英雄辈出。党和国家历来高度重视对英雄模范的表彰。今天我们以最高规格褒奖英雄模范，就是要弘扬他们身上展现的忠诚、执着、朴实的鲜明品格。忠诚，就是英雄模范们都对党和人民事业矢志不渝、百折不挠，坚守一心为民的理想信念，坚守为中国人民谋幸福、为中华民族谋复兴的初心使命，用一生的努力谱写了感天动地的英雄壮歌。执着，就是英雄模范们都在党和人民最需要的地方冲锋陷阵、顽强拼搏，几十年如一日埋头苦干，为国为民奉献的志向坚定不移，对事业的坚守无怨无悔，为民族复兴拼搏奋斗的赤子之心始终不改。朴实，就是英雄模范们都在平凡的工作岗位上忘我工作、无私奉献，不计个人得失，舍小家顾大家，具有功成不必在我、功成必定有我的崇高精神，其中很多同志都是做隐姓埋名人、干惊天动地事的典型，展现了一种伟大的无我境界。英雄模范们用行动再次证明，伟大出自平凡，平凡造就伟大。只要有坚定的理想信念、不懈的奋斗精神，脚踏实地把每件平凡的事做好，一切平凡的人都可以获得不平凡的人生，一切平凡的工作都可以创造不平凡的成就。”[①]于平凡之中响惊雷，于平凡之处创伟绩，是我们的责任，也是我们的使命。只要我们脚踏实地地肯干、实干、苦干，就一定能把老一辈科学家的事业继续向前推进，创造出不平凡的成就。

（二）脚踏实地在新时代的体现

1. 求真务实，屡克难关

中国工程院院士、中南大学教授何继善出生在战火纷飞的年代，战争让他的求学之路十分坎坷。高中辍学后，为了生计他进入当时的矿区当了一名矿工。那时矿井下的环境极度恶劣，没有电灯，只能用电石灯照明。而电石中含有很多杂质，在燃烧过程中产生的乙炔气体往往伴随刺鼻的臭味，让矿井中的工作人员难以忍受。但是即使在这样的人生境遇下，他也没有泯灭求知的欲望，而是坚持自学，不断充实自己，为之后的科研打下了坚实的基础。正是青少年时的矿区经历，给了何继善发现问题的机会。他的头脑中一直都有一个疑问：地下资源探测如何不再依靠传统经验，而是发明一种可靠的探测仪器呢？美国科学家哈里·康克琳为此提出了电磁感应法试图解决这个问题，但是受当时技术条件的限制，加上电磁波在地下的传播方式异常复杂，在现实中推广的

① 习近平. 在国家勋章和国家荣誉称号颁授仪式上的讲话［N］. 人民日报，2019-09-30（02）.

可能性较小。国际上并未完全采纳哈里·康克琳理论，而是用相对近似公式作定量解释重新寻找解决问题的方法，因为这种方法在勘测深度和精度上都受到限制，且容易受到外界因素的干扰。面对同样的问题，何继善站在前人的肩膀上进行了新的探索。他扎扎实实地进行了大量的数据计算，提出了精确求解地下电磁波方程的“广域电磁法”。这种方法提高了勘测深度和精度，增强了抗干扰能力。这项工作他一干就是十多年。当时没有任何科研经费支持，但是他凭着惊人的毅力，解决了困扰国际上多年的难题，这是他脚踏实地、刻苦钻研的结果。

他曾经说过这样一句话：“我们搞地球物理的人，取得的成绩都是靠跑出来的。”从广阔平原到浩瀚海洋，从无际沙漠到不毛之地，都留下了何继善的足迹。2007年冬天，为了进行石油气初步实验，73岁高龄的他自筹经费，带领科研团队深入大庆油田板块。当时室外温度低至零下20℃，在这样艰苦的环境中，何继善认真搜集数据，带领团队进行科学分析，最终获得了关键性的发现。在巴西进行学术访问期间，他看到了1998年特大洪水给国民经济造成的巨大损失，尤其是溃堤事故造成的次生灾害引起了他的思考。回国后，何继善经过调查研究发现，管涌是导致溃堤的直接原因。为了解决这一问题，他站在专业角度上，结合电流场和水流场的相似性，提出了高分辨率检测堤坝管涌渗漏入水口的“流场法”。在此基础上他研制了世界上第一台“堤坝管涌渗漏探测仪”，提高了勘测江堤大坝渗漏点的精度。他运用这台探测仪，先后准确测定了上百处渗漏点，保护了国家和人民的生命财产。这些成就都是建立在何继善少年远大的理想抱负，对现实问题的深入思考，脚踏实地的科研态度基础上的。若缺乏远大理想的指引和脚踏实地的干劲，对于当时中国这样一个科技落后的国家来说是难以想象的。

20世纪50和60年代，中国研制“两弹一星”的科技人员中，有众多留学归国人士。这些归国之士怀揣着报国之远大理想、为民之坚实信念，投身祖国的科研事业。他们脚踏实地，勤勤恳恳。他们在国外的科研条件是当时的中国根本无法相媲美的。如果这些科研人员在回国之初，就一味地以国外的科研技术和条件来进行我国的“两弹一星”研究，那是无法也根本不可能完成的一件事情。事实上，以钱学森为代表的老一辈科学家不仅没有对当时落后的祖国提出任何要求，反而在艰难困苦的环境中最大程度地发挥主观能动性，有所作为、主动作为，没有条件就创造条件，没有援助就自力更生，硬是凭着这么一股执着的闯劲、拼劲和干劲，克服了困难、经受住考验，最终使“两弹一星”成功问世。这不能不说是人类史上的惊人奇迹，而这一伟大奇迹的创造始终是与中华儿女脚踏实地干大事、隐姓埋名献终身的崇高精神分不开的。

江泽民同志曾经说过，“爱国主义是一面光辉旗帜，是我国广大知识分子的光荣传统。它激励着一代代科技工作者为祖国的强盛和人民的幸福而奋斗。爱国主义有着鲜明的时代特征。在今天，我们讲爱国就是要爱社会主义祖国，拥护中国共产党的领导，把个人的理想和事业融汇于祖国的社会主义现代化建设的伟大事业中。求实是科学之本，创新是科技发展的生命力所在。科学研究来不得半点虚假，必须以求实的态度，尊重客观规律，探索真理，开拓创新。拼搏奉献是所有科技工作者必须具备的品德。科技工作是一项艰苦的创造性劳动。科技工作者要树立雄心壮志，坚韧不拔，艰苦奋斗，不懈探索，勇攀高峰。以知识造福于人民，是科技工作者的光荣责任。团结协作是现代社会化生产条件下科学技术研究活动的内在要求。”[①]可见，科研事业的成功是脚踏实地、辛勤耕耘的产物，是艰苦奋斗、开拓创新的结果。二者相互交融、相伴而生，缺一不可。

2. 锲而不舍，执着奋进

新时代女工黄金娟是国网浙江省电力有限公司的工人，由她主持的“电能表智能化计量检定技术与应用”项目在2017年度荣获国家科技进步奖工人、农民技术创新组二等奖。电能表对于经济生活具有重大意义。传统人工检定电能表容易产生人为误差、检定人员带电作业、检定效率低下等缺陷。面对这些问题，从电能表计量检定生产一线走出来的黄金娟不断思考，渐渐产生了利用自动化控制技术实现电表智能化检定的设想。但是，从设想到实现还有很长的路要走。在这个过程中，黄金娟多次碰壁。她奔走于电表制造商之间寻求实现设想的途径，但都遭到了制造商的拒绝。虽然如此，黄金娟并未气馁。她一方面根据自己的设想制定了电能表智能化计量检定的总体思路，让制造商看到产品的优势；另一方面，搜集国内外最新的行业动态，使产品能够更好地满足市

---

① 江泽民. 论科学技术［M］. 北京：中央文献出版社，2001：60～61.

场需求。经过她的不断努力，最终找到了理想的合作伙伴。

在科研攻关中，她将家里的半张乒乓球台改造成试验台，经过成百上千次试验，最终成功地研制出我国第一代电能表自动化检定流水线。在这个过程中，她付出了超越常人的艰辛。对于技校毕业、没有受过正规高等教育的她来说，需要补习的知识太多。她几乎是抓紧一切时间学习，弥补知识上的不足。她的徒弟严华江在回忆这段经历时谈道："她的学习劲头和认真程度惊人。刚毕业报到那阵儿，看到年近五十的她拿出的一本笔记本，上面全是手抄的编程语言，密密麻麻的英文单词下面都是中文注释。我震惊了！"在黄金娟看来，试验中出现任何一件小事都可能影响最终结果，所以要脚踏实地地做好每个细节。她连续试验了数千次才得到了自动接拆线的气缸最佳推力值。为了实现自动加封，提高防伪性，她反复验证了多套设计方案。这样的例子不胜枚举。正是这种脚踏实地的作风，才让她的设想成为了现实。她的成果率先在国网浙江公司进行推广和应用。项目成果鉴定委员会认为，她的成果达到了国际领先水平。其成果获授权美国专利2项，发明专利18项，实用新型和外观设计专利21项，软件著作权8项。其核心专利获中国专利优秀奖、国际发明展览会金奖等，并且以技术标准形式推广到全国26个省级计量中心，累计检定检测电能表1.80亿只，国家电网公司认定推广效益达17.93亿元。多家自动化设备制造企业取得了她的专利许可，累计生产自动化检定装置277套，检定系统40套，其产品远销北欧、东亚等地区多个国家。可以说，她的研究成果为我国计量检定技术走向世界奠定了坚实的基础。

取得这些成就之后，黄金娟并没有止步不前，而是继续开展智能化检定技术优化完善研究。从2010年起，她承担了国网系统内首个区域计量中心智能生产系统建设任务。临危受命之后，她全身心投入科研攻关之中，带领团队克服重重困难，对各个环节精益求精，提前超额完成了建设任务。由她带领的团队赢得了国网系统的表彰和嘉奖。在这段时间，她无暇顾及家庭，在家庭和事业之间，黄金娟始终将电力计量事业放在第一位。2013年10月，宁波余姚受到强台风"菲特"的影响，70%以上的城区受淹，人民生命财产遭受了巨大的损失，尤其是电力设施遭受了严重损失。当时黄金娟刚刚做完手术，在灾情面前，她放弃了康复休养，第一时间驰援灾区，投入到电能表紧急配送的工作中。

正是凭着这种执着和毅力以及实操中不断积累的丰富经验，她获得了整个国网系统的认可，相继获得计量检定领域的全国技术能手、浙江省五一巾帼标兵、浙江百名工匠、国网电网公司特等劳动模范等荣誉称号。由她主持的“电能表智能化计量检定技术与应用”项目经中华全国总工会推荐，参加2017年度国家科学技术进步奖评选。项目申报小组组长、国网浙江电科院副院长周自强在回忆申报过程时，对黄金娟团队的每个人都给予了高度评价：“黄金娟的执着和奉献成就了她今天的辉煌，也感染着其他人，包括不因女儿中考及儿子出生影响申报工作的李凤瑞副总工、消化道大出血提前出院坚持整理材料的小孙、把婚纱照拍摄日期一拖再拖的小蒋和忙前忙后从无怨言的小韩。我为他们的付出和坚持而感动，更为他们取得的成绩而骄傲！”

在一次采访中，黄金娟说：“获奖无疑是对我莫大的肯定与鼓励，但它不是一个终点，而是我探索下一代智能电能计量检定技术的开始。”可以说，黄金娟身上具有那种最宝贵的脚踏实地的优良品质，她以自己的实际行动诠释了一个普通女工的伟大价值。在各行各业中像她这样脚踏实地、把本职工作放在第一位的杰出人物是很多的。他们不是仅仅满足于描绘宏大设想，而是脚踏实地行动着的人。

青年一代科技工作者作为老一辈科学家和科技工作者的接班人，要胸怀报国之理想，厚植为民服务的情怀，坚定造福社会的信念，自我鞭策、自我鼓劲，团结协作、攻坚克难，在奉献社会和服务人民的实践中彰显自己的担当。新时代的青年一代拥有更为优越的生活条件，具有更为完善的科研基础设施和科研条件，以及更为充足的经费支持和政策保障，应该担起自身该担的使命，负起该负的责任，不负国家重托、不负人民厚爱，在建设社会主义现代化强国的伟大征程中创新创造、竭尽忠诚。新时代青年一代的使命就是传承老一辈科学家的优秀品质，站在前人的“肩膀”上继续埋头苦干、勤奋耕耘，继续推进科学技术创造和创新，继续以科学技术成果的重大突破和创新促进国家经济快速发展、综合实力稳步提升，以及人民之获得感、幸福感、安全感大幅提升。新时代青年一代的责任就是不忘初心，不忘搞科研事业的初心是为了富国强兵、保家卫国；不忘投身科技领域的初心是为了民族复兴，是为了提升人民幸福感和增强安全感；更不忘一心一意抓科研的初心是为了不辱先辈传承、不负神州儿女之名。正如习近平总书记指出：“新时代中国青年要勇于砥砺奋斗。

奋斗是青春最亮丽的底色。‘自信人生二百年，会当水击三千里。’民族复兴的使命要靠奋斗来实现，人生理想的风帆要靠奋斗来扬起。没有广大人民特别是一代代青年前赴后继、艰苦卓绝的接续奋斗，就没有中国特色社会主义新时代的今天，更不会有实现中华民族伟大复兴的明天。千百年来，中华民族历经苦难，但没有任何一次苦难能够打垮我们，最后都推动了我们民族精神、意志、力量的一次次升华。今天，我们的生活条件好了，但奋斗精神一点都不能少，中国青年永久奋斗的好传统一点都不能丢。在实现中华民族伟大复兴的新征程上，必然会有艰巨繁重的任务，必然会有艰难险阻甚至惊涛骇浪，特别需要我们发扬艰苦奋斗精神。奋斗不只是响亮的口号，而是要在做好每一件小事、完成每一项任务、履行每一项职责中见精神。奋斗的道路不会一帆风顺，往往荆棘丛生、充满坎坷。强者，总是从挫折中不断奋起、永不气馁。新时代中国青年要勇做走在时代前列的奋进者、开拓者、奉献者，毫不畏惧面对一切艰难险阻，在劈波斩浪中开拓前进，在披荆斩棘中开辟天地，在攻坚克难中创造业绩，用青春和汗水创造出让世界刮目相看的新奇迹！”①

此外，青少年在以后的人生规划中要选择那些能够实现自己人生价值、服务人民的职业，要将实现自我与推进社会进步协调起来。无论从事任何工作，都要脚踏实地。只有这样才有益于自己的发展，才能实现自身的不断进步。青少年要有理想有抱负，在追逐人生梦想的道路上要脚踏实地地走好每一步，无论面对什么样的挑战，理想都要定位在现实的基础上，一切从实际出发，不要空谈，要将自己的理想扎根在祖国大地上，只有这样才能让理想成为现实。

三、自强不息，做锐意进取的时代新人

“两弹一星”元勋们凭借自力更生、艰苦奋斗精神成就了“两弹一星”伟大事业。他们既吃苦耐劳、坚忍不拔，又脚踏实地、埋头苦干。更重要的是，他们传承并发扬了中华民族自强不息、锐意进取的精神。实际上，在绵延五千

---

① 习近平. 在纪念五四运动100周年大会上的讲话［N］. 人民日报，2019-05-01（02）.

多年的中华文明的滋养下，自强不息精神已经融进中华民族的灵魂之中，成为中华民族独特的精神基因。从中华民族最遥远的神话记忆（如精卫填海、夸父逐日等），到古代名人典故（如孙敬头悬梁、苏秦锥刺股，司马迁忍辱作《史记》等），再到新中国成立后“两弹”元勋的科研实践，都生动体现了中华民族骨子里的自强不息精神。正如习近平总书记指出：“精神的力量是无穷的，道德的力量也是无穷的。中华文明源远流长，蕴育了中华民族的宝贵精神品格，培育了中国人民的崇高价值追求。自强不息、厚德载物的思想，支撑着中华民族生生不息、薪火相传，今天依然是我们推进改革开放和社会主义现代化建设的强大精神力量。”①青少年作为中华民族中的新一代，作为社会主义现代化建设事业的接班人，也应当学习、传承和发扬“两弹一星”元勋的自强、自立精神，在困难中奋进、在逆境中崛起，做一名自强不息、敢于担当的中国人。

（一）自强不息是“两弹一星”元勋的优良传统

什么是自强不息？词典里的解释很简单，自强不息就是自己努力向上，不松懈。然而，对于“两弹一星”元勋们来说，自强不息是帮助、激励和支撑他们攻坚克难，最终取得胜利的关键。对于他们来说，自强不息代表的是一种执着，即便有狂风飞沙、严寒酷暑，缺乏物质条件和科研基础，“两弹一星”元勋们也坚持完成党交给的任务，坚持研制出能保护中国人民安全的尖端武器；自强不息代表的是一种坚持，即便有苏联专家帮助中国研发尖端武器，“两弹一星”元勋们也依旧坚持不松懈、不依赖，始终保持自强自立；自强不息代表的是一种奋进，即便有苏联后期的核讹诈和美国的核威胁，“两弹一星”元勋们也无所畏惧、不屈不挠，反而刚毅坚卓、奋发图强。正是这种执着、这种坚持、这种奋进，让他们在极其艰难的条件下创造了令世人瞩目的成就，在中华民族五千多年历史上书写了中华儿女战天斗地、战破苍穹的可歌可泣的斗争精神，在民族精神的丰碑上留下了浓墨重彩的一笔，既激励了当时的科技工作者、士兵和军队干部，又鼓舞了我们后来人。同时，“两弹一星”精神的问

② 习近平. 习近平谈治国理政［M］. 北京：外文出版社，2014：158.

世，既延续了中国源远流长、博大精深的民族文化，又彰显了民族精神的与时俱进、推陈出新和革故鼎新。

1. 胸怀祖国，奋发图强

首先，自强不息代表着一种坚定而自信的执着，一种坚韧而不屈的精神。在执着的背后难以掩藏的是“两弹一星”元勋们对祖国和人民深深的热爱，在精神背后难以埋没的是中华儿女对神州的深情厚谊和深刻情感。新中国成立之初，尽管全国都着手在旧中国的废墟上建设新国家，但是一方面，中国的经济、科技和工业基础十分薄弱，许多人连温饱问题都难以解决，加之基础设施恢复和建设并不能一蹴而就，在这样的境况下发展国防事业确实负担很重；另一方面，以美国为首的帝国主义却一直威胁着中国的安全，他们封锁中国经济，对中国的发展围追堵截，还发动朝鲜战争，威胁中国的边境安全，插手台湾问题，干涉中国内政。美帝欺人太甚，历经苦难的中华民族岂能任人宰割？在这种情况下要想保卫祖国、保卫人民，出路何在呢？“两弹一星”元勋们给出了他们的答案，就是用国防尖端科技来守护中国人民、中华民族的安全和尊严。正如钱学森对郑重记者所说的那样，“如果我们现在没有原子弹，没有洲际导弹，没有核潜艇，我们的国际地位会怎样？科技人员心中想的就是这个问题，这也是他们的创业动力”。[①]确实如此，每一位自强不息、废寝忘食地工作，甚至为了科研甘愿牺牲个人健康和生命的“两弹一星”元勋内心深处装着的都是祖国与人民。

这里要提起一位特别的人，那就是中国导弹专家中唯一见过导弹实体的黄纬禄院士。正是这一面，使他与导弹结下了不解之缘。黄纬禄是安徽芜湖人，他出生和成长于第二次世界大战的战乱之中。在中央大学电机系读书的时候，他目睹了日本人对中国的蹂躏和侵略。为了能保卫祖国，他毫不犹豫地答应了英国工业学会的实习邀请。然而，当时的英国也饱受战争摧残，二战元凶之一的希特勒经常对伦敦进行狂轰滥炸。一次，黄纬禄实习的单位遭到了炮火攻击，虽然他幸免于难，但是他的四位同事被导弹夺去了生命。这是黄纬禄第一

① 郑重. 北京南苑：风生水起——“两弹一星”采访手记（续一）[C]. 新闻出版博物馆（总第34期），2019：19.

次听说并目睹了导弹的威力，而当时他想到的是，“中国要是有导弹，日本帝国主义就再也不敢侵略我们了！”[①]为此，在伦敦博物馆展出一枚没有爆炸的德军导弹时，即便有风险，黄纬禄也要去一睹其真面目。而这一面，据说是中国导弹专家组第一次见到实体导弹。此时，黄纬禄的心中便已埋下了一颗想要投身于导弹事业的种子。几年后，当他听钱学森说外国人能发展航天事业，中国人也可以发展时，他深受鼓舞，激动万分。是啊，自强不息的中华民族从来都不怯懦，外国人能取得的成就，中国人奋发图强后也能做到。1957年，黄纬禄投身于中国导弹事业，他和同事们共同许下“生在永定路，死在八宝山”的铮铮誓言，并以奋不顾身的姿态全身心地投入导弹控制系统研制中。发展导弹事业，保卫来之不易的新中国，是黄纬禄的梦想，也是他发扬自力更生精神攻坚克难的源动力。自强是奋进的起点，是创新的支点，更是一个国家和民族永不停歇、永不退缩的支撑。纵观中华民族五千年的悠久历史，无论是外来民族的入侵，还是本国内部战争的纷起，即使是在近代外国列强瓜分中国、企图灭亡中国的危急时刻，中华文明也从未中断过，中华民族也从未被压垮。与之相反的是，外来民族要么被浩瀚的华夏文明所同化，成为中华民族的重要组成部分；要么就是被从中国的土地上赶出去，被扫出我们的国门之外。中国之所以能够御敌于国门之外，御辱于国门之外，所凭借的就是中国人民自强不息的奋斗精神，所依靠的就是中华儿女“黄沙百战穿金甲，不破楼兰终不还”的坚定信念和坚毅决心，所仰仗的就是全体国人的团结一致、勠力同心。中国在20世纪60和70年代取得的“两弹一星”伟大成就，即是中华民族和神州儿女坚定不移、自强不息的民族精神的最好见证和最强彰显。

自强不息一直都是中华民族的精神血脉，它体现的是中华民族刚健有为、奋发向上的精神状态；但是，这种精神、这种状态从来都不是仅仅局限在个人利益和荣辱上，更多时候它是同爱国主义相联系的，是将个人命运同祖国安危、国家兴衰、民族存亡紧密联系在一起的。作为中国的青少年，作为新时代的青少年，其命运早已同这个国家、这个民族融为一体。正是千千万万个青少年的命运，构成了中华未来之命运。周恩来13岁时立志“为中华之崛起而读书”；“两弹一星”元勋也已经为我们铺好了路，让我们以热爱祖国、热爱人民

---

① 刘青山. 百年梦想　航天传奇　追记“两弹一星”元勋黄纬禄 [J]. 国企，2012（06）：121-124.

的情怀，以不畏艰险、自强不息的心态，勤奋学习，做一个对祖国有贡献的人。诚如习近平总书记所说：“当代中国青年是与新时代同向同行、共同前进的一代，生逢盛世，肩负重任。广大青年要爱国爱民，从党史学习中激发信仰、获得启发、汲取力量，不断坚定‘四个自信’，不断增强做中国人的志气、骨气、底气，树立为祖国为人民永久奋斗、赤诚奉献的坚定理想。要锤炼品德，自觉树立和践行社会主义核心价值观，自觉用中华优秀传统文化、革命文化、社会主义先进文化培根铸魂、启智润心，加强道德修养，明辨是非曲直，增强自我定力，矢志追求更有高度、更有境界、更有品位的人生。要勇于创新，深刻理解把握时代潮流和国家需要，敢为人先、敢于突破，以聪明才智贡献国家，以开拓进取服务社会。要实学实干，脚踏实地、埋头苦干，孜孜不倦、如饥似渴，在攀登知识高峰中追求卓越，在肩负时代重任时行胜于言，在真刀真枪的实干中成就一番事业。”“要研究真问题，着眼世界学术前沿和国家重大需求，致力于解决实际问题，善于学习新知识、新技术、新理论。要坚定信念，始终同党和人民站在一起，自觉做中国特色社会主义的坚定信仰者和忠实实践者。”①

其次，自强不息代表着一种坚持，这种坚持的背后是有五千多年深厚历史积淀的中华民族的自尊与自强。众所周知，历史上中华民族在科技上一度领先世界，四大发明就是最好的明证，只是后来由于种种原因，中华民族落后于世界潮流。不过，这一时的落后也唤醒了中华民族潜意识中的忧患意识和进取精神。特别是新中国成立后，在中国共产党的领导下，中国的面貌焕然一新。饱受战火之苦的中华民族在苦难中总结出一条血与泪的教训，那便是落后就要挨打。正如毛泽东所说，如果中国没有原子弹，没有核武器，“人家就说你不算数”②。约里奥-居里先生也提醒道：“你们（中国）要反对原子弹，必须自己先有原子弹。”向来偏爱强权政治的美帝国主义总是喜欢以经济和军事实力说话，如果中国没有核武器的威慑效应，那么在云谲波诡的国际形势下是很难保

① 习近平. 坚持中国特色世界一流大学建设目标方向 为服务国家富强民族复兴人民幸福贡献力量［N］. 人民日报，2021-04-20（01）.

② 中共中央文献研究室. 建国以来毛泽东军事文稿：中卷［M］. 北京：中央文献出版社，2010：387.

全自身的。中国发展尖端武器并不是为了发动战争，正相反，中国人民热爱和平，崇尚正义，反对战争，“人民不要战争但要有战争准备”[①]，这是中国人民的智慧和坚持。“手中无剑”和“手中有剑而不用”，是两种不同的情况和状态。新中国成立之初，我们党既要带领全国各族人民着手国民经济恢复和进行大规模的社会主义建设工作，又要着手核武器研制的规划和设计，目的就是为了应对西方敌对势力和苏联对我国的核威胁、核垄断和核讹诈，就是为了打破美苏两国推行的霸权主义和强权政治，以保障我国可以有一个较为稳定、和平的经济建设环境。中国在1964年和1967年成功试爆原子弹和氢弹之后，向世界率先做出不首先使用核武器的庄严承诺。直到今天，我国仍然坚定不移地奉行着这一核武战略原则和准则。这种具有大国典型示范效应的原则，充分表明中华人民共和国和中国人民是爱好和平的，是维护世界和平与稳定、促进全球经济走向复苏和发展的重要支撑力量。

在20世纪50年代，刚成为苏联领导人的赫鲁晓夫根基未稳。为应对复杂的国际形势和苏共党内的政治斗争，赫鲁晓夫急需得到中共和毛泽东的支持。为此，他给予中国诸多援助，中苏关系迎来了短暂的“蜜月期”。1954年，赫鲁晓夫率代表团访华，中苏双方就许多问题达成协议，其中包括为中国提供5.2亿卢布长期贷款，并将苏联援建项目增加到156项，“从选择厂址，搜集设计基础资料，确定企业的设计任务书，设计、供应设备，指导建筑安装和开工运转，一直到新产品的制造，无偿地供给制造新产品的技术资料等等，都由苏联负责”[②]。1957年，中苏又签订了《中华人民共和国政府和苏维埃社会主义共和国联盟政府关于生产新式武器和军事技术装备以及在中国建立综合性原子工业的协定》（简称《国防新技术协定》），苏方在核武器、核潜艇等国防尖端武器方面给予了中国更多援助。但是，中国并不会因此就对苏联唯命是从。近代以来，中国人民长期遭受外国征服者的统治、压迫和剥削。新中国成立后，尽管在经济和科技上落后于世界，但是在政治上是平等的，新中国有着自己的民族尊严并会不惜代价地捍卫自己的尊严，按照毛泽东主席的话来说，“要讲

③ 中共中央文献研究室. 建国以来毛泽东军事文稿：下卷［M］. 北京：中央文献出版社，2010：382.

② 孙其鸣. 中苏关系始末［M］. 上海：上海人民出版社，2002：185.

政治条件，连半个指头都不行。”[①]这就表明，我国制定和奉行的外交策略和原则是独立自主的，是不会受任何人、任何国家所威胁和胁迫的，也决不会以牺牲我国的国家利益和人民利益为代价。任何企图损害我国国家主权和领土完整、伤害中华民族情感的行为和损害中国人民的霸权主义行径，终究会引火烧身、自食恶果。

在向外国学习的过程中，一方面，“两弹一星”元勋并不唯苏，不会完全按照苏联专家的指导意见亦步亦趋地搞科研，而是大胆发挥自己的创新才能，将苏联的先进经验和技术同自己的独创经验相结合；另一方面，“两弹一星”元勋十分珍惜苏联专家的指导和帮助，但是也会牢记毛泽东主席的叮嘱：“争取苏联的援助是很需要的，但主要的还是自力更生”[②]。中国航天科技集团公司的前身——国防部第五研究院——在1956年10月正式成立之初，就将“自力更生为主，力争外援为辅，充分利用资本主义国家科学技术成果”的指导思想作为建院方针。刘少奇主席的长子刘允斌在中科院原子能研究所从事分离钚-239研究时，面对苏联提供的沉淀处理工艺不能够解决当时科研面临的问题，他大胆放弃了苏联的做法，勇于创新，改用中国自主研制的萃取法流程，终于在1964年首次产出合格产品，为我国含有热核材料的原子弹爆炸试验和第一颗氢弹爆炸试验提供了热核材料[③]。

最后，自强不息代表着一种奋进。这种奋进的背后是“两弹一星”元勋面对困难时的百折不挠，面对风浪时的激流勇进。1959年6月20日，苏联突然单方面撕毁中苏两国签订的《国防新技术协定》。苏联又于1960年7月16日照会中国政府，片面决定召回1390名援华苏联专家，带走和销毁了一切相关资料。中国的航天事业和导弹工程因而失去了外国援助，一切工作几乎都要从零开始。面对这种不利局面，中国的科研人员没有退缩和沮丧，反而一鼓作气，干劲高涨，立志要依靠自己的力量研究国防尖端科技。苏联的背信弃义倒逼着中国的航天事业进入完全自力更生的阶段。这一时期，黄纬禄和他的战友们敢

① 中共中央文献研究室. 毛泽东文集：第7卷［M］. 北京：人民出版社，1999：391.

② 中共中央文献研究室. 毛泽东年谱：第3卷［M］. 北京：中央文献出版社，2013：379.

③ 周世光. 参与研制“两弹一星”的化学工人［C］. 2015年第十四届全国应用化学年会论文集：下，2015：13-18.

于担当、勇挑重担，在液体战略导弹控制技术上不断取得突破，从技术模仿到自行设计再到自主研制，他们仅用了10年时间，创造了外国人眼中的“神话一样不可思议”的奇迹。

有一位烈士应该被我们永远铭记，那就是“两弹一星”元勋郭永怀。在23位元勋中，他是唯一一位在导弹、核弹、人造卫星三个领域都作出贡献的科学家。从小便天资聪颖的郭永怀对物理非常感兴趣，1940年他出国深造，仅用几年时间便成为美国康奈尔大学教授，并且是航空工程研究院的三个核心主持人之一。新中国成立后，他怀着一颗赤子之心，克服重重阻挠归国作贡献。为了避免美国海关的纠缠，他将自己十多年积累的大批科研资料和即将完成的书稿付之一炬。苏联撤走全部援华专家后，他临危受命挑起了中国核武器研究的大梁。1963年，年过半百的郭永怀和科研团队一起迁到了核武器研制基地。那里荒凉严寒，寸草不生，高原反应常常使得他心悸、胸闷和浮肿；可是他并不在意这些，而是将自己的全部精力都投入在工作中，焚膏继晷、夜以继日地进行计算、实验、爆破。在郭永怀和战友们的共同努力下，1964年中国的第一颗原子弹试爆成功，中国人民终于有了捍卫自己尊严和安全的底气了。为了能让中国的国防尖端武器快些研发出来，郭永怀分秒必争，基本上牺牲了自己的全部休闲时间。为了能有更多时间工作，他常常在返京汇报时选择乘坐夜班飞机。有同事劝他说夜班飞机不安全，可是他说：“晚上飞省时间，打个盹儿就到了。第二天不耽误。”时代正前行，青年当奋进，在物质生活条件极大改善，科研技术和科研环境极大优化，科研基金和政策帮扶极大丰富的新时代，青年一代应当坚定不移地接好老一辈科学家的接力棒，应该担当起老一辈科学家传承的时代使命和历史责任，应该不负国家的殷殷期盼和重托，无私无畏、无惧无悔地奋勇前行，奉献自我。

2. 以国家需要为己任

2019年9月29日，在人民大会堂举行的中华人民共和国国家勋章和国家荣誉称号颁授仪式上，有一位特殊的人坐在轮椅上和习近平总书记一起步入会场。他就是中国航天科技专家孙家栋。此时的孙家栋已经九十高龄，他的一生是与新中国的航天事业风雨同舟、融为一体的一生。他同恩师钱学森一样，都是中国航天事业的追梦者，中国航天发展的见证者，中国航天工程的建设者，中国科技创新的奋斗者。他在青年时应征入伍，1958年在苏联学成归来后便全身心投入新中国的航天科技事业，参与我国最初起步的导弹研制设计工作。1967年，钱学森亲自点将，任命他为中国第一颗人造地球卫星“东方红一号”的技术总负责人。当时的情况是没资料、没经验、没专家，从零开始制造能“上得去、抓得住、听得清、看得见”的卫星谈何容易。但是，孙家栋没有被困难吓住，而是根据当时面临的困境大胆设想，提出将卫星研制计划分成两步：第一步是送卫星上天，解决从无到有的问题；第二步是在第一步基础上研制有探测功能的工程应用卫星。而在具体研制中，问题总是接踵而至。最让人头疼的是，一旦一个小问题未能处理好，就会成为影响整个卫星的大问题，而所有人又都是第一次参与卫星研制，没有经验可借鉴，技术基础十分薄弱。在孙家栋和他的科研团队的共同努力下，1970年4月24日，中国第一颗人造地球卫星终于被送上太空。这意味着中国成为继苏、美、法、日之后，世界上第五个能够独立研制和发射人造地球卫星的国家，而中国这颗卫星的质量比前四个国家第一颗卫星的质量总和还要重，其在跟踪手段、信号传递方式等方面也超过了上述四个国家的第一颗卫星的水平。

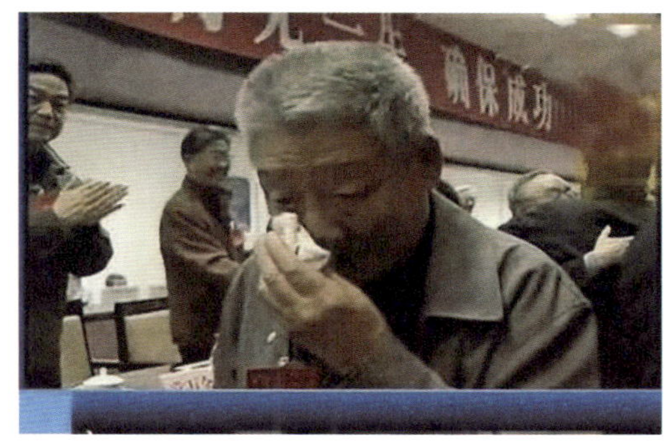

2007年11月，“嫦娥一号”准确进入环月轨道。孙家栋鼻子一酸、头一低，扭身走向角落，边走边掏出手绢偷偷试泪（图片来源于学习强国平台，《孙家栋：只要国家需要，我就去做》，2019年11月26日）

孙家栋的科研生涯也曾遭遇过失败。1974年11月5日，他负责的中国第一颗返回式遥感卫星在升空20秒后突然爆炸。这是他心中的痛，即便过去了几十年，每当跟人提起这件事时，孙家栋都会忍不住地自责和难过。火箭和卫星爆炸后，孙家栋和他的同事们含着泪在荒芜的沙漠里拾捡残骸。为了能排查出事故原因，大家几乎将那片沙地翻了一尺多深，用筛子把一切相关的碎片都筛了出来，然后各自认领。在充分的理论分析和多次实验模拟之后，发现原来是火箭控制系统内部一小段导线在火箭发射时因震动断开进而引起了爆炸。孙家栋和他的同事们对此进行了深刻反省，同时化悲痛为力量。一年后，一枚新的运载火箭载着一颗新的卫星腾空而起。2004年，中国启动了探月工程，已功成名就且到耋耄之年的孙家栋再次披挂上阵，挑起探月工程总设计师的重担。有人劝他，探月工程难度很大，一旦失败就会令他的辉煌生涯蒙上阴影。可是孙家栋未曾有过一丝犹豫，“国家需要，我就去做。”多么朴素的情感！“苟利国家生死以，岂因祸福避趋之”。孙家栋以及他身后千千万万个参加“两弹一星”研制的科研工作者在极其艰难的境况下坚持自强不息、奋斗不止，其力量之源就在于他们体内那炽热的爱国之心。经过他的不断努力，我国探月工程取得了最终的胜利。可见，若没有坚定坚毅的爱国之心、强国之志，没有坚持不懈、坚韧不拔的艰苦奋战精神，没有独立自主、自立创新的勇气，是根本搞不好也根本不可能搞好科研事业的，“两弹一星”研制也只能是一句“空头支票和空口号”而已。习近平总书记讲过，“矢志不移自主创新，坚定创新信心，着力增强自主创新能力。只有自信的国家和民族，才能在通往未来的道路上行稳致远。树高叶茂，系于根深。自力更生是中华民族自立于世界民族之林的奋斗基点，自主创新是我们攀登世界科技高峰的必由之路。”“吾心信其可行，则移山填海之难，终有成功之日；吾心信其不可行，则反掌折枝之易，亦无收效之期也。”“创新从来都是九死一生，但我们必须有‘亦余心之所善兮，虽九死其犹未悔’的豪情。我国广大科技工作者要有强烈的创新信心和决心，既不妄自菲薄，也不妄自尊大，勇于攻坚克难、追求卓越、赢得胜利，积极抢占科技竞争和未来发展制高点。”[①]

黄纬禄曾在晚年时期，在身体条件非常不好以至于无法握笔的情况下，为参加红色夏令营的学生题过一幅字。这也是他人生中的最后一幅字。他是这样写的：“弘扬‘两弹一星’精神，勇挑民族复兴重担”。这是一位为祖国和人民奉献一生的老科学家对中国年轻一代的殷殷期盼和深切嘱托。几千年来中华民族都是自强不息、勇于奋进的民族，新中国成立后“两弹一星”的英雄们继承和发扬了这种自力更生、艰苦奋斗的精神。为了中华民族伟大复兴，他们经历了难以想象的磨难，克服了不可思议的困难，付出了自己一生的热情。如今，民族复兴的重担将要交到年轻一代人的手中。青少年一定要不负嘱托，刻苦学习，在不久的将来勇敢地挑起民族复兴的重担！“‘士不可以不弘毅，任重而道

① 习近平．习近平谈治国理政：第3卷［M］．北京：外文出版社，2020：248.

远。’国家的前途，民族的命运，人民的幸福，是当代中国青年必须和必将承担的重任。一代青年有一代青年的历史际遇。我们的国家正在走向繁荣富强，我们的民族正在走向伟大复兴，我们的人民正在走向更加幸福美好的生活。当代中国青年要有所作为，就必须投身人民的伟大奋斗。同人民一起奋斗，青春才能亮丽；同人民一起前进，青春才能昂扬；同人民一起梦想，青春才能无悔。”同时，“前进要奋力，干事要努力。当代中国青年要在感悟时代、紧跟时代中珍惜韶华，自觉按照党和人民的要求锤炼自己、提高自己，做到志存高远、德才并重、情理兼修、勇于开拓，在火热的青春中放飞人生梦想，在拼搏的青春中成就事业华章。”①

（二）自强不息是时代精神的生动体现

改革开放以来，我国的经济建设和社会发展取得了非凡的成就，但毋庸讳言，我国的经济规模虽大却不强，经济增长速度虽快却不优，旧的经济发展方式已经难以为继，“老路走不通，新路在哪里？就在科技创新上”②。以习近平同志为核心的党中央高度重视科技兴国、人才强国战略，提出“要大兴识才爱才敬才用才之风，为科技人才发展提供良好环境”。新时代是科技创新的新时代，是万众创新的新时代，也是“两弹一星”精神大放异彩的新时代。将我国建设成为世界强国的集结号已经吹响，让我们踏着“两弹一星”英雄们的足迹，以自强不息、锐意进取的姿态一起向未来。

1.“地下钢铁长城”的铸造者

我国战略科学家，2018年度国家最高科学技术奖获得者，我国现代防护工程理论奠基人，中国工程院首届院士，中国人民解放军陆军工程大学教授钱七虎建立了我国现代防护工程理论体系和防护工程学科，为我国国防事业铸就

---

① 习近平. 致全国青联十二届全委会和全国学联二十六大的贺信［N］. 人民日报，2015-07-25（01）.

② 中共中央文献研究室. 习近平关于科技创新论述摘编［M］. 北京：中央文献出版社，2016：28.

了“地下钢铁长城”。

1954年，钱七虎被选送到哈尔滨军事工程学院，成为第三期保送生，学习防护工程专业。1960年毕业时，他以优异的成绩被评为全年级唯一一个全优毕业生，得到了学校的认可，并于1961年远赴苏联莫斯科古比雪夫军事工程学院学习。1965年，钱七虎从苏联留学归国，已经获得副博士学位的他依然选择了科研工作，凭着一腔热血将自己的毕生精力都奉献给了防护工程事业。他认为，“国家间的军事竞争就像两个武士格斗，一人拿矛、一人持盾，拼的是矛利盾坚。我的使命就是为国铸造最强盾牌”，“我军的战略方针是积极防御，不首先使用核武器。敌人先打了我们，我们要保存力量进行反击，靠什么？靠防护工程”，“防护工程是地下钢铁长城，也是国家安全的最后一道防线”。①

钱七虎始终瞄准国际防护工程发展趋势，结合国家实际情况进行科研攻关。他还制定出我国首部城市人防工程防护标准，实现了大中城市地铁建设兼顾人防的要求，组织编制全国20多个重点设防城市的地下空间规划。与此同时，他还是南水北调、西气东输、港珠澳大桥等重大工程的战略咨询专家，提出能源地下储备、核废物深地处置、盾构机国产化等多项战略建议，为国民经济发展贡献了自己的力量。可以说，他的一生与防护工程、与国家战略需要紧紧联系在一起。

20世纪60和70年代，我国面临着严峻的核武器威胁。为了提高国防安全，钱七虎在核空爆防护工程理论与设计方法领域进行了开拓性研究，成功地研制了我国第一套核爆炸压力模拟装置，并设计出当时国内跨度最大、抗力最高的飞机洞库防护门，相关成果被编入国家规范。随着国际形势的发展，到了80年代，世界军事大国开始研制新型钻地弹、钻地核弹。为了适应这种新的情况，钱七虎集中攻关，提出了建设深地下超高抗力防护工程的总体构想，为抗钻地核武器防护工程提供理论依据，实现了防护工程的跨越式发展。90年代，针对国际新型钻地弹的快速发展，钱七虎将大量时间和精力投入这方面的研究，围绕侵彻爆炸效应工程防护理论与技术，“提出了侵彻近区介质的固体

① 钱七虎：铸就共和国“地下钢铁长城”［EB/OB］.［2021-08-31］. 新华网：http：//www. xinhuanet. com/politics/2019-01/08/c_1123962179. htm.

弹塑性-内摩擦-流体统一物理模型，建立了防护工程抗高速、超高速钻地弹打击计算方法，研发了新型防护材料和高抗力复合结构，成功应用于多个重要军事工程。”[①]作为这个项目第一完成人，他获得了1998年国家科技进步奖二等奖。

1992年，珠海机场扩建工程陷入了僵局，机场不远处的炮台山妨碍了扩建工程，影响了工程进度。经过研究，选取了炸平炮台山的方案。实施这一方案也面临着一系列需要克服的困难，具有很大的难度，比如，要求一次性爆破成功；超过1000万立方米的爆破总方量；确保1公里内两处村庄的安全；等等。在招标过程中，很多技术团队在看到这样复杂的情况后，都选择了放弃。正在招标方一筹莫展之际，钱七虎团队承接了这一任务。他们经过7次实地考察，反复论证，最终设计出科学的爆破方案。同年12月28日，1.2万吨炸药在38秒内分33批精确起爆，创造了迄今为止世界上最大爆炸当量的爆破纪录，被世人称为“亚洲第一爆”。

21世纪之初，他获鲁班奖、国家科技进步奖等10余个奖项。人称“万里长江第一隧”的南京长江隧道工程正式启动。这项工程是当时已建隧道中地质条件最复杂、技术难题最多和施工风险最大的，面临着诸多挑战。钱七虎临危受命，担任了工程专家委员会主任，承担了这项世纪工程。设计单位开始提出采用“沉管法”的建设方案，但是经过钱七虎实地考察研究后发现，长江水文情况复杂，与中上游长江段相比，南京所在长江段泥沙含量相对减少，江底冲刷大于淤积，因此，使用“沉管法”存在很大的安全隐患。在他的一再提议之下，研究团队经过反复论证，最终选取了盾构机开掘建设方案。2010年5月，南京长江隧道全线通车运营。为此，2010年，南京市委市政府授予钱七虎“南京长江隧道工程建设一等功臣”荣誉称号。

除防护工程研究外，钱七虎还是国内岩石力学研究领域的引领者。为了追赶国际水平，获取大量一手数据，钱七虎一次又一次地深入地下1000多米，在气温近40 ℃的环境中实地考察。辛勤努力换来了一系列成果，他研制了我国首套爆炸压力模拟器，首台深部岩体加卸载荷实验装置，出版和发表了《岩

---

① 2018年度国家最高科学技术奖获奖人——钱七虎［EB/OB］.［2021-08-31］. http：//www.most.gov.cn/ztzl/gjkxjsjldh/jldh2018/jldh2018zgj/201901/t20190107_144594.htm

土中的冲击爆炸效应》等多部专著和论文，形成国际领先水平的深部岩石非线性力学理论体系。美国工程院院士费尔赫斯认为，“这是中国同行在发展岩石力学所起重大作用中一个令人钦佩的范例。”为此，国际岩石力学学会授予他“国际岩石力学学会会士”这一学会最高荣誉。

钱七虎以严谨作风和学术思想在防护工程领域发挥了重要的引领和示范作用，在国内外同行中享有很高的威望，至今还经常深入国家和军队重大工程现场，以旺盛的精力和敏捷的思维辛勤工作在防护工程教学科研一线。他取得这些成就，源于他强烈的报国情怀和使命感。他治学严谨，淡泊名利，言传身教，具有崇高的人格魅力。无论遇到任何艰难险阻，他都能以坚忍不拔的毅力去面对，最终实现了自己的人生誓言。报国情怀体现在他为了国家国防事业的发展、国家安全的长远考量，在苏联学成之后毅然归国，在祖国最需要、最紧迫的时刻舍小家、为大家。他的强国之志，体现在他为了国家的科技事业和国防安全事业取得新突破、新进展，躬耕实践、辛勤耕耘，敢为人先、舍生忘死，鞠躬尽瘁、死而后已。他的人格魅力彰显在他率先垂范、勇于担当，体现在他勇于将使命担起来，敢于将责任压下去。无论何时何地，面对何种危急的情况，他都能够始终做到言行一致、表里如一。正是因为中国拥有这么一大批“国宝级”的科学家和科技工作者，我国的科研事业才能蒸蒸日上，才能使我国的航天事业和国防安全实现“长风破浪会有时，直挂云帆济沧海”。

2. 坚守使命，航天报国①

我国第一艘航空母舰舰载机歼-15研制现场总指挥，歼-15总负责人、高级工程师罗阳，毕业于北京航空学院（今北京航空航天大学）飞机设计专业。他毕业后进入航空工业部沈阳飞机设计研究所工作，历任中航工业沈阳飞机设计研究所设计员、副所长，中航工业沈阳飞机工业（集团）有限公司党委书记兼副董事长，兼任中航工业航空装备有限责任公司副总经理。他将自己的一生都奉献给了我国航空母舰舰载机事业，“埋头苦干，献身航空”是他一生践行的口号。

---

① 根据以下资料整理：杨文煜. 弘扬爱国奋斗精神建功立业新时代［M］. 北京：东方出版社：98-106.

罗阳出生于军人家庭，从小就受到军人精神的影响，决定将航空事业作为自己一生追求的梦想。1978年，17岁的罗阳以优异的成绩考取了北京航空学院飞机设计专业。按照他的成绩，他是能够选择清华大学或者北京大学的，但是为了实现航空梦想，他毅然决然地选择了航空专业的一流学府北京航空学院。大学课堂上老师的一句话给他留下了深深的印象："如果说航母是一名勇士的话，那么，航母舰载战斗机便是勇士手中的'利剑'！"[①]对于当时还没有配备航空母舰、更不用说舰载机的中国海军来说，这无疑是一个短板。此时，罗阳心中埋下并萌发了"航空报国"的种子。在北航的大学时光，罗阳刻苦学习，打下了扎实的专业知识基础。大学毕业后，罗阳被分配到航空工业部沈阳飞机设计研究所担任设计员。这个研究所培养出了我国第一批航空科技和管理人才，被誉为中国"歼击机设计研究的基地，航空英才的摇篮"[②]。罗阳入职不久就加入了歼-8Ⅱ设计团队，从事座舱盖研发。为了更好地完成自己负责的任务，他一面潜心设计飞机图纸，一面下工厂车间跟产，最终顺利地完成了歼-8Ⅱ设计工作。

20世纪80年代，由于没有新的飞机型号和新的生产任务，我国航空工业陷入低谷期，产业的不景气使收入减少，让大量的从业者选择了离开。与罗阳同时进入沈飞的大学生中有三分之二相继离开了单位，但他为了实现自己的航空梦想，拿着每月几十元的工资，一直坚守在岗位上。他常说："一个国家经济强大了，必须有强大的国防来保卫经济发展的成果，咱们肯定会有用武之地。[③]"罗阳一方面抓紧时间研究国外技术资料，紧跟国外技术前沿；另一方面继续深造，回到北京航空航天大学攻读硕士学位提升自己。这些付出让他很快就在飞机型号设计中独当一面，成为当时沈阳飞机设计研究所里最年轻的高级工程师和研究员之一。

2002年，罗阳被调到中航工业沈阳飞机工业（集团）有限公司。那时航空事业的发展经过漫长的蛰伏后迎来井喷，任务多、难点多。他始终在科研攻

---

① 黄传会. 悲壮罗阳［EB/OB］.［2021-08-31］. http：//www. chinawriter. com. cn/bk/2013-01-09/66818. html.

② 周音."中国歼击机的摇篮"频创奇迹［EB/OB］.［2021-08-31］. http：//www. xinhuanet. com/2017-10/17/c_1121816000. htm.

③ 白天亮等. 中国梦报国魂：追记航空工业英模罗阳［N］. 人民日报，2012-12-10（01）.

关的第一线，工作占据了他的大量时间。有人劝他，“鱼和熊掌二者不可兼得，不行就放弃一个吧。”[①]可他一个都没有放弃。有一次，研发团队终于在年底最后一天完成了年度生产任务。在一起吃饭时，罗阳说：“我知道你们很累。可是咱们都得挺住，航空报国不仅是荣誉，更是责任！”

2007年，罗阳出任沈飞集团董事长、总经理。这一时期，国际局势风云变幻，海军提出武器装备升级换代的要求。在罗阳的带领下，沈飞人不畏艰难，攻坚克难，提升了我国航空制造技术水平。他担任多个型号飞机研制现场的总指挥，周密部署，强化组织管理，实现了多个重点新研型号的成功首飞和设计定型。同时，他还狠抓内部生产管理，形成了责权利清晰，纵向畅通、横向协调、运行高效的管理体系。在罗阳的带领下，沈飞集团全面实现了国家重点工程和“十一五”计划确定的任务目标，交付各型号飞机数量创下公司近三十年来年交付飞机数量的新纪录。取得这些成绩的背后是罗阳无私的奉献。除了必要的休息，他几乎将所有时间都用在了科研上，日程全部排满。他吃饭速度非常快，吃完就走。外出参加会议时，极少参加会议主办方安排的参观活动。他对自己非常严格，却经常叮嘱身边的科研人员要注意身体，组织他们定期进行体检。在他的带领下，沈飞集团年营业收入从20亿元增加到120亿元，营业收入年均增长16%，利润年均增长34%，工业总产值年均增长24%，连续3年产值突破100亿元。

2012年1月，罗阳担任了我国第一艘航空母舰舰载机歼-15研制现场总指挥。歼-15研制完全是从零开始的，西方权威专家不看好中国人进行的这项工作，甚至扬言即使有了航母，让舰载机上舰起码需要8~10年。面对这些质疑，罗阳深知自己从事工作的重要意义。他在生产开工仪式上深情地说：“这不是一种普通的机型，这是专门为我国第一艘航母量身定制的舰载战斗机。中华民族期盼航母已经盼了整整百年，海军官兵等待这一时刻也已经半个多世纪。今天，党和人民把这一重担放在了我们这一代航空人肩上，面对国防和军队现代化建设的迫切需要，我们要有强烈的责任感、使命感，同时要有只争朝

① http://www.people.com.cn/24hour/n/2012/1218/c25408-19926354.html.

夕的紧迫感。沈飞是新中国航空工业的长子，长子就要干出长子的样子来！”[①]为了完成国家交给的任务，罗阳一直奋战在第一线。他提出了设计制造一体化的构想，将过去的研发研制时间压缩了40%，加快了新机型生产进度。歼-15设计周期比过去缩短了6个月，制造周期比过去缩短了4个月。在生产过程中，他常常叮嘱员工，“我们一手托着国家财产，一手托着战友的生命！”[②]一次，装备车间某个工装架焊点开裂，差点出现生产事故。罗阳得知后立刻要求对一万多个工装质量进行全面体检。有人说，检查一遍将近一个月，工期这么紧张，值不值得？罗阳说：“值！因为我们要为国家负责。”正是因为罗阳具有精益求精的精神，歼-15首批次应用演练次次成功。这赢得了海内外的惊叹。2012年11月25日，罗阳突发心肌梗死、心源性猝死，经抢救无效，他的生命永远地定格在这一天。罗阳“走”了，他用自己的生命托起了歼-15舰载机，用自强不息践行了航空报国的宗旨，诠释了航空报国的真谛。这也是中国之所以能在国防安全领域和航天科技领域屡屡打破技术瓶颈而实现重大突破和重大创新的关键因素。一代代科研人的默默耕耘、无私奉献，一代代科技工作者牺牲小我、成就大我的壮烈情怀，是中华民族精神的时代彰显，更是华夏儿女“春蚕到死丝方尽、蜡炬成灰泪始干”情怀的最好诠释。科学界的每一次重大突破和重大创新，都不免令人感慨万千、精神抖擞。老一辈科学家的精神不能忘，老一辈科研人的风范须传承，老一辈科技工作者的故事需要书写，这是我们的责任。罗阳同志秉持航空报国的志向，为我国航空事业发展作出了突出贡献。他的英年早逝是国家的一个重大损失。诚如习近平总书记指出：“中国人民是具有伟大奋斗精神的人民。在几千年历史长河中，中国人民始终革故鼎新、自强不息，开发和建设了祖国辽阔秀丽的大好河山，开拓了波涛万顷的辽阔海疆，开垦了物产丰富的广袤粮田，治理了桀骜不驯的千百条大江大河，战胜了数不清的自然灾害，建设了星罗棋布的城镇乡村，发展了门类齐全的产业，形成了多姿多彩的生活。中国人民自古就明白，世界上没有坐享其成的好事，要幸福就要奋斗。今天，中国人民拥有的一切，凝聚着中国人的聪明才

① 黄传会. 悲壮罗阳［EB/OB］.［2021-08-31］. http: //www. chinawriter. com. cn/bk/2013-01-09/66818. html.

② 白天亮等. 中国梦报国魂：追记航空工业英模罗阳［N］. 人民日报. 2012-12-10（01）.

智，浸透着中国人的辛勤汗水，蕴涵着中国人的巨大牺牲。我相信，只要13亿多中国人民始终发扬这种伟大奋斗精神，我们就一定能够达到创造人民更加美好生活的宏伟目标！”①

自强不息是开拓精神的具体体现，是青少年应该具有的品质。要自强不息，就要有挑战自我的勇气，无论身处顺境还是逆境，都要用自强不息的精神和意志去演绎自己的精彩人生。要自强不息，就不要怨天尤人，不畏惧艰难困苦，要有顽强拼搏的精神。青少年担负着祖国的未来，是未来的主力军，要立足现实、努力奋发，不断提高自身的素质，肩负起时代赋予的重任。在生活中，青少年会遇到各种艰难险阻，只有坚持不懈、勇于面对，自强不息、永不服输，才能走向成功。正所谓“不经历风雨，怎么见彩虹，没有人能随随便便成功”。所以，没有挫折人生就不会如此精彩，挫折孕育着成功，面对挫折不能气馁。“两弹一星”的英雄群体不仅面对恶劣的自然条件和几乎完全陌生的技术领域，而且试验屡遭失败。正是凭着自强不息的精神，他们最终成就了伟大的事业，这是值得青年人学习和继承的。所以，青少年要培养自强不息的精神，在新时代中国特色社会主义建设中能够勇担重任，不断超越自我，实现自己的人生价值。

新时代既是近代以来中华民族发展的最好时代，也是实现中华民族伟大复兴的最关键时代。广大青年既拥有广阔发展空间，也承载着伟大时代使命。青年是国家的希望、民族的未来。每一个青年都应该成为社会主义建设者和接班人，不辱时代使命、不负人民期望。对于广大青年来说，这是最大的人生际遇，也是最大的人生考验。习近平总书记指出，青年“要励志，立鸿鹄志，做奋斗者”。苏轼说：“古之立大事者，不惟有超世之才，亦必有坚忍不拔之志。”王守仁说：“志不立，天下无可成之事。”可见，立志对于一个人的一生具有多么重要的意义。广大青年要培养奋斗精神，做到理想坚定、信念执着，不怕困难、勇于开拓，顽强拼搏、永不气馁。幸福都是奋斗出来的，奋斗本身就是一种幸福。1939年5月，毛泽东同志在延安庆贺模范青年大会上说：“中国的青年运动有很好的革命传统，这个传统就是‘永久奋斗’。我们共产党是

① 习近平．在第十三届全国人民代表大会第一次会议上的讲话［J］．求是，2020（10）．

继承这个传统的，现在传下来了，以后更要继续传下去。”①习近平总书记在北京大学师生座谈会上的讲话中指出：“为实现中华民族伟大复兴的中国梦而奋斗，是我们人生难得的际遇。每个青年都应该珍惜这个伟大时代，做新时代的奋斗者。”“要力行，知行合一，做实干家。‘纸上得来终觉浅，绝知此事要躬行。’学到的东西，不能停留在书本上，不能只装在脑袋里，而应该落实到行动上，做到知行合一、以知促行、以行求知，正所谓‘知者行之始，行者知之成’。每一项事业，不论大小，都是靠脚踏实地、一点一滴干出来的。‘道虽迩，不行不至；事虽小，不为不成。’这是永恒的道理。做人做事，最怕的就是只说不做，眼高手低。不论学习还是工作，都要面向实际、深入实践，实践出真知；都要严谨务实，一分耕耘一分收获，苦干实干。广大青年要努力成为有理想、有学问、有才干的实干家，在新时代干出一番事业。”“中国梦是历史的、现实的，也是未来的；是我们这一代的，更是青年一代的。中华民族伟大复兴的中国梦终将在一代代青年的接力奋斗中变为现实。”“新时代青年要乘新时代春风，在祖国的万里长空放飞青春梦想，以社会主义建设者和接班人的使命担当，为全面建成小康社会、全面建设社会主义现代化强国而努力奋斗，让中华民族伟大复兴在我们的奋斗中梦想成真！”②

---

① 毛泽东. 毛泽东文集:第2卷［M］. 北京：人民出版社，1993：190.

① 习近平. 在北京大学师生座谈会上的讲话［N］. 人民日报，2018-05-03（02）.

第五章 05

大力协同、勇于登攀的科学精神传承

“大力协同、勇于登攀”的科学精神是成就“两弹一星”伟大事业最鲜明、最突出的时代特征，是充分发挥社会主义制度政治优势、集中力量办大事的具体体现，展现了老一辈科学家不怕一切困难、锲而不舍开拓进取的英雄气概。

大力协同，从整个国家、整个民族的角度看，就是坚持发挥党的统一领导、社会主义大协作、社会主义制度集中力量办大事的政治优势；从研制团队、科研人员角度看，就是坚持心怀全局、同舟共济的大局意识和集体主义精神。“两弹一星”作为新中国建立初期开展的规模宏大的高科技工程，之所以能在较短时间内取得历史性突破，靠的就是党的统一领导，靠的是社会主义大协作，靠的是发挥社会主义制度集中力量办大事的政治优势。“两弹一星”事业是一项规模大、技术复杂的系统工程，涉及研究、生产、试验等多个环节、多个部门。1962年，毛泽东在罗瑞卿转二机部两年规划的报告上批示：“大力协同做好这件工作。”为了做好这项工作，国家组织协调了五个方面的科研力量，即中国科学院、国防科研机构、工业部门、高等院校和地方院校的科研力量。在党的集中统一领导下，虽然国家的经济、科技基础相对落后，但是把有限的人力、物力、财力集中起来，坚持全国“一盘棋”，最大限度地调动各方面的积极性和创造性，就可以在短时间内突破关键技术，取得举世瞩目的成就。参与到这项工程中的各地区、各部门、各单位，坚持统一指挥和调度，同心同德、大力配合，有困难共同克服，有难题共同解决，不讲条件、不图回报的高尚风格，让所有的参与者紧紧地团结起来，凝聚成一股气势磅礴的强大合力，终使“两弹一星”事业结出丰硕的成果。

“两弹一星”研制团队勇于登攀的精神，就是一种勇往直前、勤于探索、勇于创新、“有条件要上，没有条件创造条件也要上”的敢于超越的进取意识和拼搏精神。创新是科学的本质，是一个民族的灵魂，是一个国家兴旺发达的动力。自主创新能力是国家竞争力的核心。“两弹一星”所需要的是出于世界前沿的现代科学技术，是世界高新科技中最具挑战的领域，只有知难而进、敢于探索、大胆创新，才能促进相关科学技术的发展进步。勇于登攀精神是我国在核技术、航空航天技术等尖端领域能够跨入世界先进行列的强大推动力量，有力地推动新中国科学技术和自主创新能力产生了一次历史性飞跃。大力协同、勇于登攀的科学精神对于今天我们发展高新科技、提高国家创新能力仍然具有积极意义，当代青少年应该弘扬和传承这种协同精神。

一、团结协作，做勇于创新的时代新人

团结协作是“两弹一星”大力协同精神的具体体现，是“两弹一星”事业取得伟大胜利的重要法宝。在“两弹一星”研制工作中，来自全国各地、各个系统成千上万的科技人员、后勤保障人员团结协作、共同奋斗，才最终成就了中国的“两弹一星”事业。“两弹一星”研制和试验是举全国之力的成果，每一项突破、每一次成功都是团结协作的产物，都是集体主义精神的结晶。这项伟大事业的成功离不开科研人员求真务实、大胆创新精神，他们正是用这种协同精神为中华民族伟大复兴贡献力量。在研制过程中，大家尽心竭力地贡献着自己的才智，从不计较个人得失，不追求名利，不计较创新成果的荣誉归属。当代青少年应该传承和弘扬“两弹一星”协同精神，在生活和学习中树立团结协作意识，发扬集体主义精神和团队精神，提高思想认识层次，把“小我”融入“大我”的团队中去，以实现更高的人生价值。

（一）“两弹一星”事业中协同创新精神高扬

“两弹一星”事业作为新中国一项规模空前的科技工程，涉及众多科技和经济部门。在协同创新精神的旗帜下，研制团队坚持全国“一盘棋”，在党的领导下把各方面力量组织起来，统一安排、分工负责、通力合作，共同完成了这项伟大的事业。“两弹一星”的成功问世表明，中国人民无论在何种艰难局面下，无论在何种危急情势下，都能够上下一体、齐心协力、勠力同心地战胜一切内忧外患，攻克一切艰难险阻。“两弹一星”研制团队表现出一种无坚不摧的革命气魄和战斗精神，在中华民族的精神丰碑上留下了浓墨重彩的一笔，是支撑中国科技工作者拼搏向上、敬业奉献的擎天之柱，是激励后进者永不懈怠、一往无前的精神楷模，也是鼓舞和感召新时代青年脚踏实地、奋发有为、不忘初心、勇担使命的动力源泉。

1. 原子城：神秘的禁区

金银滩草原，位于青海省海北藏族自治州海晏县内。这里曾因80多年前王洛宾那首新疆民歌《在那遥远的地方》而名扬天下。中国第一颗原子弹在这里诞生，第一颗氢弹也在这里研制成功。中国第一个核武器研制基地——二二一厂，就建在这里。1964年10月16日，中国首次核试验爆炸成功，它向全世界宣告：站起来的中华民族终于有了自己的原子弹。1995年，二二一厂正式宣告退役。由于国家战略需要而“隐姓埋名”三十多年的金银滩草原，终于揭开了那层神秘的面纱。

新中国成立以来，我国曾多次遭受核打击的威胁。抗美援朝期间，原子弹是美国人手中掌握的一件威慑武器。越南战争期间，美国国家安全委员会曾提议利用原子弹轰炸中国。台海危机及解放军炮击金门期间，美国总统也曾多次扬言利用核武器对中国进行打击。恶劣的外部环境，促使以毛泽东同志为核心的党中央加快作出发展核武器的决策。在1958年6月21日中央军委扩大会议上，毛泽东主席讲了这样几句话：“还有那个原子弹，听说就这么大一个东西，没有那个东西，人家就说你不算数。那么好，我们就搞一点。搞一点原子弹、氢弹，什么洲际导弹，我看有十年工夫完全可能的。”①大批留学海外的中国科学家，放弃在国外已有的学术成果和优渥的待遇，在祖国需要的时候，冲破重重阻碍，陆续回到祖国怀抱。从全国各地抽调的大批科研专家、技术人员、工人、干部，在那个决定国家命运的时刻，怀着以身报国的壮志豪情，从祖国的四面八方汇集到青海金银滩草原，开启了艰苦卓绝的创业生涯，也从此开启了中国科研领域书写中国传奇故事、传播中国声音的大门。

在党中央的指挥下，专家们开始了核基地选址工作。1957年5月，李觉局长和吴际霖、郭英会、何广乾以及苏联专家等10余人，在飞机上观察了甘肃、四川等省的许多高山丛林之后，几经周折，综合地质地貌、水文气象等因素后，最终将中国第一个核研制基地选定在青海省海晏县金银滩地区。当时的选址理由初步认为，一是这里四面环山，中间平地，宜于建厂；二是这里人口

① 中共中央文献研究室. 毛泽东年谱（1949—1976）：第3卷［M］. 北京：中央文献出版社，2013：373.

稀少，地域宽阔，便于疏散；三是这里边远闭塞，利于保密。1958年5月，邓小平同志正式签批选址报告，代号为“○二工程”。最初称二二一厂，对外称青海省综合机械厂，掩护名称为青海省第五建筑公司青海矿区，最后改称国营二二一厂。基地占地面积570平方公里，四面环山，高寒缺氧，平均海拔3300米左右。3个月后，来自全国各部队的第一批2000多名转业干部和战士，冒风寒、顶酷暑，先期到达这里，拉开了中国核工业建设的序幕。

在草原上居住的1279户牧民6000余人，赶着15万余头牲畜，在国家需要搬迁的时候，没有提出任何要求，仅仅用10天就完成了搬迁工作。1958年，由李觉将军率领的两支建筑公司进入金银滩后，基地抢建工作开始了。施工队伍首先在总厂区抢盖几栋红砖楼房，指挥部这才有了办公的地方。1960年，在草原上第一栋楼房建成后，全面负责基地生产建设的李觉将军下了一道命令，把新建的房子让给科技人员住，干部一律住帐篷，自己也带头住进帐篷里。金银滩草原是平均海拔3100米的高原牧区，气压低，缺少氧气，开水只有80多摄氏度，煮饭半生不熟；年平均气温不到零摄氏度，霜冻期长；经常风雪交加、冰雹大作，一年中有八九个月要穿棉衣。高寒缺氧是几乎所有人要渡过的第一大难关。1960年开始的三年是国家经济困难时期，饥饿席卷全国，二二一基地开始了最困难的两年。职工帐篷无法抵挡零下二三十摄氏度的严寒。每人每月定量，吃的是青稞面和小米的混合面，副食是一点干菜。所有人在抵抗高寒缺氧的同时，还要节衣缩食、咬牙度饥荒，其艰苦程度非亲身经历难以想象。而中国的“两弹一星”正是在这样极端艰难的条件下研制出来的，这也坚强有力地证明中国人民在科研领域具有独立自主的创新能力，不会比任何国家和任何人差。国外能够研制成功的，中国人民即使条件再艰苦、环境再恶劣，也能团结一心、上下一体地攻坚克难，将其研制出来。这既是中国社会主义制度优势之所在，也是中华文明精髓之所在，更是中华民族千年厚重的民族情感、信仰、信心之所在。

在我国原子弹研制初期，苏联曾在技术上给予我国大力援助。然而，就在原子弹研制进入关键阶段，苏联向中国提出共建长波电台和联合舰队的想法，试图从军事上控制中国。这遭到中国政府的断然拒绝，从而引起中苏关系恶化。苏联撤走了所有技术人员和研制设备，企图将我国的核武器研究扼杀在摇篮之中。当时的苏联领导人赫鲁晓夫甚至断言，中国穷得三个人穿一条裤子，就是20年也搞不出原子弹。苏联撤走专家，给我国核工业发展带来了意想不到的困难。

1962年，第二机械工业部向中央上报争取在1964年、最迟在1965年成功爆炸第一颗原子弹的两年规划。毛泽东主席在这部规划上批阅：“很好，照办，要大力协同做好这些工作”。与此同时，为了加强领导，还专门成立了由周恩来总理任主任，各位副总理和政府部长级领导共同参加的15人中央专门委员会，成为中共中央领导我国核工业发展的最高决策机构。1963年6月至1967年6月，是“草原大会战”时期。为了研制原子弹，二机部从全国抽调了科学家及高级、中级科学研究人员和工程技术人员、高级技术工人以及全国各大专院校分配的毕业生和归国留学生，总数达到数千人。他们汇集到二二一基地，参加我国原子弹、氢弹研制大会战，边干边学，从“门外汉到行家里手”，为研制“争气弹”全力攻关。整个大会战，全国众多单位大力协同。中国科学院兰州物理研究所研制了炸药配方，一机部提供加工机床，二机部五〇四厂提供5号材料，二〇二厂提供8号核材料，三机部帮助加工蜂窝架，四机部提供电子器件和设备，五机部西安第三研究所提供炸药和雷管……全国上下团结协作，“走出了一条中国特色的原子弹研制道路”。

在苏联专家撤走后，邓稼先在北京带领孙清河、朱建士等十几名应届大学毕业生用手摇计算机和乌拉尔电子计算机进行了原子弹总体力学计算。他们每天“三班倒”，每人每天工作10多小时。在1年左右的时间里，共对原子弹内部物质运动全过程进行了9次计算，不但为原子弹理论设计和力学计算奠定了坚实基础，而且纠正了苏联专家的一个较大的理论错误，于1963年3月提出了我国第一颗原子弹理论设计方案。与此同时，在王淦昌、陈能宽等科学家领导下，研制原子弹的另一项重要基础性课题——爆轰物理试验研究，也加紧进行。在临时搭起的工棚里，用普通铝锅熔化炸药，手工搅拌炸药，用马粪纸做成圆筒代替金属模具，浇铸出第一个炸药部件。核材料铀-235是原子弹的核心材料，其研制过程是一项了不起的系统工程，从探矿、选矿、开采到最后提取成功，有上百道工序。从南方的矿山开挖、选矿，由粗加工到细加工，再到精加工，一步一步筛选，一步一步提取，将半成品送到北方某工厂，再由北方某工厂加工后送到西部多家工厂，最后提取。整个工艺流程要经过大半个中国，缺少一道工序也不成。每道工序都有极严格的技术要求，工作量之大、工艺要求之细、技术要求之强，让人惊叹。为了早日研制出“争气弹”，科研人员加班加点，周日也在开会、测数据、讨论方案，每周只休息一个晚上。这些“草原人”全身心投入，忘我工作，几天几夜不睡觉，从不叫苦叫累。老职工唐孝威曾说：“原子弹、氢弹是怎么突破的？就是靠一种精神，一种叫作‘两弹’精神的东西。”这是一种精神支撑，是一种民族信仰，更是一种家国情怀。导弹、原子弹、氢弹是国之重器，是握在中国人民手里的一把利器。不掌握这三大重器，中国人民就永远要受霸权主义的欺凌，就永远在美苏两个超级大国面前落了下风而抬不起头来，就要永远遭受别人的讥笑和侮辱。中国老一辈无产阶级革命家正是怀着这样一种忧国之心、强国之志，远赴异国求学，而后学成归国，投身保卫祖国安全的国防建设事业中。正是因为具有这种强烈的报国志向，广大科研人员和老一辈科技工作者克服高寒缺氧、缺衣少粮的恶劣环境和不利条件，用自己的青春和生命在中国大地上书写了惊天动地、感人至深的“两弹”故事。

1964年6月6日，二二一厂610工号的爆轰试验厂，第一次1∶1全尺寸爆轰模拟试验成功；9月29日，第一颗原子弹从青海核研制基地总装下线，从上星站运往新疆罗布泊；10月16日下午3时，中国西部上空出现一朵灿烂的“蘑菇云”，中国第一颗原子弹爆炸成功。从毛主席、周总理到全国人民，从长城内外、大江南北到四海之外，凡是中华民族子孙无不扬眉吐气，这是中华民族复兴的里程碑。在第一颗原子弹爆炸成功当晚，周恩来总理在人民大会堂接见音乐舞蹈史诗《东方红》演职人员时，向全体人员宣布了这一消息。在原子弹爆炸成功的第二天，也就是10月17日，中央政府向全世界做出庄严声明：“中国在任何时候、任何情况下，都不会首先使用核武器”，“我们深信，核武器是人制造的，人一定能消灭核武器”。在第一颗原子弹爆炸成功后仅两年零八个月，中国第一颗氢弹研制成功，历时远少于美苏两个国家，且独立自主研发的氢弹技术也明显高于美苏两个国家。这表明，中国人民有能力、有信心夺取一切伟大胜利，战胜一切艰难险阻；有能力、有信心为人民、为国家创建一个独立自由、富强民主、和谐安定的国际环境和国内环境，推动国家走向振兴、复兴的康庄大道。

30多年来，广大科技工作者、工人、干部、牧工、家属和人民解放军、警卫部队指战员，在党中央、国务院、中央军委、中央专委的统帅和指挥下，在全国和青海各族人民的大力协同下，在这片1170平方公里的神秘禁区内，艰苦创业、无私奉献、团结拼搏、攀登高峰，攻克了尖端科学技术，先后成功地进行了16次核试验，实现了武器化过程，生产出多种型号战略武器装备部队，壮了国威、军威。这一壮丽的事业是几代人连续奋斗的结晶，多少人为之贡献了青春年华，有的献出了宝贵生命。党和人民不会忘记，共和国不会忘记。

“雄关漫道真如铁，而今迈步从头越。”20世纪70年代，二二一基地完成历史使命，开始退役，正式向四川绵阳战略转移。从1987年至1992年，基地按照国际化标准开始进行彻底无害化处理，并将上万名职工合理安置到全国各地。1993年，基地正式举行交接仪式，完成各项功能设施移交，移交给青海省海北藏族自治州，并经国务院批准更名为西海镇，成为海北藏族自治州的政治经济文化中心，人称“原子城”。昔日的神秘禁区，如今已成为现代化的高原小城，镶嵌在青海湖和祁连山之间。而中国第一个核研制基地旧址，也以其独特的历史和崭新的面貌而为世人所熟悉、所景仰。江泽民同志曾经指出：“我们要有一种高度的历史责任感，有一种昂扬的精神状态。经过建国以来近半个世纪的努力，我们的国防和军队现代化建设取得了伟大成就，但仍然任重而道远。继续推进国防和军队现代化的重任，历史地落在了我们的肩上。要在世界上干成一件事，没有一点精神是不行的。要成就我国国防和军队现代化这样一项伟大事业，更需要发扬艰苦创业、奋发图强的革命精神。回顾五六十年代，我们搞原子弹、氢弹和人造卫星，那时物质技术基础何等薄弱，条件何等艰苦，硬是在很短时间内就拿了下来，表现出一种强烈的革命精神。我们要保持战争年代那么一股劲、那么一股革命热情、那么一种拼命精神，向组织指挥打仗一样，组织指挥国防和军队现代化建设。”[①]可见，我们干事创业不仅需要一种精神，搞科学研究和科研攻关更需要一种坚持不懈、久久为功的精神。这不仅是当时的历史环境下所必需的，就是在现今生活条件和科研条件改善的条件下，也更需要我们保持革命战争年代那么一种拼劲、干劲、闯劲和韧劲。

---

① 江泽民. 江泽民文选：第2卷［M］. 北京：人民出版社，2006：89.

2. 制度优势下的大力协同[①]

“两弹一星”研制工作如果没有党中央的果断决策和正确领导，是搞不成的。当时，新中国刚成立不久，百废待兴，国家经济力量还很薄弱，科学技术和工业基础还很落后，加上国际反华势力极力封锁我们，在这种情况下中央下这样的决心是很不容易的。毛泽东在谈到中国问题时说，你是真要还是假要？真要的话，减少党政费用，节省出钱来也要干这个事！下定这个决心了不得。如果不是党中央、毛泽东主席，谁还能下这个决心？

在20世纪50和60年代那种条件下，能在短时期内研制出原子弹，充分彰显了社会主义制度的优越性。当时有些外国人扬言：中国的经济不发达，科学技术落后，在短时期内研制不出原子弹。所以，我们能够在那样的困难时期把原子弹搞出来是非常不容易的，确实体现了社会主义制度的优越性。党中央决策之后，中央各部委、各个地方都像毛泽东主席所说的“大力协同”，无条件地给予科研团队很大的支持。

当时，九院[②]和五院[③]联合搞“东风二号”，这个导弹是很成功的。李觉和钱学森等人研究导弹发射问题，中央提出要求，“不能让它掉下来”，“掉下来也不能是核炸弹”！因为地面上都是老百姓啊。万一导弹掉下来了，我们得想办法让它自毁，不能掉到老百姓头上。周恩来总理、聂荣臻元帅非常重视这项工作。部队组织了许多火车、汽车，把当地老百姓疏散开。这些工作都是中央亲自抓的。从这一系列情况来看，如果没有一个好的制度，不是各方面大力协

---

① 根据以下资料整理：李觉.“两弹一星”研制的有关历史资料制度优势大力协同：原子弹决策和研制的宝贵经验［J］. 中共党史研究，2012（3）:63～66.

② 1956年11月16日第一届全国人大常委会第五十一次会议决定，设立中华人民共和国第三机械工业部，主管我国核工业建设和发展工作。1958年2月11日，第一届全国人民代表大会第五次会议决定，将第三机械工业部更名为第二机械工业部。1982年5月4日，第五届全国人大常委会第二十三次会议决定，将二机部更名为核工业部。1958年1月8日，中央决定成立第三机械工业部九局，负责组织核武器研制工作，李觉任局长；10月10日，二机部党组决定成立北京第九研究所（简称九所），李觉兼任所长。1964年2月，九局、九所机构撤销，总院名称定为“二机部第九研究设计院”（简称九院），李觉任院长。

③ 中华人民共和国国防部第五研究院，简称国防部五院。它成立于1956年，是我国第一个导弹火箭研究机构，钱学森为首任院长。

同，是干不成的！

原子弹能在困难的条件下、短时期内研制成功，与广大科技工作者的创造性工作分不开。那个时候，我国的科技专家也好，工程技术人员也好，谁都没研究过原子弹，一切从头做起，那的确是很艰苦、很困难的。这就确确实实反映了一种革命精神——为了国家，为了人民的利益，没有什么条件可讲。只要是党交给的任务，就一定不负党的信任和嘱托，再苦再难也要想方设法完成。

这些科学家、工程技术人员来了以后，先在一起学习毛泽东的《矛盾论》《实践论》。大家各抒己见，交流学习心得。另外，每个人都力争尽到自己的责任，比如说搞工程技术的，就在理论上弄清楚，以便在实践中有正确的技术处理措施。应该说，学科之间、技术部门之间、党政部门之间协同得很好。那个时候，大家都一心想着怎样为国家、为人民作出贡献。正是在各个领域、各个学科专家团结一心、奋力拼搏下，我国“两弹一星”不论是在理论研究方面，还是在零部件生产、研发方面，抑或是在图纸设计、手动操作、远程控制、精确制导等方面，都取得了全方位的突破和进展。也正是在各个领域和各个研发部门的精诚合作、紧密协作之下，我国的导弹、原子弹、氢弹和人造卫星仅用了不到十年就成功研制出来，大大提升了中国人民和中华民族的凝聚力和向心力。

（二）高科技研发离不开团结协作和创新发展

1. 团结协作，造岛神器显威力[①]

2020年1月10日上午，国家科学技术奖励大会在京隆重举行，“海上大型绞吸疏浚装备的自主研发与产业化”项目荣获国家科学技术进步奖特等奖。“海上大型绞吸疏浚装备”就是曾开赴远海参与岛礁建设等国家重大战略工程、人称“造岛神器”的中国自航绞吸挖泥船，即以“天鲸号”等为代表的“造岛神器”。

① 根据以下资料整理：环球网．“造岛神器”获得国家科学技术进步奖特等奖！https：//baijiahao．baidu．com/s?id=1655337935792479634&wfr=spider&for=pc，2020年6月13日登录。

中国疏浚装备高科技研发的背后，有一支勇敢与智慧并存的团队。构建海上大型绞吸疏浚装备设计制造技术体系，是企业、高校、科研院所等单位协同联动，市场、研发、建造互促互进，形成“系列化”产品自主设计和制造能力。该项目取得发明专利64项、实用新型专利73项、软件著作权43项，编修订国家标准7项。

在领奖前夕，中交天津航道局有限公司（以下简称中交天航局）总工程师顾明接受采访时说道：“从中国有疏浚到如今已是123年，大概近百年的历史上我们的疏浚船都是靠进口的；而现在的中国能实现‘国轮国造’，是我们全体中国疏浚人的骄傲，是真正的光荣，真正的扬眉吐气。”的确，拥有了这项技术后，“中国没有造不了的港口”的豪言壮语变成了现实。

就是这样一项重要的产业以及装备，仅在不到20年前，核心技术还全部掌握在外国人手里。在哪里建港口、建什么样的港口，都要受制于人。为了将这一“卡脖子”技术掌握在自己手中，中国疏浚装备开始了国产化之路。以前，中国疏浚业都是从国外购买船只和装备，而且外国公司严格技术保密，不仅售价高昂，而且时刻挑战中国疏浚人的自尊心。

“天鲸号”的郭业飞书记说，之前如果船只有故障，只能通过出售该船只的外国公司修理。如果他们发现了其他修理痕迹，就会拒绝维护。而且请对方的维修人员来修理，还要保证入住至少四星级酒店、报销往返路费，等等。

2003年，中交天航局想要从荷兰一家公司买一条挖泥船。当时，荷兰公司给出的造价是500万欧元，其中50万欧元是设计费。谈判桌上，为了节省成本，中方人员与他们反复协商，希望对方能在设计费上给予优惠，因为建造这种船型对他们而言，技术已经很成熟了，图纸参数都可以直接拿来使用，根本不需要设计。然而，荷兰公司仗着技术实力，认为中国人没有能力自己制造，必须依靠他们。他们不仅不降价，反而要求涨价5%。

那就自己造！钱都省了！

2006年，中交天航局联合国内产学研单位成功制造了中国第一艘拥有完全自主知识产权的现代化大型绞吸挖泥船——“天狮”船，彻底打破了国外对挖泥船的技术垄断，且造价不到进口船舶的一半。

以“天狮”船为基础，中交天航局迈开了大规模建造绞吸船的步伐，“天牛”系列、“滨海”系列、“新215”系列等一大批国产装备相继建成投产。

2013年，当时疏浚能力位居亚洲第一、世界第三的“天鲸号”，书写了当代版精卫填海神话，成为名副其实的“功勋船舶”。

登上世界舞台的中国疏浚，也正在领跑国际未来发展趋势。“我们真正实现了‘智能疏浚1.0’版。在一个台车范围内实现自动控制，即挖泥船的自动驾驶。这是世界首创、世界领先。”顾明在谈及“天鲲号”时难掩骄傲之情，“我们正在研发智能疏浚2.0。”

最新一代中国疏浚船在挖掘系统、输送系统和智能集成控制系统上都作出了里程碑意义的突破。“未来，继续研发燃料的油气结合，推动疏浚节能环保也是我们重要的攻关方向。”

为了适应快速变化的、多样的疏浚工程要求，科研团队建设也成为中国疏浚人不可放弃的坚守。中交疏浚已经建成中国唯一、世界最大的中交疏浚装备技术国家研究中心，还建立了2个国家级企业技术中心、4个省部级企业技术中心、1个省部级企业重点实验室、1个省部级重点实验室、2个博士后工作站以及10个研发平台。

如今，以“天鲸号”为首的系列海上大型绞吸疏浚装备成功地实施了远海岛礁建设、港珠澳大桥建造、长江口深水航道整治工程等国家重大战略工程，在上海洋山深水港工程、曹妃甸首钢工程、环渤海湾经济带建设、粤港澳大湾区建设等工程中发挥了重大作用。

2. 联合创新，加速产业化应用[①]

从用火作为照明的光源，到爱迪生发明白炽灯，再到以LED为核心器件的半导体照明走进千家万户，照明技术发展史就是人类文明进步史的缩影。

LED半导体照明光源具有高效节能、绿色环保等显著特点，是全球颇具发展前景的高技术产业之一，也是全球高技术竞争的关键领域。

2020年1月10日，2019年度国家科学技术奖揭晓，“高光效长寿命半导体照明关键技术与产业化”获国家科技进步奖一等奖。该项目历时十余年联合技术创新，形成具有我国自主知识产权的高光效、长寿命半导体照明成套技术，

① 根据以下资料整理：新华网. 产学研深度对接提升LED芯片自研水平加速产业化应用［EB/OB］.［2021-06-13］. http：//www. xinhuanet. com/tech/2020-01/10/c_1125443650. htm.

关键指标达到国际领先水平。项目成果实现大规模产业化推广，在北京奥运会、“十城万盏”示范工程等重大工程中实现示范应用。

（1）照明产业转型升级，照明产品更新换代

21世纪初，全球纷纷围绕LED研制制订发展计划。我国在2003年提出发展半导体照明计划，科技部等六部委启动“国家半导体照明工程”；2006年，半导体照明列入《国家中长期科学技术发展规划纲要》；2013年，国务院发布《发展节能环保产业的意见》，大力推动半导体照明产业化。

随着白炽灯淘汰计划实施，LED通用照明市场呈现爆发式增长，但半导体照明产品面临电光转化效率低、长期工作可靠性差、标准缺失等难题。项目主要完成人、中国科学院半导体研究所研究员李晋闽表示，该项目在国家科技计划的持续支持下，历时十余年联合技术创新，率先突破了全链条自主可控的半导体照明关键技术，实现LED芯片大规模产业化。项目成果在北京奥运会、“十城万盏”节能改造、索契冬奥会、俄罗斯世界杯等多场景开展示范应用，通过半导体照明产品大规模推广，为全球可持续发展作出贡献。

自主研制半导体照明芯片，有助于半导体照明终端产品大幅降价和大规模推广应用，带来的经济效益与节能减排效果非常显著。

“十几年前，一个照明光源一百多块钱，现在已经降到一元。从效率来说，LED光源电光转换效率是荧光灯的5倍、白炽灯的20倍。”李晋闽说，目前，我国已有近50%的传统光源被LED产品取代，每年累计节电约2800亿千瓦时，相当于3个三峡水利工程的发电量，超过澳大利亚全年用电量。

LED芯片是半导体照明“金字塔的塔尖”，下游封装、模组、应用等链条因为芯片产业化打开了想象空间，形成了外延芯片与国际并跑、应用产品领跑的产业新格局，我国半导体照明成为具有重要国际竞争力的高科技领域。

（2）产学研联合创新，加速科研成果产业化

作为项目第一完成单位，中国科学院半导体研究所秉持开放做研发的理念，围绕半导体照明主流关键技术和产业界联合创新。

“基础研究和工程化、产业化是一个链条。”李晋闽介绍说，项目技术推广依托半导体照明联合创新国家重点实验室平台，通过科研单位与行业龙头企业之间密切结合，探索了从基础研究、共性关键技术突破到产业化技术推广的路径，实现了高效LED材料、芯片、封装全链条技术产业化推广与半导体照明

核心器件国产化。

激光诱导光提取技术等多项外延芯片技术率先在三安光电股份有限公司进行推广与量产，通过半导体研究所的技术辐射，打通产业和科研之间的壁垒，不仅降低了产品成本、提升良品率，还加速形成规模化生产。

“产学研深度结合，LED是很好的案例，获奖项目是产业界和学术界合作的成果。”项目主要完成人，三安光电副董事长、总经理林科闯说，此项目是整个半导体照明产业链的技术攻关突破，覆盖面大且深，上中下游企业、政府、科研机构等协同创新合作是必要的，也非常重要。

三安光电在超高亮度LED外延材料结构、p-GaN掺杂技术、芯片台面图形和电极图案、芯片制作工艺、芯片与基底连接等方面形成了具有自主知识产权的技术。在电极制备、台面刻蚀、衬底减薄及激光划片工艺技术上都已建立了高效低成本的成熟工艺路线。上述研发平台、硬件基础及专有技术为项目创新作出了贡献。

林科闯表示，为适应半导体照明应用领域多样化发展，三安光电也将继续联合中科院等科研机构，向高端、新兴半导体照明领域加快拓展。

（3）基于照明超越照明光的应用超乎想象

随着半导体照明技术与产业的发展，除在照明方面的应用，新技术与新业态也层出不穷。

李晋闽举例说，采用深紫外LED替代传统汞灯，在消毒杀菌上的应用类似于白光LED替代传统光源在照明领域的应用，将形成一个巨大的新兴产业。深紫外LED可广泛应用于水净化、空气净化、生物探测、医疗等民用领域。

李晋闽认为，半导体照明具有较强的延展性，能衍生出更大的发展空间，带动更多领域做大产业规模。展望未来，半导体照明产业正在从最初的技术驱动转变为应用驱动，按需照明、智慧照明、超越照明将是半导体照明产业未来发展的重要趋势。半导体照明将在健康照明、智慧照明以及农业、医疗、通信等超越照明的技术领域得到更为广泛的应用。

当前，LED半导体照明企业把握自身在产业链中的固有优势，积极拥抱物联网、“互联网+”、5G应用等新技术，朝着产业再定位、再出发、再发展迈进。

据林科闯介绍，三安光电重点关注高端氮化镓LED外延芯片、高端砷化镓LED外延芯片、Mini/MicroLED芯片、车用LED照明等领域。他认为，5G将推动8K显示发展，而8K将带动MiniLED/MicroLED发展。可见光和不可见光的应用场景超乎想象，与显示、智慧城市、环境监控、健康、智能农业等的结合，将带动下一波照明产业升级。

可见，科学进步的重要动力源就是敢于创新、敢于率先作为。创新是科学技术进步和发展的第一推动力，是推动各国经济快速发展和世界经济逐步恢复的重要支撑源点。创新的前提是知识的代代传承，没有任何一个个人、一个国家单独可以取得科技创新的重大突破，即使是今天在科技领域处于领先地位的美国，终究也是在合理配置全球人才资源的基础上实现的。中国在LED照明灯、芯片、半导体技术方面的突破，也是中国广大科研人员齐心协力、团结协作、攻坚克难的结果。因此，在新时代，我们要推动理论创新、科学技术创新，就必然要集中最精锐的力量，紧密团结一切可以团结的科研力量，保持团结奋进、拼搏向上的精神状态，精诚团结、精密组织；就必然要合理利用和配置全球人才资源，以我为主和为我所用。推动科学事业发展进步离不开团结协作，当代青少年要主动发扬团结协作精神、增强集体主义观念，认识到社会性是人的本质。作为社会组成部分的个人，一旦离开社会是无法生存的，只有在集体的发展中才能实现个人的发展。当代青少年要自觉地将个人理想和国家命运联系起来，把个人选择和国家需要联系起来，把个人利益和国家利益联系起来，团结协作，做勇于创新的青少年。习近平总书记说过，“青年是整个社会力量中最积极、最有生气的力量，国家的希望在青年，民族的未来在青年。今天，新时代中国青年处在中华民族发展的最好时期，既面临着难得的建功立业的人生际遇，也面临着‘天将降大任于斯人’的时代使命。新时代中国青年要继续发扬五四精神，以实现中华民族伟大复兴为己任，不辜负党的期望、人民期待、民族重托，不辜负我们这个伟大时代。”“新时代中国青年要树立远大理想。青年的理想信念关乎国家未来。青年理想远大、信念坚定，是一个国家、一个民族无坚不摧的前进动力。青年志存高远，就能激发奋进潜力，青春岁月就不会像无舵之舟漂泊不定。正所谓‘立志而圣则圣矣，立志而贤则贤矣’。青年的人生目标会有不同，职业选择也有差异，但只有把自己的小我融入祖国的大我、人民的大我之中，与时代同步伐、与人民共命运，才能更好实现人生价值、升华人生境界。离开了祖国需要、人民利益，任何孤芳自赏都会陷入越走越窄的狭小天地。”[①]

二、攻坚克难，做刻苦钻研的时代新人

“两弹一星”事业是在极其艰苦的条件下展开的，当时年轻的新中国“一穷二白”，面对帝国主义势力的威胁和苏联断绝援助的危急时刻，不得不依靠自己的力量发展国防事业，在缺少经验、技术、资金的艰难条件下，“两弹一星”研制团队团结协作、通力合作、攻坚克难，独立自主地发展了中国的国防工业。“两弹一星”是一项规模庞大、技术难度高的系统工程，涉及多种学科领域的核心技术，并非一朝一夕就能攻克。我国的科研人员在大力协同、勇于登攀的科学精神的指引下科学分工、攻坚克难、刻苦钻研，逐个攻破关键技术，坚持集中力量办大事，最终才铸就“两弹一星”事业的传奇。科研人员刻苦钻研的技术成果，不仅使我国的国防实力发生了质的飞跃，而且在许多领域带动了我国科技事业和基础工业的发展，有力地推动了我国国防现代化和工业现代化。前进的征途上不会一帆风顺。要奋斗就会有艰辛，艰辛孕育新的发展。要把现代化事业干成功，必须有一种不畏艰难、顽强拼搏的钢铁意志，有一种坚忍不拔、敢于胜利的英雄气概。全党同志和全国人民都要自强不息、励精图治，致富思源、富而思进，不断攀登事业的新高峰。[②]

（一）“两弹一星”事业中攻坚克难的典范

1. 奋发图强风骨存[③]

他是人类历史上第一个发现正负电子产生和湮灭的人，却错失诺贝尔奖，

① 习近平. 在纪念五四运动100周年大会上的讲话［N］. 人民日报，2019-05-01（02）.

② 根据以下资料整理：张闻.‘我有国士’风骨存［J］. 中国科技奖励，2018（9）：77-79.

① 根据以下资料整理：张闻.‘我有国士’风骨存［J］. 中国科技奖励，2018（9）：77-79.

被诺贝尔奖委员会称为“无法弥补的遗憾”；他是多位“两弹一星”元勋及诺贝尔奖获得者的老师，被誉为“培养大师的大师”；他是我国物理学史上当之无愧的奠基人。他的病逝引起世界物理学界的巨大悲痛，而其一生却默默无闻，鲜为常人所知……

他就是赵忠尧，是经历新、旧中国冰火两重天的传统知识分子，也是为国发奋、自强不息的中国物理学界先驱者。

1998年，当他以96岁高龄辞别人世时，依旧悄然无声，就像春泥回归大地那样安详、从容。下面就让我们走近这位堪称中国物理学史上丰碑式的人物，了解他的传奇人生。

（1）生于乱世，奋发图强

1902年，中国社会现状堪忧，时局动荡不安。正是在这样一个乱世之中，赵忠尧在浙江诸暨出生了。赵忠尧的父亲当过私塾老师、医生，对当时中国积贫积弱的局面痛心疾首。他寄希望于子女，希望他们能在这乱世之中走出一条属于自己的路。赵忠尧不负父亲所望，在1916年14周岁时考入诸暨县立中学，1920年又考入中国创办最早的4所高等师范学校之一——南京高等师范学校。

赵忠尧入南京高等师范学校就读时，学校正要扩建为东南大学。1924年毕业后，他留在东南大学，并遇到了改变他一生命运的人——中国近代物理学奠基人叶企孙。叶企孙从国外归来至东南大学任教，赵忠尧成为叶企孙的助教。

1925年夏天，清华学堂筹办大学本科，请叶企孙前往。就这样，赵忠尧同叶企孙一同北上清华，开始担负清华大学物理系的实验课程教学。

在清华大学的工作中，赵忠尧愈发感受到中国与西方的巨大差距。而无法接触世界科技前沿，更让他焦急万分。1927年夏天，赵忠尧决定自费去美国留学。在向老师和朋友借了一些钱之后，赵忠尧又申请了清华的半费资助，只带了简单的生活用品，他就远赴重洋，去美国加利福尼亚理工学院攻读博士学位，师从刚刚获得诺贝尔物理学奖的密立根教授。

作为中国奋发图强的新一代，赵忠尧时刻坚守着自己肩上的职责。在他的心中，对祖国的爱始终是自己最深的情结，他的初衷始终与祖国的需要紧密结合在一起。

密立根教授起初给赵忠尧布置的博士论文是利用光学干涉仪做实验。负责实验指导的教师告诉他，做这个题目的仪器已经准备好，如果能如实测量、记录光学干涉仪上图纹的周年变化，两年内就可获得实验结果并撰写论文，凭这篇论文即可顺利地取得博士学位。然而，赵忠尧却认为做这个题目学不到多少技术，与他出国深造的初衷相违背，因此他要求密立根教授给他换一个课题。密立根教授虽有不满，但最终还是答应了赵忠尧的请求。过了一段时间后，他重新给赵忠尧定了一个题目“硬伽马射线通过物质时的吸收系数”。正是对这个题目的研究，赵忠尧被推到物理科学一个伟大发现的门口。

1930年，赵忠尧完成实验。他的结论震惊了当时的物理学界，28岁的赵忠尧在人类历史上第一次观测到正电子，后来的实验更让他成为世界上首次发现反物质的物理学家。这个发现足以让赵忠尧获得诺贝尔奖。

然而，令人失望的是，1936年诺贝尔物理学奖却颁给了比赵忠尧晚两年发现正电子径迹的安德逊。安德逊在近半个世纪之后的1983年写出了当年的故事：在加利福尼亚理工学院时，我与赵忠尧同为研究生，办公室只有一墙之隔。我的研究是受赵的启发才做的。曾任诺贝尔物理学奖评委会主任的瑞典皇家学会爱克斯朋教授，在解密诺贝尔奖评选过程时坦言：这是一个“很令人不安的、没法再弥补的疏漏，赵忠尧在世界物理学家心中是实实在在的诺贝尔奖得主”。可赵忠尧却对此毫不在意，因为他远渡重洋不是为了学位，更不是为了拿诺贝尔奖，而是为自己的国家和民族学到最前沿的科学和技术。对此，他无怨无悔。

（2）千难万险，保卫镭元素

求学无涯，孜孜不倦。1931年，赵忠尧赴英国剑桥大学，师从著名物理学家卢瑟福进行研究工作。在赵忠尧学成归国时，卢瑟福特意将50毫克放射性实验镭赠送给他。赵忠尧历尽千难万险，将这50毫克镭带回中国，并于当年回到清华大学，开设并创办了中国第一门核物理课程、第一个核物理实验室，成为中国原子能研究的开拓者。

高尔基说，苦难是一所大学。峥嵘岁月里，赵忠尧也曾经历过一次次磨难的洗礼。1937年，中华民族遭受了重重打击，日本侵略者全面入侵中国，中国人民处于水深火热之中。10月初，在清华大学长沙临时校门前，突然跑来一个脏兮兮的“乞丐”，一手拄着木棍，一手抱着一个咸菜坛子，急切地要求见梅贻琦校长。门卫认为这是一个精神不正常的人，便要将“乞丐”轰走。此时，梅校长刚好走出来，“乞丐”便猛地扑过去，一把拽住梅贻琦的衣袖，放声大哭。梅校长仔细一看，才发现这蓬头垢面的“乞丐”，竟然是从美国学成归来的赵忠尧，连忙上前握住他的手……赵忠尧将一直紧紧抱着的咸菜坛子放在校长办公桌上后，才长嘘一口气。原来，这咸菜坛子里藏着的正是那50毫克放射性实验镭，如果落到了日本人手里，后果不堪设想。原来，1937年10月，日军占领清华园，赵忠尧与梁思成一起，冒死潜返清华校园取回这50毫克镭元素。而赵忠尧则扮成难民，跟着逃难的人一起千里跋涉前往长沙。35岁的赵忠尧，抱着咸菜坛子，胸口被磨出了两道鲜红的血印子，整整走了一个多月，才终于从北京走到了长沙。原本玉树临风的大学教授，变成了一个蓬头垢面的“乞丐”……

赵忠尧没有浪费那50毫克镭。当年，西南联大物理系师生曾在极其简陋的条件下，利用这50毫克镭做出了中子放射性元素实验，并激发了一代代中国核物理科学家。赵忠尧更是培养大师的大师，他的一些学生让中国骄傲、让世界震撼：钱三强、邓稼先、朱光亚、周光召……他们是中国“两弹一星”元勋；杨振宁和李政道，还获得了诺贝尔物理学奖。

（3）暗下决心，为国造出加速器

落后就要挨打，军事实力是一个国家保持足够国际竞争力与话语权的重要因素。原子弹是核武器之一，是利用核反应的光热辐射、冲击波和感生放射性造成杀伤和破坏作用，以及造成大面积放射性污染、阻止对方军事行动以达到战略目的的大杀伤力武器。

美国继在日本扔下了两颗原子弹之后，1946年6月30日，又在太平洋的比基尼小岛上试爆了一颗原子弹。此时，英法苏中等胜利的国家代表，应美国政府之邀观摩。蒋介石专门挑选了核物理专家赵忠尧前往观摩。当核爆炸的蘑菇云升起时，赵忠尧成了中国第一个亲眼看到原子弹爆炸的人。

他默默注视着冉冉升起的蘑菇云，将目测出的数据牢记在脑海中。当其他国家的代表情不自禁地为核爆炸的威力惊呼时，赵忠尧沉默不语、百感交集。中国什么时候才能释放出这样巨大的能量？这一天还太遥远，因为当时中国连一台加速器都没有。没有加速器就不可能揭开原子核的奥秘，更不可能进行自己的核试验。

演习完毕，其他国家的观摩代表回到美国本土游山玩水，赵忠尧却“神秘失踪”了。他作为核物理专家，深知核爆炸的关键技术就是加速器。他选择“滞留”美国的目的十分明确：设法购买到加速器。这时，国民政府给他汇了5万美元作为购买加速器的费用。可是买一台加速器起码需要40万美元，这点儿钱根本就不够。何况，即便买到了，也拿不到出口许可证，无法运回中国，美国政府严禁此类尖端技术出口。但是，赵忠尧太想给贫弱、落后的中国装一台加速器了。

赵忠尧心里盘算着，如果最精密核心部件在美国秘密定制，然后再想方设法托运回去，他将其他部件的技术参数默背下来，烂熟于心，然后回国自己制造，5万美元或许就够了。有人劝阻赵忠尧：来美国一趟不容易，加速器不是你的本行，何必把精力消耗在这上面?

赵忠尧顾不得这些。他深知，落后就要挨打，加速器就是多灾多难的中国最需要的，个人做出牺牲是值得的。

赵忠尧回到母校加利福尼亚理工学院，他利用一切条件，对加速器的操作台和零部件进行研究。为了掌握加速器设计和制造细节，赵忠尧成了实验室里最勤奋的人，在完成科研项目的同时，他拼命研究有关加速器制造的技术资料和零件参数。他每天都工作16小时以上。之后，赵忠尧又在美国麻省理工学院、卡内基地磁研究所等几个加速器及宇宙线实验室做义务工作，为的是能换取一些零件。他甚至节衣缩食，每天只吃面包和咸菜，把有限的经费和生活补贴都用来向工厂订制加速器零件。1948年底，赵忠尧终于完成了静电加速器的核心器件订购，欲回国研制。

回到祖国的赵忠尧用带回的器材和零件，主持建成了中国第一台70万电子伏的质子静电加速器。1958年，这台静电加速器被赠送给中国科学技术大学，供教学实验和学生学习使用。现在它被安放在中国科学技术大学博物馆里。1958年，赵忠尧又主持研制成功250万电子伏的质子静电加速器，其对我国核事业发展具有举足轻重的作用。这台静电加速器，一直为共和国服役到2000年前后。

（4）一生为国，矢志不移

“故天将降大任于斯人也，必先苦其心志，劳其筋骨，饿其体肤，空乏其身，行拂乱其所为，所以动心忍性，曾益其所不能。”赵忠尧以其坚忍不拔的意志，扛过了一次又一次打击与考验。

1973年，中国高能物理研究所成立，71岁的赵忠尧终于被恢复工作。1979年，诺贝尔奖获得者丁肇中向十多个国家的百余名科学家介绍赵忠尧时说：“这位是正负电子产生和湮灭的最早发现者。没有他的发现，就没有现在的正负电子对撞机。”从1983年起，杨振宁花了不少精力收集资料，以翔实的史料与充分的证据论证了赵忠尧关于正负电子对产生与湮灭的重大发现的意义及其与诺贝尔奖失之交臂的原因。文中称，赵忠尧的实验“具有经典美：简单、可靠且经得起时间的考验”。

1984年，几代人为之奋斗的目标——在中国建造高能加速器，终于被提上了议事日程。尽管赵忠尧年事已高，但82岁的他仍然积极参加了高能实验基地建设，并带出了一批青年才俊。

5年后，北京正负电子对撞机对撞点安装就位，几个月后通过技术鉴定。已是87岁高龄的赵忠尧，作为鉴定技术专家，郑重地在鉴定书上签下了自己的名字。

1998年5月28日，96岁高龄的赵忠尧逝世，科学界悲痛不已。少年发愤、青年立志，一生为国，赵忠尧的人生是那样的无私而又伟大。我们缅怀他，应记住他是中国核物理研究开拓者，记住他是大师的大师，记住他的赫赫功勋，记住他闪耀如勋章的名字，也应记住他的殷切嘱托：“回想自己一生，经历过许多坎坷，唯一希望的就是祖国繁荣昌盛、科学发达。我们已经尽了自己的力量，但国家尚未摆脱贫穷与落后，尚需当今与后世无私的有为青年再接再厉，继续努力。”可以说，中国正是因为有了这么一批胸怀报国之壮志，胸怀为国之担忧的仁人志士、有志之士，才得以在20世纪50—60年代的艰难困苦局面下，取得以“两弹一星”为代表的众多重大科学技术成就。也正是在老一辈科学家为国为民、舍生忘死、先人后己的崇高精神和强大人格魅力的激励和感召下，无论在当时还是现在，中国都有众多海外留学人员在祖国需要时、民族呼吁时义无反顾、奋勇争先地回到祖国怀抱，投身到报效祖国的时代伟业之中，敢做惊天动地事，甘当隐姓埋名人。

2. 脚踏实地立国基[①]

20世纪50年代中美关系紧张，促成了新中国最关键的科学家归国，“让中国的‘两弹一星’提前了20年”。

钱学森1911年出生在“学霸”世家。在中国教育体制大变革的年代，钱学森度过了童年。性格安静、规矩的“学霸”钱学森，没有头脑一热投笔从戎，而是选择了脚踏实地投身于国家基础工业。1929年，18岁的钱学森以第三名的成绩考取了上海国立交通大学机械工程学院，攻读铁道机械工程专业。他的科学报国梦就此起航。

1934年，钱学森考取了庚子赔款留学生，赴美学习“航空机架”。钱学森来到美国后，一如既往地继续他的“学霸”之路。他仅仅在麻省理工学院学习了一年，就戴上了飞机机械工程硕士的方尖帽。但由于当时美国飞机制造厂的实习机会不对外国学生开放，钱学森经过仔细思考，决定改变自己的专业方向，转为研究航空理论。

25岁的钱学森，转学到了当时美国航空理论研究的殿堂——加利福尼亚理工学院。在这里，钱学森遇到了改变他一生的伟大导师冯·卡门。在加利福尼亚理工学院，钱学森最大的收获是加入了冯·卡门麾下的一个学生课外兴趣小组“火箭俱乐部”。这个小组包括钱学森在内一共5人。1939年，罗斯福总统紧急拨款数十亿美元，制订美国的“两弹”研究计划。而导弹研制任务则由冯·卡门领衔。于是，钱学森参加的那个课外兴趣小组“火箭俱乐部”，被升级成了“航空喷气通用公司”，成为美国第一个官方授权研制火箭的中心。作为公司创始人的5个学生，后来被史册记载为美国火箭研制的“元老”——钱学森是5位“元老”之一。

第二次世界大战进入尾声，美国人将重心从作战放到对科学研究的关注上，钱学森得以在导师冯·卡门的保荐下，通过美国的“政审”，进入代表美国最高国防机密的五角大楼工作。

在五角大楼里，钱学森参与了美国军方最核心的决策。

① 根据以下资料整理：钱学森让中国“两弹一星”提前了20年［J］. 科学大观园，2019（19）：28～31.

1944年，钱学森提出了一个小时内从纽约飞到洛杉矶的火箭喷气式飞机的设想。

1945年12月，钱学森作为美国科学咨询团成员，参与编写了《迈向新高度》报告，为美国战后飞机和火箭导弹发展提出了长远的规划，为后来美国的航天飞机和运载火箭打下了理论基础。

当时的美国媒体对钱学森和他关于航天的设想给予高度评价，《纽约时报》称他为“有价值的中国科学家”“美国火箭领域最有天分的科学家”。《洛杉矶时报》称他为“世界上最顶尖的火箭专家之一”、喷气推进领域“最热门的科学家”、“世界上最权威的火箭专家之一”等。

第二次世界大战结束，德语良好的钱学森，受命审讯了当时德国最核心的科学家。作为美军上校的钱学森，此时名声大噪，成为美国科学界的顶尖天才，犹如传奇一般的存在。

1947年回国探亲的钱学森，此时已经办好了美国绿卡。如果不是冷战的铁幕开启，或许这位已经出入五角大楼多年的中国人，真的会像德国人冯·布劳恩那样，成为美国接下来的太空竞赛中一位至关重要的科学家。

但是，历史很快把钱学森推向了另一个方向。两个重要人物的出现，促成了这位最伟大的科学家下定回国的决心。

第一个重要人物是一位老朋友，名叫罗沛霖，是一位电信学家，后来成为中国“两院”院士，是中国工程院的6名发起人之一。

1949年钱学森重返加利福尼亚理工学院任教之后，这位老朋友常常来钱家串门。钱学森与罗沛霖成为挚友，除了一起探讨和欣赏音乐，也从罗沛霖口中了解到了关于共产党和新中国的更多情况。

第二个重要人物，是钱学森在“航空喷气通用公司”工作时的一位同事丹·金贝尔。

1950年的一天，钱学森希望向学校请假回国探亲的消息，传到了时任美国海军次长金贝尔那里。曾经与钱学森共事过的金贝尔，深知钱学森的价值。于是他立刻致电美国司法部阻挠此事，并说出了那句国人皆知的“名言”：“一个钱学森抵得上五个海军陆战师。我宁可把这个家伙毙了，也不能放他回红色中国去。”当时的背景是，太平洋彼岸的朝鲜半岛战火刚起，美国开启了一场声势浩大的“清共运动”。中国公民钱学森被扣上了“共产党员”的帽子。

钱学森辞去了所有职务，写了一份声明，准备离开这个让他失望和屈辱的国家，但是等来的却是美国特工。

钱学森被美国移民局以“莫须有”的罪名扣押，保释后仍处于被软禁状态，一切行踪，来往电话、信件均受到美国特工的暗中监视和监听。

钱学森被软禁了5年。直到1955年6月，钱学森甩掉了跟踪他的美国特工，把一封至关重要的求救信投进了商场的邮筒。后来，这封信辗转交到了周恩来总理手里。周恩来随即令外交部火速把信转交给正在日内瓦进行中美大使级谈判的中国代表王炳南。

经过中国代表的交涉和努力，中国终于迎回了包括钱学森在内的94名旅美科学家。1955年10月8日早上，“克利夫兰总统”号到达中国香港九龙，港英当局以“押解过境”的名义把钱学森一家送到罗湖口岸。这一天，距钱学森第一次踏上美国土地已经整整过去20年。

而此时的金贝尔，又说出了另一句举世皆知的“名言”：“放钱学森回中国，是美国曾做过的最愚蠢的事。”

说到钱学森，很多人只知道他是一名伟大的科学家。但是，对钱学森如何伟大，具体又有哪些成就，却不太清楚。用现在的话来说，钱学森就像互联网公司的“产品经理”和CEO，他是中国火箭、导弹、航天事业的奠基人，全盘运筹者。钱学森在“两弹一星”上的成就，这里不做过多着墨。在当时那个刚经历过数十年战火、满目疮痍的新中国，连一台洗衣机都造不出来。钱学森却亲自组建了中国第一个火箭导弹研究院——国防部第五研究院。他带领新中国的科研工作者，用算盘、角尺和圆规，成功研制了新中国第一枚导弹。

当时的科研队伍参差不齐，主要由老干部、工人、少数海归专家、国内教师和刚毕业的大学生组成。“干部不懂技术，科研人员不懂管理，大家焦头烂额。”钱学森设立了总体设计部，由总体设计部负责对各个分系统的技术难题进行技术协调、统筹规划、总体设计。钱学森的原则是“不求单项技术的先进性，只求总体设计的合理性”。

钱学森还建立了导弹型号和设计师制度。总设计师负责导弹总体设计。此外，还有主任设计师、主管设计师制度，分别负责导弹的分系统和单机设计。这一制度的确立，使火箭和导弹的型号研制走上正轨。

钱学森设计的这些制度，一直沿用至今。甚至“导弹”“航天”“航宇”这

赵忠尧、钱学森、邓稼先等百名留美学生学成归国，在甲板上集体合影

（图片来源于共青团中央微信公众号，《邓稼先：要是有来世 我还是选择中国 选择核事业 选择你》，2019年11月26日）

三个词，也是钱学森首创的。“火箭军”的概念，也是钱学森最早提出来的。2017年朱日和阅兵，沙场上隆隆驶过的各式导弹车，从某种意义上来说，都是钱学森作品的延续。

2009年10月31日，钱学森逝世，美国媒体直接称其为美国航天事业的“奠基人”。在他101周年诞辰时，SpaceX公司纪念他，祝这位NASA喷气推进实验室创办人生日快乐。

而对于中国来说，中国的火箭事业始于钱学森。中国科技协会前副会长庄逢甘评价说：“若非钱学森，中国的科技还要落后20年。”

加利福尼亚大学伯克利分校葛守仁教授则评价道：“钱学森革新了中国的导弹科学，也因此革新了军事科学。他是中国的首席科学家和工程师。”

“两弹一星”元勋就是以这样攻坚克难的精神推动了早期中国国防事业发展，他们就是以这样刻苦钻研的精神推动了中国先进科学技术的发展和进步。这正如江泽民同志讲到的，“艰苦奋斗，事业必成；贪图享受，自毁前程。要发扬党的优良传统，使勤俭建国、勤俭办一切事业在全党全社会蔚然成风。”[①]可

---

① 江泽民. 江泽民文选：第3卷［M］. 北京：人民出版社. 2006：197～198.

见，我们无论是从事平凡岗位的工作，还是投身于祖国国防科研领域，都需要保持这么一种坚定不移、艰苦奋斗的精神状态，都需要保持这么一种进取心态和奋进精神。这种有所作为、主动作为的积极态度和昂扬姿态，是我们中华儿女能够始终不忘先辈精神、不忘民族气节、不辱中华威名的优良素质，是我们能够始终牢记党的重托、牢记国家的期盼、牢记人民谆谆教诲的清醒剂和强心剂。中国五千多年的漫长历史已经证明，国家富强不是随随便便就能实现的，民族振兴不是一朝一夕、一蹴而就能实现的，人民幸福也不是坐吃山空、坐享其成就能达到的，只有通过自身坚持不懈的努力，久久为功的谋划，不计一时之长短、不贪一时之功利，才能在日积月累中、成年累月中取得成功和业绩。

（二）以成就铸就传奇，以坚守成为榜样

1. 科学研究不是为了争名争利[①]

2015年10月5日，瑞典卡罗林斯卡学院宣布将2015年诺贝尔生理学或医学奖授予中国药学家屠呦呦、爱尔兰科学家廉姆·坎贝尔和日本科学家大村智，表彰他们在寄生虫疾病研究方面取得的成就。屠呦呦也成为诺贝尔生理学或医学奖历史上第12位女性得主。

2017年1月9日，2016年度国家科学技术奖励大会在北京人民大会堂隆重举行。屠呦呦，实至名归荣膺国家最高科学技术奖。这是她继2011年荣获拉斯克奖临床医学奖，2015年荣获诺贝尔生理学或医学奖之后，获得的又一项“重量级”大奖。各种荣誉接踵而至，屠呦呦并没有被荣誉冲昏头脑，依然低调做人，只有当谈起青蒿素时她才会有说不完的话。

20世纪60年代，由于虐原虫对奎宁类药物产生抗性，使得全世界100多个国家2亿多疟疾患者面临无药可治的局面，死亡率急剧增高。当时，中美两国都开展了抗疟疾研究。美国筛选了近30万个化合物，但没有结果；中国在1967年组织全国7省市开展了包括中草药在内的抗疟疾药研究，先后筛选化合

② 根据以下资料整理：高璎璎. 屠呦呦：科学研究不是为了争名争利，新华网.http://www.xinhuanet.com//tech/2017-01/09/c_1120271942.htm，2020年6月15日登录.

物及中草药4万多种，也没有取得预期结果。1969年，屠呦呦所在的中医研究院接到“523项目”任务。时年39岁的屠呦呦临危受命，任科技组组长，开始了征服疟疾的艰难历程。她从系统收集历代医籍、本草、地方药志和名老中医经验入手，汇集了2000多种方药，从中遴选出200多种供筛选，最后找出了青蒿素。

任何科学创新看似机遇，其实来自非凡的洞察力、宽广的视野和顽强的信念：为了保证病人用药安全，屠呦呦带头试服；为取得第一手临床资料，她在海南疟疾区奔走，高温酷暑下，喂患者服药；当时的科研条件简陋，环境较差，盛放乙醚浸泡青蒿的大缸时时发出刺鼻的气味，后来屠呦呦因此患了中毒性肝炎。对于屠呦呦而言，这是她已深入骨髓的医者大爱与仁心，更是其“久久寻蒿”的力量源泉。“成百上千次反复的尝试，枯燥、寂寞，没有非凡的毅力、崇高的理想就不可能战胜失败的迷茫，就不可能找到突破口，也就不可能获得非凡的成就。”

1971年10月4日，屠呦呦第一次成功地用沸点较低的乙醚制取青蒿提取物，并在实验室中观察到这种提取物对疟原虫的抑制率达到了100%。这个解决问题的转折点，是在屠呦呦经历了第190次失败之后才出现的。屠呦呦以成就铸就了传奇，也以坚守而成为榜样。“大奖彰百年，神州难酬。茵茵蒿草，呦呦首鸣！”中国工程院院士、中国中医科学院院长张伯礼在屠呦呦获得诺贝尔奖后作诗礼记。

“科学研究不是为了争名争利，青蒿素是传统中医药送给世界人民的礼物，对于防治疟疾等传染性疾病、维护世界人民健康具有重要意义。青蒿素的发现是集体发掘中药的成功范例，由此获奖是中国科学事业、中医中药走向世界的一个荣誉。”一向低调的屠呦呦，在获得诺贝尔奖后将成就的获得归功于集体的力量。她将相当于300万元人民币的诺贝尔奖金分为三部分：100万元捐给了她的母校北京大学，设立了创新基金；100万元捐给了中国中医科学院，奖励积极创新的年轻人，让更多的年轻人投身到中医药科研事业；剩下的作为团队日常开销的支出。正是这种淡泊名利的境界和追求真理的勇气组成了科学大家屠呦呦的“品格配方”：我喜欢宁静，蒿叶一样的宁静；我追求淡泊，蒿花一样的淡泊；我向往正直，蒿茎一样的正直。科研成功不会很轻易，要做艰苦的努力，要坚持不懈、反复实践，关键是要有信心、有决心来把这个任务完成。科学研究不是为了争名争利，科技工作者要去掉浮躁、脚踏实地！

2. 用中国方案破解世界难题①

在2018年1月8日举行的2017年度国家科学技术奖励大会上，中国工程院院士李兰娟代表11家单位上台领取了国家科学技术进步奖特等奖的证书。台下，中国工程院院士郑树森正面带笑容为妻子鼓掌。

一位是项目领衔人，一位是主要完成人之一。这对院士夫妻共同参与完成的“一种防控人感染H7N9禽流感为代表的新发传染病防治体系重大创新和技术突破”项目，用“中国方案”解决了传染病“世界难题”。

（1）院士夫妻带头吃鸡，并肩作战领跑新发传染病防治

2013年春，恰逢SARS疫情消除的第十年，我国长三角地区突发不明原因呼吸道传染病。患者病情凶险，病死率超过30%。正当人们因为禽流感“闻鸡色变”之时，一段女院士在媒体镜头面前亲自吃鸡以示安全的视频传遍了互联网。

这位女院士就是李兰娟，她用专业知识和科学方法，在第一时间解答了公众的疑虑，为抗击传染病威胁在关键时刻稳定了人心。

彼时，位于杭州的浙江大学医学院附属第一医院收治了多名患者，浙江大学传染病诊治国家重点实验室正紧急部署防治研究。

郑树森当时是浙大一院院长，李兰娟是浙江大学传染病诊治国家重点实验室主任。“疫情最为紧急时，浙大一院的一个病区收治了四五十个病人。”李兰娟说。

大战当前，郑树森调度全院医疗力量进行团队作战，与李兰娟并肩作战。每天组织疑难危重患者病例讨论，共同坐镇指挥，夜以继日地奋斗在抗击疫情一线。5天内，团队确认了新型H7N9病毒，并向全球公布了基因序列；两天后，研究团队成功研发检测试剂；3天后推广至我国31个省区市；5天后推广至周边各国；7天后，世界卫生组织向全球进行推广。

李兰娟说，明确了病毒基因序列，就知道如何对症治疗，使用什么药物、如何进行对症治疗。在此基础上，团队确定了“四抗二平衡”救治策略，显著

---

① 根据以下资料整理：朱涵、胡喆. 用“中国方案”解决传染病“世界难题”：国家科学技术进步奖特等奖背后的院士夫妻［EB/OB］.［2020-06-16］. http：//www. xinhuanet. com/tech/2018-01/08/c_1122227170. htm.

地降低了患者病死率。

在H7N9禽流感防御治疗方面取得的系列重大创新和技术突破，也得到了国际社会高度评价。世界卫生组织在其《人感染H7N9禽流感防控联合考察报告》中评述："中国对H7N9禽流感疫情的风险评估和循证应对可作为今后类似事件应急响应的典范。"

（2）每天只有吃早饭时能见一面：救死扶伤是共同理想

说起李兰娟、郑树森这对院士伉俪，他人的评价是"医学狂人"。他们每天上午8点准时到达医院，工作到深夜一两点钟回家是常事。常常是一个在台上做手术，一个在实验室讨论问题。虽然同在一家医院，但早餐是两人在一天中唯一在一起吃的一顿饭。

他们很少讨论家庭琐事，更多的话题是病人和工作。他们的研究主业有一定关联性，一内一外，可以说是一个链条的上下游。遇到她开创的人工肝技术无法治疗的肝衰竭患者，她会把病人介绍给郑树森，请他考虑肝移植。而郑树森在收治一些重症肝病患者时，也会根据病情建议病人尝试人工肝治疗，寻找更加合理对症的治疗方案。

对工作这份相似的"狂热"，也来源于李兰娟和郑树森早年类似的经历：他们都曾有过走家串户的"赤脚医生"经历。郑树森说，如果没有那段经历，他们不会那么深刻地体会到当时农村的医疗条件有多差。当他们有幸踏入医科大学的大门时，都暗暗立下志向，一定做个好医生。

"一切都为了病人，我们的目标始终是一致的。所以都是从不同角度不同方面想尽办法挽救病人，降低病人病死率。"李兰娟说。

（3）载誉却不满足：开创人体微生态研究

一位是传染病学领域的领军人物，一位是多器官联合移植事业的开拓者，李兰娟和郑树森这对院士夫妻在数十年携手中攻克了一个又一个科学难题。已经形成一个由郑树森和李兰娟共同领衔的终末期肝病综合诊治创新团队。这个创新团队在攻克终末期肝病的过程中自然而然形成，包含临床与基础、外科与内科多学科交叉领域的人才。

从20世纪90年代开始，该团队就在肝病治疗领域取得多项突破，并开始对肠道菌群与肝病发展进行研究，其最新研究成果证实了李兰娟和郑树森此前的猜想。

“正常人肠道内的有益菌数量超过有害菌，而重症肝炎病人则相反。也就是说，如果肠道内的‘坏细菌’大大超过‘好细菌’，则可能对肝脏产生致命性危害。”李兰娟说。

在李兰娟牵头下，该团队在终末期肝病发生机制研究上获得新突破，首次发现肠道微生态紊乱与肝病重症化发生发展密切相关，率先揭示了肝病肠道微生态宏基因组变化规律。

李兰娟重点开展肠道微生态研究，郑树森也在肝移植方面应用微生态技术和理念。他们互相给予对方科研灵感，也互相成就彼此。短短20年，他们的研究让我国微生态学研究从跟跑到领跑。2015年3月，李兰娟出任国际微生态联盟大会主席。这是中国人乃至亚洲人第一次当选这一领域的主席。

科学研究是一个不断探索的过程，这个过程并不总是一帆风顺的。青少年不管是面对科学研究中还是其他方面的困难，都要继承和发扬老一辈科学家攻坚克难的精神，敢于挑战自我、敢于迎战困难，要学会充分发挥主观能动性，克服外部不利条件，做刻苦钻研的时代新人。不争一时之长短、不较一时之意气、不逞一时之能，踏踏实实、扎扎实实、勤勤恳恳地默默耕耘，无私无悔地一心付出，这是我们青年一代和青年科技工作者应该承袭、应该保持的一种进取精神、奋斗精神和革命风骨。科学技术、科学研究要不得半点马虎、来不得半点虚假，必须扎下根来、沉下心来，耐得住寂寞、坐得住板凳，“两耳不闻窗外事，一心只读圣贤书”。要始终保持远大的理想和志向，不轻言放弃、不轻易迷失。只有这样，才能站得住、行得稳、走得远。江泽民说过：“建设有中国特色社会主义事业，是一项充满艰辛、充满创造的壮丽事业。伟大的事业需要并将产生崇高的精神，崇高的精神支撑和推动着伟大的事业。没有坚强精神的民族，是没有前途的。”①可见，我国从革命战争年代到社会主义建设时期以及改革开放新时期乃至中国特色社会主义新时代，所一脉相承、一以贯之的就是坚持不懈、艰苦奋斗的民族精神。这是中华儿女无论在何时何地何种情况下都能克服艰险、战胜苦难的重要精神支撑，也是中华民族能立世、治世的重要支撑，更是中华民族在新时代的今天仍能自尊自信地屹立于世界民族之林的重要保障。

---

① 江泽民. 江泽民文选：第3卷［M］. 北京：人民出版社，2006：196.

三、科学引领，做永攀高峰的时代新人

“两弹一星”是一项规模巨大、技术含量较高的科技工程。社会主义新中国从半殖民地半封建的旧社会诞生，从战争废墟中建立起来，国家的科技和工业力量“一穷二白”，工业基础落后、科技力量薄弱、人才资金匮乏等问题都是发展“两弹一星”事业的巨大障碍。马克思说过：“在科学上没有平坦的大道，只有不畏劳苦沿着陡峭山路攀登的人，才有希望达到光辉的顶点。”我国的“两弹一星”事业，就是一个不畏劳苦、披荆斩棘、不断攀登、不断创新的历程。在苏联停止援助后，我国科研工作者深深认识到，“两弹一星”这样的尖端技术是买不到的，只能依靠自己的力量和智慧，坚持科学引领，坚持自主创新，才能实现关键技术突破；只有自己掌握了核心技术，才能不受制于人，才能保护国家安全和民族独立。在“两弹一星”研制过程中，科技人员立足现实条件，敢于创新，采用一系列新原理、新技术、新材料，突破了一系列关键技术，获得数百项国家发明奖、数千项国家级和部委级科技进步奖，10余项国家科技进步特等奖，还在一些关键技术领域走到了世界的前列。当代青少年应该继承和发扬这种科学引领的精神，做勇攀高峰的时代新人。

（一）“两弹一星”事业中勇于登攀精神的展现

1.“我一生只干了航天这一件事”①

“两弹一星”元勋任新民，是中国航天事业五十年最高荣誉奖获得者，从

① 根据以下资料整理：蒋欣. 任新民：不只是传说里的人 [N]. 中国青年报，2017-2-22（11）；廖芳芳。中国航天的传奇奋斗史——专访中国科学院院士任新民 [J].卫星与网络，2010（11）：14-18.

事导弹与航天型号研制工作，在液体发动机和型号总体技术上贡献卓著，是“中国航天四老”之一。第一次见到任新民的人大多不敢相信，眼前这位老人被誉为中国航天“总总师”。他是钱学森点名调到国防部搞火箭的专家，是“两弹一星”功勋奖章获得者。他不仅是中国科学院院士，还是国际宇航科学院院士，曾担任中国6项大型航天工程的总设计师。

新中国成立后，这位美国博士、布法罗大学聘任的第一位中国讲师决定回国。和那个时代的很多科学家一样，这位“洋博士”一回来就成了“拓荒者”。20世纪60年代测试导弹发射，年过半百的任新民和一线试验员一起住在平房里并肩奋战。塞北夜晚的气温降至零下40多摄氏度，他不肯搬进楼房。后来患了重感冒，任新民在高烧昏迷中被送到医院，清醒过来后第一件事就是坚决要求出院，“导弹的试验工作正在关键时刻，把我放到医院里，没病也得把我急出病来。”

中国航天事业的每一个里程碑和功勋簿上，几乎都能找到任新民的足迹，而这双总是穿着布鞋的脚，几乎从不在第一现场缺席。“风云一号A星”卫星发射前3天，任新民都陪着技术人员找问题，“绝不让卫星带着问题上天”。要作重大决定时，他常常跨过两三级，找到最基层的设计员，问他们的看法。“我从一开始就蹲点，出了问题，马上就能商量改了。”任新民曾在接受采访时回忆，有一次，他到厂里检查工作，发现了问题。过了一段时间，厂长说改了，车间主任也说改了。他不放心，一直问到检验员，才说没有改。“其实我当时有一个感觉，你一步不到，得到的信息就可能是假的。”1983年，“长征三号”第一次全系统试车，仪器舱突然着火。任新民没等警报解除，顶着浓烟和消防设施喷射的水柱，直接爬上了试车台，希望通过着火点查明原因。火箭发射失败后，任新民拄着拐棍，走进荒漠寻找残骸。夜里他和同事把沙子烧热，盖到身上取暖。他身材瘦弱，却极能抗压。即使数次试验失败，任新民仍坚持运载火箭采用氢氧发动机技术。面对领导的疑问，他不惜拿性命作保：“如果不成功我负全责，包括坐牢、砍头。别看我70岁了，坐几年牢还没问题。”气象卫星研制遇到瓶颈，他拒绝采用国外技术，而是在国务院、国防科工委、中国气象局等部门之间来回奔走，最终诞生的气象卫星如今供全球90多个国家和地区使用，每年数据被引用次数数以亿计。听完他的汇报，时任国务院总理李鹏拨出几十亿元专用款，时任中央军委副主席刘华清批示道：“当前财政实在困难，动用国库存的金子，每年出点也得干！”

中国航天科技集团公司六院北京十一所原副所长、曾担任“长征三号”甲系列火箭发动机副总设计师的王桁回忆，任新民是个停不下来的人，总把“凡事预则立”挂在嘴边。“不能说等我要用什么了，再去研究这个技术，肯定来不及。必须未雨绸缪，我没法知道将来会需要什么。”任新民家里有一本厚厚的英汉词典，一直到90多岁时，他每天仍早早起床，抱着词典阅读最新的文献。他常说：“即使是再有造诣的专家，不深入实际就会退化，会‘耳聋眼花’。三年不接触实际，就基本上没有发言权了。”“长征五号”运载火箭总指挥王珏曾几次在早上6点接到任老的电话，问他有没有看到某项研究，“对于任总来说，永远没有退休的概念”。快80岁的时候，任新民还在爬发射塔架。快90岁的时候，从“神舟一号”到“神舟五号”的每一次发射，他都到场观看。直到95岁高龄时，只要人在北京，他依然参加航天科技集团公司六院北京十一所研究氢氧发动机的每一次试车。仅是在“长征五号”运载火箭副总设计师王维彬的陪同下就有20次。王维彬回忆，所里大大小小的分析汇报会、总结会，只要接到秘书通知，任新民都会骑着“全所最破”“一点光亮都看不到”的自行车准时到场。会后所里想留他吃点好的，他只要一碗面条。即使是担任原第七机械工业部副部长时，任新民外出开会也很少坐专车。同事对他的印象是“开完会拔腿就走”。而到各地视察航天工作时，这位“总总师”一般都会找认识的基层人员陪同参观。

王珏说，他曾经两次请任新民在书上题字。时隔好几年，老人题的都是同一句话“不唯书、不唯上、不唯洋、只唯实”。任新民之所以能在“两弹一星”事业中取得辉煌的成就，是因为他“只唯实”的科学精神，只要按照科学规律向前探索，就能实现登到科学顶峰的目标。科学研究不是搞文艺演出，不是搞杂技表演，更不是搞魔术汇演，来不得半点花里胡哨，来不得半点弄虚作假，更搞不得过眼烟云，必须脚踏实地、实事求是，对就是对、错就是错，这就是一个科学家和普通科研工作者真正应该具备的科学素养和崇高品质，而决不能含糊其词、含混模糊，不能搞“两面派”、耍小聪明，须知“立志言为本，修身行为先”。搞科学研究就是要勤勉一生、奋斗一世，要诚信做人、老实做事、不尚空谈、奋勇当先、奋勇争先。

2. 物理天工总是鲜[①]

彭桓武：回国不需要理由，不回国才需要理由（图片来源学习强国平台，《为了回到祖国，这些科学家历经苦辛》，2019年9月17日）

1931—1935年，彭桓武在清华大学学习。他主修物理，选修化学并旁听数学，受到吴有训、叶企孙、周培源和杨武之等先生的指导和帮助，打下了坚实的理学基础。本科毕业后，彭桓武进入清华大学研究院，在周培源先生的指导下开展相对论研究，但因1937年全民族抗日战争爆发而中断学业。在云南大学短暂教书后，他于1938年考取了中英庚款留学生。1938年秋，彭桓武抵达英国爱丁堡大学，师从著名物理学家玻恩。玻恩是量子力学创始人之一，获得了1954年诺贝尔物理学奖。考虑到自己之前的研究“皆偏于数学，只对技巧有所提高，而对理论物理尚未入门”，彭桓武在与玻恩初次见面时便提出“想要研究具体的物理问题，不想再搞广义相对论等难以捉摸的东西”。玻恩建议彭桓武计算金属的热振动频率。为了简化计算，彭桓武发展了自洽场的微扰方法并利用该方法计算由均匀形变引起的晶格势能变化和金属弹性模量。基于该工作，彭桓武于1941年获得爱丁堡大学哲学博士学位。

留学欧洲的前七年，彭桓武从未休假，共发表18篇论文，其中3篇发表于英国《自然》杂志，其余各篇均发表于世界著名物理学期刊。在同国际一流物理学家的合作中，彭桓武兼容并蓄，集各学派之长进而形成了自己的风格。在爱丁堡大学，他学习玻恩的矩阵力学方法和严格的数学推演能力；在爱尔兰都柏林研究院薛定谔处，他掌握了波动力学方法及薛定谔的缜密思维能力；而与海特勒关于介子理论的合作，使他掌握了如何系统研究某一主题的方法。凭借着杰出的理论物理研究能力，彭桓武获得玻恩和薛定谔的高度赞誉。在玻恩眼里，彭桓武是一位天赋出众、具有“神秘才干”、单纯又杰出的学者。而薛定谔在与爱因斯坦的通信中写道：“简直不敢相信，这个年轻人学了这么多，知

① 庄辞，刘金岩. 彭桓武：物理天工总是鲜［N］. 光明日报，2020-02-03（11）.

道那么多，理解这么快……”尽管彭桓武在学术上没有同薛定谔合作过，但薛定谔对他的影响很大。1985年，《薛定谔传》作者穆尔写信向彭桓武询问薛定谔对他的影响，彭桓武在回信中写道：“我同薛定谔教授曾在1941—1943年、1945—1947年两次共事。我非常感激同他友好且亲密的接触……大家公认听薛定谔教授的报告是一种享受，因为他报告时逻辑清晰同时具有很强的艺术感……薛定谔见解多样，同时是一位深刻的思想家，这不得不让人钦佩。”

彭桓武初抵爱丁堡时曾写下诗句“世乱驱人全气节，天殷嘱我重斯文”。这出自他对颠沛流离求学和留学生涯的万千感慨。当然，他深知祖国建设必然需要知识和人才这一颠扑不破的真理。所以，当彭桓武再次返回都柏林时，他认为自己已经具备独立研究的能力，便想争取早日回国。为此，彭桓武上夜校学俄语，计划从西伯利亚回国。为了得到回国的船票，他请求狄拉克和布莱克特帮忙，但未能如愿。1947年底，彭桓武终于得到从伦敦到香港的船票，辗转回国。事实上，早在1941年留英庚款三年资助期结束时，彭桓武便有意回国，甚至还学习游泳以备在大西洋中自救，但后来因太平洋战争爆发而搁置。

彭桓武回国后，相继在云南大学、清华大学和北京大学物理系任教，研究方向转移到原子核领域。由于留欧期间通晓量子力学基本理论，他回国后积极普及量子力学。除1952—1955年在北京大学物理系讲授量子力学外，还于1954年暑假在教育部在青岛举办的讲习班中为各大学培训了一批量子力学师资。此外，彭桓武还协助钱三强等人筹备组建中国科学院近代物理研究所并担任理论组组长。钱三强与彭桓武是清华大学的校友，1939年结识于欧洲。彭桓武1947年回国之前曾去巴黎看望钱三强、何泽慧夫妇。两人约定，待钱三强回国后“一块好好干”。近代物理研究所成立初期，百废待兴。为了开展工作，研究所动员所里的科学家去废品站捡一些可用作研究的旧金属。彭桓武有一次在天桥废品站寻找废品时，被公安人员怀疑为小偷或者破坏分子而带到派出所盘问，后来经钱三强解释后才得以释放。

1955年初，中共中央正式决定研制中国的核武器。中国核工业建设初期得到了苏联专家一定的帮助。1955年10月至1956年4月，彭桓武被派去苏联热工研究所学习反应堆设计理论。回国后，他的主要工作是培养中国原子能研究的青年人才。彭桓武善于挖掘年轻科研人员潜力，培养了周光召、黄祖洽、于敏等能力超强的年轻理论物理学家，助力中国成功研制原子弹，并在随后的短时间内成功研制氢弹。除在近代物理研究所同黄祖洽、金星南一起培养反应堆理论和计算数学的大学毕业生外，彭桓武还依照美国通用教科书，给第二机械工业部新招的各工科大学不同专业的毕业生补习核工原理等专业基础课。20世纪60年代初，苏联短时间内撤回援华的专家，中国科学家必须自力更生研制原子弹。1961年4月初，彭桓武奉命调到当时的第二机械工业部北京第九研究所，顶替撤走的苏联专家，负责核武器的理论攻关工作。此时，中国的原子弹研制一度陷入困境。理论计算表明，炸药爆炸后在内爆过程中产生的压力总是小于在原子弹设计初期苏联专家留下的教学模型框图。中国科学家历时一年多，经历9次烦琐的计算，还是得不到与苏联专家一致的数据。彭桓武请他的学生、刚从苏联杜布纳联合原子核研究所回国的周光召复查之前的计算数据。周光召仔细检查9次计算结果后认为，计算没有问题，怀疑苏联专家数据的可靠性。他从炸药能量利用率着手，求出炸药所做的最大功，从理论上证明用特征线法所做计算结果的正确性，从而证明苏联专家的数据不正确，结束了近一年的争论，使得中国原子弹研制继续向前推进。

1964年10月16日，中国成功爆炸第一颗原子弹。第一颗原子弹理论设计完成后，彭桓武迅速组织力量转向氢弹原理探索。从1964年底开始，在彭桓武等人的主持下，邓稼先、周光召组织科技人员制定了关于突破氢弹原理的工作大纲。彭桓武还设计了三套氢弹研制方案，分别由周光召、黄祖洽和于敏负责。彭桓武回忆说，原则上三套氢弹研制方案都是合理可行的，黄祖洽负责的方案实际上是一个保底的方案。最后，于敏带领的研究小组率先弄清了其中一个氢弹设计原理。在明确氢弹设计原理之后，理论部科研人员很快地融合一起，完善氢弹理论模型并进行细致的物理设计。于是，在突破原子弹研制之后的两年两个月时间内，再次突破氢弹原理，取得中国核武器研制的又一个里程碑式成果。

1967年6月17日，中国第一颗氢弹空投爆炸试验成功。原子弹和氢弹的成功研制，对于新中国的发展具有重要的战略意义，既推进了国防现代化建设进程，带动国民经济发展，又巩固和提升了新中国的国际地位。彭桓武在理论设计和人才培养过程中发挥了不可替代的作用。周光召曾说，彭桓武是中国“核物理理论、中子物理理论以及核爆炸各层理论的奠基人，差不多所有这方面后来的工作者，都是他直接或间接的学生”。物理学家、1957年诺贝尔物理学奖获得者杨振宁先生在2001年给彭桓武的信中这样写道：“中国今日国力鼎盛与原子武器之发展有密切关系。先生在此方面之贡献我虽不知细节，但早知其重要性。”然而，对于个人的贡献，彭桓武一直保持谦虚、低调。第一颗原子弹爆炸后，他难掩激动的心情，在罗布泊写下“不是工农兵协力，焉能数理化成功”的诗句。

多年以后，彭桓武作为第一获奖人因“原子弹氢弹设计原理中的物理力学数学理论问题”获得国家自然科学一等奖。当九所的同志把唯一一枚奖章送给彭桓武时，他提议由九所保存，随即写下：“集体、集体、集集体；日新、日新、日日新。”这是彭桓武内心精神世界的真实写照。至今，这十四个字一直指引着中国科学界甚至航天界的科学家前进。科学研究丝毫不是什么个人英雄主义的成果，更不是单枪匹马、孤军作战、孤军奋战的结果，相反，是众人齐心协力、众志成城、其利断金的成果。纵观中国革命事业、航天事业近年来所取得的一系列突出成就，都是中国众多领域科学家集中攻坚、协同作战的结果，是广大科学家承继前人、集成创新的重要成果，更是广大科学家义无反顾投身祖国建设，一心一意献身国家、人民、社会的最好见证。习近平总书记指出：“科学成就离不开精神支撑。科学家精神是科技工作者在长期科学实践中积累的宝贵精神财富。”“希望广大科技工作者不忘初心、牢记使命，秉持国家利益和人民利益至上，继承和发扬老一辈科学家胸怀祖国、服务人民的优秀品质，弘扬‘两弹一星’精神，主动肩负起历史重任，把自己的科学追求融入建设社会主义现代化国家的伟大事业中去。”“广大科技工作者要树立敢于创造的雄心壮志，敢于提出新理论、开辟新领域、探索新路径，在独创独有上下功夫。要多出高水平的原创成果，为不断丰富和发展科学体系作出贡献。”“要鼓励科技工作者专注于自己的科研事业，勤奋钻研，不慕虚荣，不计名利。要广泛宣传科技工作者勇于探索、献身科学的生动事迹。”①可见，科学研究事业的突破与发展离不开精神支撑，需要我们时刻秉持“功成不必在我、功成必定有我”的崇高精神，需要我们不断厚植为了国家、民族和人民舍小我、为大我，舍小家、为大家的高尚情怀。我国在20世纪50和60年代之所以能够取得“两

① 面向世界科技前沿 面向经济主战场 面向国家重大需求 面向人民生命健康 不断向科学技术广度深度进军［N］. 人民日报，2020-09-12（01）.

弹一星”伟大成就，归根结底是由于广大科学家和科技工作者对国家的深厚情怀、对人民的浓厚情感。钱学森、钱三强、彭桓武、朱光亚等老一辈科学家之所以放弃优越的生活条件、高额的薪水报酬，毅然决然地回到贫穷落后的祖国，是因为他们接到了祖国对他们的深情呼唤，他们感知到了自己内心深处的中国魂的跳动。

（二）坚持科学引领，成就伟大事业

科技发展的本质在于创新，创新是一个国家和一个民族发展进步的根本动力。国家富强和民族振兴都需要我们不断提高科技发展水平，增强创新能力。只有坚持科学引领，才能成就伟大事业。

1. 坚持创新思维，突破核心技术[①]

杨伟，1963年出生，15岁上大学，19岁攻读研究生，23岁任专业组长，29岁任研究室副主任，30岁任研究室主任，35岁任研究所副所长兼副总设计师，38岁任研究所总设计师。

1978年初中毕业时，他先后报考了高中和大学。等来了重点高中的录取通知书后，他就去上课了。在高中念了快一个月时，他接到了西北工业大学飞机系的录取通知书。这份通知书真是来之不易。因为杨伟在高考中的数理化成绩都不错，但他是色弱，很多理工科专业读不了。西北工业大学负责招生的教师遗憾地给飞机系打电话，说按条件没法录取这个孩子。一位姓罗的教授接到电话，当即回答：可以录，我本人就是色弱。1985年，杨伟以优异的成绩毕业，被分配到了成都飞机设计研究所。他主动找到宋文骢总设计师，请求做他的助手。宋总当时一愣，一个还没正式报到的新入所研究生，在1800多人的研究所里直接向他“要”工作，他还从来没有碰到过。近60岁的宋总和气地打量着22岁的杨伟，没正面说好还是不好，而是把杨伟安排到了一个新成立的研究室。

---

① 根据以下资料整理：訾谦. 杨伟：瞄准科技前沿不负伟大时代［N］. 光明日报，2020-07-17（1）.

20世纪80年代初，我国歼击机研制水平与世界先进国家相比差距很大，一些国家的第三代歼击机已经开始服役，有的也在研制之中，而我国的空军主力机种还是第二代。要迅速赶上世界航空先进水平，必须研制我国自己的新型歼击机。杨伟去的研究室正是为了国家某重点型号飞机研制而刚刚成立的，直接对应的是四大关键技术之一的数字式电传飞控系统研制。数字式电传飞控系统是先进歼击机的典型标志，是某重点型号飞机具有国际先进水平的核心技术，直接影响飞机的飞行安全和全机研制工作的成败，技术难度相当大，风险也很高。世界上先进国家采用数字式电传飞控系统的飞机都遭遇过严重挫折，西方国家对我国技术上更是严密封锁。当时有一位外国专家断言：中国科技人员不可能过“电传操纵”这一关。还有人说，中国人研制飞机的水平还停留在“小学”阶段。各种各样的议论传到杨伟耳朵里，对他产生很深的刺痛，更激起他奋斗的豪情。杨伟在研究所的第一个课题是对飞机在紊流中的影响分析。这虽然不是高精尖的课题研究，但也极具应用价值。他像一个在岸上鼓足了干劲的游泳健将，长吸一口气，一个猛子扎进水里。两个月过去，课题圆满结束，其计算结果令大家非常满意。三个月后，研究所里新成立一个四人研究小组，确定飞行控制系统的结构，这在国内是一个空白。杨伟被提升为组长。一个才来研究所五个月的研究生，就这样开始独当一面了。

成都飞机设计研究所是一个型号研制牵头汇总的主机所，需协调的全线参研单位共有120多家。后来每到一个单位，每见到一位领导，宋总都是这样向对方介绍杨伟：“这是杨伟，将来是要接我的班的。”杨伟于是继续奋勇攻关。他综合分析国外飞机的传感器、计算机、作动器余度管理资料，设计计算了十多种不同的余度管理方案，采用全新的思路对系统可靠性进行对比分析，找出了影响系统可靠性的主要因素，终于攻克了飞控系统余度管理这一关键技术。在主持开发飞控系统OFP软件开发环境过程中，他大胆创新，摸清四余度飞控计算机和飞控系统原理方案实施中的技术难点，从中积累了大量系统软、硬件开发和系统综合的经验，为飞控系统研制奠定了坚实的基础，树立了以我为主进行飞控系统综合的信心。研制开发飞控系统必须建一个具有先进水平的飞控模拟试验台。作为此关键设施的技术负责人，杨伟主持完成了设计方案论证，编制了一系列顶层设计文件，并提出了模拟台软件的总体设计思想，主持完成了运行软件包、支持软件包、模拟飞行软件包开发。由他领导开发的

CMRS软件系统为国家节省了300万美元。经过7年的求索，杨伟和同事们迎来了收获的时刻，一个现代化的大型仿真模拟和试验设施在我国首次研制成功，顺利通过专家评审，被评价为“功能齐全、手段完善、效率高，是国内最先进的飞控试验设施”。随着某重点型号飞机研制不断深入，如何满足电传飞控系统在真实飞机上进行综合试验和测试验证需求的难题，又摆在设计人员面前。经过长时间思考，一个大胆构想在杨伟脑中形成：研制一个高度综合化、功能齐全，集控制、测试、仿真于一体的流动试验室，也就是可在外场工作的可移动飞控测试车。但是，研制这样的测试车，当时国内外皆无现成经验可借鉴，某重点型号飞机的研制进度又不等人，难度实在太大。杨伟带领一帮年轻人，大胆采用国际上发展不久的VXI总线结构编制技术方案，进行初步设计。仗着年轻身体壮，熬通宵、吃方便面，一年时间完成了3年的工作量，终于将达到国际先进水平的可移动飞控试验室做了出来。由于设计正确，试验充分，使最具风险、最令上级领导不放心的飞控系统一直保持安全可靠运行，获得飞行员的高度评价。终于，某重点型号飞机首飞成功，大家和刚走下飞机的试飞员紧紧地拥抱。在一片欢呼声里，杨伟悄悄走到一边，眼泪在眼眶里转了几圈。他一吸鼻子，把眼泪咽了下去。

30多年来，杨伟一直在科研一线从事战斗机设计和研发工作，见证了我国航空工业从小到大、从弱到强的巨大变化，为航空工业发展和国防建设作出了重大贡献，成为“航空报国”的践行者。在成为“重大科研成果的创造者”的同时，杨伟还是一名“崇高思想品格的实践者”。在科技领域取得成就，不仅需要丰富的科技知识、创新的思维能力，还要有高尚的思想品格、顽强的拼搏精神。他反复向团队强调：“要进一步增强使命感。能承担国家最重要的航空武器装备研制任务，本身就十分光荣。忠诚，是我们应有的态度。”“新中国成立以来，我国航空工业从修理、测绘仿制到自主创新，从跟跑到并跑，其中有多少艰难险阻、多少百折不挠。”杨伟说，作为一个航空人，有幸参与到我国航空工业跨越式发展和国防现代化建设的伟大事业中，见证了诸多“卡脖子”的困难，体验了许多创新突破的艰辛，也共享了更多攻克难关的喜悦。科研事业的重大创新、重大突破是众人共克时艰和同舟共济的结果，是护卫国土安全、社会稳定和人民幸福的必然要求。承应国之需求、民之要求，在科技领域必须坚持独立自主、自力更生的行动策略和原则，必须以无私无畏、无我无惧之勇气和信念，上下一体、团结一心地攻难题、克险关，以科技事业的重要创新和突破引领国家的经济、政治、文化、社会、生态等各方面的全方位发展，提升国之综合实力、民之强大凝聚力，进而聚合起实现社会主义现代化、建设社会主义现代化强国的向心力和合力。

从中国五千年的历史变革来看，中华民族的每一次浴火重生、凤凰涅槃，每一次科技创新、实践突破无不是中国人民众志成城、团结一心的结果，无不是中华儿女摒弃门户之见，为大德、弃私德，为大家、舍小家的家国情怀孕育的成果。中国人民和中华民族依靠团结赢得过去、赢得现在，也必将依靠团结走向未来和赢得未来。邓小平曾经讲过，“有了理想，还要有纪律才能实现。纪律和自由是对立统一的关系，两者是不可分的，缺一不可。我们这么大一个国家，怎样才能团结起来、组织起来呢？一靠理想，二靠纪律。组织起来就有力量。没有理想，没有纪律，就会像旧中国那样一盘散沙，那我们的革命怎么能够成功？我们的建设怎么能够成功？”[①]可见，我们党过去领导中国人民干革命、搞建设靠的就是理想、纪律保证下的团结一致，今天，我们进行社会主义现代化建设，建设社会主义现代化强国，进行科技创新，同样要依靠团结统一来攻城拔寨、攻坚克难。

习近平总书记在中国科学院第十九次院士大会、中国工程院第十四次院士大会上指出：“实践反复告诉我们，关键核心技术是要不来、买不来、讨不来的。只有把关键核心技术掌握在自己手中，才能从根本上保障国家经济安全、国防安全和其他安全。”[②]科技创新代表着国家发展的未来，只有坚持创新思维，才能不断牵引我们实现战略目标。杨伟认为，作为科技含量极高的航空领域，要想持续取得进步，攻克关键核心技术，就要把科技创新摆在发展全局的核心位置，构建开放创新体系，瞄准航空科技前沿，牢牢把握航空工业创新发展的主动权。此外，还要不断为航空科技工作者搭建创新舞台，打造支持探索、鼓励创新的科研环境并建立切实可行、灵活配套的政策措施。

---

① 邓小平. 邓小平文选：第3卷［M］. 北京：人民出版社，1993：111.

② 习近平. 习近平谈治国理政：第3卷［M］. 北京：外文出版社，2020：248.

2. 屡败屡战方能成就伟大事业[①]

现任中国航天科工三院科技委副主任朱坤，平时着装休闲，说话朴实，手里常捧着保温杯，笑起来甚至有几分孩子气。但在工作中，朱坤却带着一股“狠”劲，压不垮、打不烂，即使屡战屡败，也能屡败屡战。这股劲头让他创造了辉煌：解决100多项关键技术，取得300多项发明专利；某撒手锏系列武器跨越式提升我国反舰导弹水平，推动海军由近海防御向远海防卫战略转型；某反舰系列导弹全面装备多型飞机和舰艇，成为海军空军主战装备……卓越的成就也让他得到了自己都不敢接受的评价“一代宗师”。2018年1月8日，朱坤登上了国家科学技术奖励大会领奖台，他担任总设计师的鹰击18反舰导弹武器系统获得国家科学技术进步奖特等奖。

2014年，某型号首次演示验证试验，遇上了万里晴空的好天气。然而，现场人员的心情并不晴朗。之前，针对一项关键技术的试验进行了十多次，但大多遭遇失败。很多人心里没底：“他们到底行不行?”果不其然，接下来的两次测试任务又以失败收场。然而，朱坤带领的试验队员没有沮丧。他们在各自岗位上分析讨论，忙到深夜。转天试验，在场所有人都瞪圆了双眼，屏住了呼吸。只见一道白光闪过，试验场传来欢呼声，几乎降至冰点的气氛被震耳欲聋的掌声打破。后续三次试验接连获得成功，试验队员终于把积聚在心中的压力连同兴奋一起宣泄出来。一位队员忘情地吼叫着，摆出了后羿射日的姿势。按照计划，这项试验成功一次就算通过，结果后续数十次试验连续成功，这样的成绩在世界上都属罕见。眼前的结果让朱坤连连感慨“想不到”。据悉，通常一个型号的技术创新率能达到30%～40%，就处于创新率的高位，而该型号的技术创新率高达70%，产品零部件数以十万计，做到百分百无误，难度可想而知。在一次动力试验中，悬挂装置上的试验品在点火后突然飞向试验间侧墙，穿墙而出，落到了大街上。大家都惊出了一身冷汗，好在没有人受伤。在一项国内从未进行过的关键部件试验中，试验品启动十多次，但该实验80%都失败了，要么因为部件被烧坏，要么因为产生控制力不足。一次次挫折、一次次心

---

① 根据以下资料整理：付毅飞. 屡败屡战成就“一代宗师”：记航天科工三院国家重点型号总师朱坤［N］. 科技日报，2018-1-15（05）.

有余悸，却没有让朱坤的团队退缩。作为一个长沙人，朱坤非常推崇曾国藩的名言“屡战屡败，屡败屡战”。“失败只是经历，不是结果。咱们目标很明确，最后肯定是成功。”他说。这股不达目的不罢休的劲头，潜移默化地影响着团队中的每个人，成为这支“打不倒”团队的共识。一个团队取得成功的最关键因素就是要有目标、有理想、有核心。有了核心的引领，团队就有了灵魂、有了主心骨，整个团队上下就能紧紧围绕在主心骨的周围齐心合力、勠力同心地攻坚克难；有了目标的指引，整个团队就能聚集最优势力量，集中一点取得重大突破，进而激活全盘，带动事业的全方位发展；有了远大理想，整个团队就能始终不失方向、不失志向，一个阶梯一个阶梯地爬，一个阶段一个阶段地干，一棒接着一棒干，一代接着一代干，以我将无我、不负人民的志气投身国防科技建设、投身国防科研领域。朱坤等老一辈科学家投身祖国国防事业的初衷和伟大精神，是他们能取得一系列骄人业绩的重要因素，也是他们能够为后人留下一簇簇薪火和代代传承的精神财富的重要因素。

新一代潜射反舰巡航导弹，在核心技术上实现自主创新，主要指标国际领先，综合指标国际先进，是全国唯一连续纳入国家某工程一期、二期、三期的重大型号。朱坤主持了该型号的预研、立项、研制、批产工作。他把该型号称为“吵出来的创新”。该型号立项时，很多人质疑：“你们比国外同类型号‘迷你、轻便’，指标还要比人家翻倍，凭什么?”一位老领导也认为，朱坤的想法“非常吸引人”，但不可能实现。为此他甚至拍着桌子，向朱坤大吼。是创新还是炒作？对外界的质疑，朱坤毫不服软：“就凭我们敢想敢干。”他把具体实施方案拿给老领导看，讲明自己的理由，最终把老领导说服。型号研制取得进展，一位上级首长听完汇报后吃惊地说：“你是‘一代宗师’啊!”朱坤吓了一跳，不知道怎么接话。“这个提法太高了。”后来他说。不过，更高的评价接踵而至。七名院士在对该型号进行成果鉴定后，认为其“主要性能指标世界领先”，这在我国相关领域是鲜有的最高评价。

在三院，“朱坤带领的团队胆子最大，最敢干”已被公认。因为朱坤一直在团队推行的思想就是：“要赢得立项，必须通过创新超越前人。”他将此归结于自己随性的性格。“我的思维比较开放，不受约束，所以能提出很多奇怪的想法。”他说。朱坤在国内首次提出亚超结合潜射反舰导弹总体方案，解决大射程与超声速突防双重难题，比俄罗斯“克拉布”导弹更短更灵巧，射程是其

3倍；比美国“战斧”导弹射程多100公里。同时，他提出水下有动力有控发射方案，主持突破海上复杂环境下各种技术难题，成功研制我国第一型水下点火导弹。该型号国内水下发射深度最深、适应浪高最高。此外，该型号在国际上首创随海况自适应超低空掠海飞行技术。创造世界上掠海飞行高度新纪录，比美国“海麻雀”“标准”导弹拦截低界还低。而朱坤首次提出的反舰巡航导弹“360度”全向方案，使我国潜射反舰导弹攻击区域扩大600倍，成为主战撒手锏级装备。

“创新离不开一些怪想法，但奇思妙想也需要继承和积累。”在朱坤看来，积累经验是创新不可或缺的一环。他认为自己很幸运。“我的运气比较好，担当了承上启下的角色。”他说，“经验丰富的老一辈专家手把手带着我参加了国家重点型号的研制，后面来的这一批年轻人敢想敢干，我带着他们一起奋斗，把老一辈的优良传统和宝贵经验传给了新人。”就这样，朱坤打造了一个创新团队。在这个团队里，不用墨守成规，不必迷信权威，可以质疑、吵架，但要用技术、用事实说话。在一次零部件改进工作中，年轻同志提出的方案与老同志的方案存在巨大差异。双方争执不下，朱坤做出“判决”——“做实验。”老同志的方案曾用于多个型号，稳定性毋庸置疑。试验中，该方案使零部件性能提高了50%。然而，年轻同志的方案将性能瞬间提升了120%。最终，新方案被采用，并被其他型号选用。这表明，科技从来不是墨守成规、原地转圈就能等来的、就能干成的，科技创新和科研事业突破离不开一些奇谈怪论，离不开一些奇思妙想。朱坤前辈的科研事迹表明，科技事业要在遵守科学规律、正确发挥主观能动性的前提下敢想敢试、敢闯敢干，成功了的要坚持，失败了的要及时总结经验、吸取教训，以争得下一次的成功。

习近平总书记指出：“持之以恒加强基础研究。基础研究是科技创新的源头。我国基础研究虽然取得显著进步，但同国际先进水平的差距还是明显的。我国面临的很多‘卡脖子’技术问题，根子是基础理论研究跟不上，源头和底层的东西没有搞清楚。基础研究一方面要遵循科学发现自身规律，以探索世界奥秘的好奇心来驱动，鼓励自由探索和充分的交流辩论；另一方面要通过重大科技问题带动，在重大应用研究中抽象出理论问题，进而探索科学规律，使基础研究和应用研究相互促进。”“科技创新特别是原始创新要有创造性思辨的能力、严格求证的方法，不迷信学术权威，不盲从既有学说，敢于大胆质疑，认真实证，不断试验。原创一般来自假设和猜想，是一个不断观察、思考、假设、实验、求证、归纳的复杂过程，而不是简单的归纳。假设和猜想的创新性至关重要。爱因斯坦说过：‘提出一个问题往往比解决一个问题更重要。’如果选不准，即使花费很大精力，也很难做出成果。广大科技工作者要树立敢于创造的雄心壮志，敢于提出新理论、开辟新领域、探索新路径，在独创独有上下功夫。要多出高水平的原创成果，为不断丰富和发展科学体系作出贡献。科学研究特别是基础研究的出发点往往是科学家探究自然奥妙的好奇心。从实践看，凡是取得突出成就的科学家都是凭借执着的好奇心、事业心，终身探索成就事业的。有研究表明，科学家的优势不仅靠智力，更主要的是专注和勤奋，经过长期探索而在某个领域形成优势。要鼓励科技工作者专注于自己的科研事业，勤奋钻研，不慕虚荣，不计名利。要广泛宣传科技工作者勇于探索、献身科学的生动事迹。好奇心是人的天性，对科学兴趣的引导和培养要从娃娃抓起，使他们更多了解科学知识，掌握科学方法，形成一大批具备科学家潜质的青少年群体。”①从朱坤前辈敢于大胆设想、敢于突破成规，敢于打破唯上、唯书，只唯实的事迹中，我们可以看到，科技事业的重大创新和突破就源于遵守科学规律前提下的设想、实验。我们必须遵守科学事业发展的这一客观规律，决不能以蛮横不讲理的行为干涉、妨碍科研事业的发展，相反要尊重这一规律，要“认真贯彻党中央关于科技创新的决策部署，落实好创新驱动发展战略，尊重劳动、尊重知识、尊重人才、尊重创造，遵循科学发展规律，推动科技创新成果不断涌现，并转化为现实生产力”。②

多年来，朱坤获得了数不清的荣誉：国家科学技术进步奖一等奖、国防科学技术进步特等奖、“新世纪百千万人才工程”国家级人选、国防科技工业有突出贡献中青年专家……但他更看重的是，将科学严谨、敢闯敢创的作风传给学生、助手和身边同事。目前，他的团队中已有20余人担任不同型号总师、副总师；他担任研究生导师培养出硕士38人、博士1人。这支队伍还在不断扩大，继续为我国的国防科技创新进步贡献着自己的智慧和力量，保卫着共和国的海域和蓝天。

---

① 习近平. 在科学家座谈会上的讲话［N］. 人民日报，2020-09-12（02）.

② 习近平. 在科学家座谈会上的讲话［N］. 人民日报，2020-09-12（02）.

传承和发扬大力协同、勇于登攀的“两弹一星”科学精神，当代青少年要增强团队协作意识和集体主义观念。在“两弹一星”研制过程中，每一个环节都是科研人员大力协同、发扬集体主义精神的结果。在党中央和中央军委作出关于研制原子弹和导弹的决定后，二机部决定将核技术研究所从北京搬迁到西北。在搬迁动员大会上，科学家们齐声背诵“黄沙百战穿金甲，不破楼兰终不还”的诗句，表达自己的决心和信心。广大科研人员面对大西北的恶劣自然条件毫不退却，而是以革命乐观主义精神勇敢面对，体现了广大科研人员坚定的集体主义理念。在老一辈科学家身上，祖国利益和人民利益高于一切的坚定信念得到集中体现。这种集体主义观念始终在社会主义现代化建设的各条战线上不断继承和发扬，已经成为中华民族宝贵的精神财富。当代青少年在祖国建设的伟大实践中要学习老一辈科研人员坚持集体利益至上的崇高品质，自觉把个人理想与祖国命运、个人选择与祖国需要、个人利益与祖国利益紧密相连，将个人价值实现融入国家现代化建设和中华民族伟大复兴中去，努力成长为社会主义事业的合格建设者和可靠接班人。“当代青年是同新时代共同前进的一代。广大青年既拥有广阔发展空间，也承载着伟大时代使命。每一个青年都应该成为社会主义建设者和接班人，不辱时代使命，不负人民期望。广大青年要忠于祖国、忠于人民，了解中华民族历史，秉承中华文化基因，有民族自豪感和文化自信心，把自己的理想同祖国的前途、把自己的人生同民族的命运紧密联系在一起，扎根人民，奉献国家。要立鸿鹄志、做奋斗者，培养奋斗精神，做到理想坚定，信念执著，不怕困难，勇于开拓，顽强拼搏，永不气馁。要求真学问、练真本领，通过学习知识，掌握事物发展规律，通晓天下道理，丰富学识，增长见识，更好为国争光、为民造福。要知行合一、做实干家，面向实际、深入实践，严谨务实、苦干实干，在新时代干出一番事业。要以社会主义建设者和接班人的使命担当，为全面建成小康社会、全面建设社会主义现代化强国而努力奋斗，让中华民族伟大复兴在我们的奋斗中梦想成真。”①

如今，我国已经全面建成小康社会并正着手努力巩固全面小康社会的重大成果，同时开启了第二个百年奋斗目标，即到新中国成立100年时建成富强民

① 习近平. 抓住培养社会主义建设者和接班人根本任务 努力建设中国特色世界一流大学[N]. 人民日报，2018-05-03（01）.

主文明和谐美丽的社会主义现代化强国，实现中华民族伟大复兴的中国梦。中国梦决不是零敲碎打就能实现的，也决不是一步登天、一蹴而就就能实现的，而要靠坚持不懈、久久为功的规划和筹谋。既要靠科技创新和青年一代的担当来推动，也要为其发挥才能、施展才华创造条件，决不能依靠行政命令、上级权威胡乱干涉、干预和妨碍科研事业的进行和发展。“我国科技队伍规模是世界上最大的，这是产生世界级科技大师、领军人才、尖子人才的重要基础。科技人才培育和成长有其规律，要大兴识才爱才敬才用才之风，为科技人才发展提供良好环境，在创新实践中发现人才、在创新活动中培育人才、在创新事业中凝聚人才，聚天下英才而用之，让更多千里马竞相奔腾。要改革人才培养、引进、使用等机制，努力造就一大批能够把握世界科技大势、研判科技发展方向的战略科技人才，培养一大批善于凝聚力量、统筹协调的科技领军人才，培养一大批勇于创新、善于创新的企业家和高技能人才。要完善创新人才培养模式，强化科学精神和创造性思维培养，加强科教融合、校企联合等模式，培养造就一大批熟悉市场运作、具备科技背景的创新创业人才，培养造就一大批青年科技人才。要营造良好学术环境，弘扬学术道德和科研伦理，在全社会营造鼓励创新、宽容失败的氛围。要加强知识产权保护，积极实行以增加知识价值为导向的分配政策，包括提高科研人员成果转化收益分享比例，探索对创新人才实行股权、期权、分红等激励措施，让他们各得其所。”“在基础研究领域，包括一些应用科技领域，要尊重科学研究灵感瞬间性、方式随意性、路径不确定性的特点，允许科学家自由畅想、大胆假设、认真求证。不要以出成果的名义干涉科学家的研究，不要用死板的制度约束科学家的研究活动。很多科学研究要着眼长远，不能急功近利，欲速则不达。要让领衔科技专家有职有权，有更大的技术路线决策权、更大的经费支配权、更大的资源调动权，防止瞎指挥、乱指挥。要建立相应责任制和问责制度，切实解决不同程度存在的一哄而起、搞大拼盘等问题。政府科技管理部门要抓战略、抓规划、抓政策、抓服务，发挥国家战略科技力量建制化优势。”①

① 习近平. 为建设世界科技强国而奋斗：在全国科技创新大会、两院院士大会、中国科协第九次全国代表大会上的讲话［N］. 人民日报，2016-06-01（02）.

第六章 06

弘扬“两弹一星”精神，绽放时代光辉

习近平总书记指出，“两弹一星”精神激励和鼓舞了几代人，是中华民族的宝贵精神财富。“两弹一星”事业虽然已经载入历史，但是“两弹一星”精神则汇聚到中华民族精神长河之中，成为新时代时代精神的一种体现。在试验基地建设初期，成百上千的青年科技工作者、海外归国人员、知名科学家、领导干部离开北京、上海等大城市，以隔壁黄沙为伴，投身到这个伟大的事业之中，最终建成了中国的“原子城”，无论在中华民族历史上，还是在世界历史上，都留下了浓墨重彩的一笔，书写了一部艰苦卓绝、不懈奋斗的壮丽史诗。没有任何国外援助，没有任何参考资料，从零开始，这些默默无闻的建设者，凭借着坚忍不拔的毅力，以惊人的速度完成了“两弹一星”试验，创造了一个个东方奇迹。历史车轮滚滚向前，今天国家站到了新的历史起点上，青年一代要把理想信念和科学理论统一起来，正确认识历史规律，准确把握基本国情，勇立潮头，做时代的引领者，潜心钻研、协同创新，为坚定不移走中国特色自主创新道路贡献自己的聪明才智，化“两弹一星”精神为不断进取的强大动力。

一、此生属于祖国

研制核武器的那代人长期隐姓埋名、与世隔绝，牺牲了很多，自觉地把个人价值与国家需要、民族命运结合起来，甘当无名英雄，最终创造了世界科技史上的奇迹。可以说，中国的“两弹一星”正是科学家们热爱祖国、无私奉献、自力更生、艰苦奋斗的产物。习近平总书记多次谈到“两弹一星”精神及其时代价值，他指出：“发扬‘两弹一星’精神、载人航天精神和‘东风精神’，以民族复兴为己任，追求卓越，扎根大漠，报效祖国和人民。”“两弹一星”精神是中华民族的宝贵精神财富，激励着广大科技工作者敢于战胜一切艰难险阻，勇于攀登科技高峰，为祖国的繁荣昌盛作出更大贡献。

（一）我和我的祖国

1. 祖国为大

卫星和自动控制专家，中国科学院院士，国际宇航科学院院士杨嘉墀，是“两弹一星”功勋科学家、“863”计划倡导者之一。他参与中国空间技术发展规划制订，领导和参加了我国第一颗人造地球卫星姿态测量系统研制，曾获得1984年航天工业部劳动模范称号，1985年获国家科技进步奖特等奖，在中国的导弹、人造卫星和探月工程中都有他的身影。可以说，他是中国航天事业每一个重要时刻的见证者。

1919年，杨嘉墀出生于江苏省吴江县。在这个人杰地灵、人才辈出的地方，他度过了美好的童年。少年时代的杨嘉墀接受了良好的教育，打下了坚实的知识基础，也树立了心系天下的志向。中学毕业后，杨嘉墀进入上海交通大学电机系学习。在大学期间，他接触到世界先进的机电技术，意识到中国在这方面的差距。建立完善的产业部门是国家强盛的前提条件，而工业在国民经济中处于重要地位，到国外学习先进的科学技术才能实现这一构想。因此，在

1947年，杨嘉墀远赴美国哈佛大学应用物理系求学，相继获得了硕士和博士学位。

1956年，党中央提出了“向科学进军”的口号，号召海外留学生回到祖国，用自己的所学建设新中国。杨嘉墀回顾了自己在美国求学的初心，义无反顾地选择了回国报效祖国的道路。在离开美国的前夕，他将在美期间积攒的财产全部变卖，购买了示波器、振荡器、真空管等祖国科技事业发展所需要的仪器，踏上了归国的旅程。同年8月，杨嘉墀回到了阔别已久的祖国，踏上了自己热爱的这片故土。归国后的他随即参与了筹建中国科学院自动化研究所和建立自动化技术工具研究室的工作，担任研究室主任，承担起火箭探空特殊仪表等研究工作。

1957年10月和1958年1月，苏联和美国相继发射了人造地球卫星，举世震惊。鉴于此，为了紧跟国际发展趋势，增强国家实力，毛泽东主席在党的八大二次会议上提出了“我们也要搞人造卫星”的号召。中科院承担了这项任务，专门成立了“581”组，杨嘉墀成为其中的一员，为我国人造卫星事业贡献着自己的力量。1965年，我国开始第一颗人造卫星设计和研制。为了建立管理体系和有益的科技分工，作为五人总体组成员的他建议组建专门的研究室，卫星姿态测量和控制研究室以及地面测控用数据处理设备研究室由此诞生。同年，他还参与了《关于发展我国人造卫星工作的规划方案》的起草和论证工作，为我国人造卫星事业制定了远景方案。1979年，他参加了国际自动控制联合会第八届空间控制讨论会。在这次大会上，杨嘉墀发表了题为《中国近地轨道卫星三轴稳定姿态控制系统》的合著论文，奠定了他在国际空间自动控制领域的声誉和地位。正是他的这种无私奉献和刻苦钻研的精神，1975年至1987年，我国成功发射10颗返回式卫星。这些卫星上全都使用了由他主持研制的三轴稳定姿态控制系统，推动了我国人造卫星事业发展。

在回顾这段经历时，他说：“我最高兴的事，莫过于看到卫星被成功地送上天去。在国外我也曾怀疑回国后英雄无用武之地，没想到国内有这么广阔的科研天地，没想到我还能为国防建设作出自己应有的贡献，我感到非常高兴。”[①]正是因为他呕心沥血、刻苦攻关和坚忍不拔，才创造了我国人造卫星技

① 张蕾. 永不落幕的功勋科学家精神［N］. 光明日报，2019-07-17（09）.

术领域一项又一项新成果。横下一条心，铆足一股劲，吃得了苦、受得了罪，是我国在航天领域始终能够取得重大突破的重要因素。航天领域的科研攻关是隶属国防工业建设的重要方面，是推动我国国防工业建设取得新发展、迈上新台阶的重要保障。可以说，航天科研攻关是国家极为隐秘和保密的一项任务，任何参与这一领域的科学家和科技工作者的身份是高度保密的，甚至连家人也对他们的身份毫不知情。因此，投身航天领域必须具有耐得住寂寞、坐得住板凳、挡得住诱惑的艰苦奋斗、吃苦耐劳精神，必须具有特别能吃苦、特别能战斗、特别能攻关的奋斗精神。这些元素是我国科研工作者能够取得重大成就的保证。中国的广大科研工作者正是以这种数十年如一日的奉献精神默默耕耘、辛勤付出，埋头苦干、俯身实干，才引领着我国的科研事业不断展现出新气象，焕发时代新光彩。

“两弹一星”研制工作基本上是交叉进行的。1961年，国防部五院向中国科学院提出了一系列有关火箭、导弹方面的大型综合任务，其中就包括“151工程”。这项工程是在地面上模拟超声速飞行器在飞行过程中气动加热、加载环境的试验设备，它是国防科委批准、中国科学院自动化研究所承担的研制任务。科研团队约60人，主体由杨嘉墀承担总体任务、叶正明担任业务责任人的中国科学院自动化研究所构成，同时中国科学院其他四个研究所，一机部上海机床厂、七〇二所等单位参与其中。经过讨论与初步试验，技术团队提出“151工程”分为加热系统、加载系统和测量系统在内的3个系统研制方案。这一方案的研制任务在1965年初完成。经过国防科委组织、由全国有关热应力试验设备的专家构成的审验团队的鉴定，一致认为，这3套系统水平较高，满足协议书中规定的各项指标要求，可交七〇二所试用。后来，七〇二所运用这三个系统对导弹弹头、尾翼，以及歼8高速飞机的结构进行了地面试验，取得了很好的结果。

“151工程”从1961年3月起到1965年9月止，历时四年半。这期间，技术团队经历了三年经济困难时期，付出了超乎常人想象的艰辛。它是在完全没有参考国外技术资料的情况下，由我国自主完成的设计方案。作为该项任务的总体负责人，杨嘉墀亲自参与每一个重要试验，对重要技术问题经常提供自己掌握的资料，并提出自己的意见与大家广泛交流，为“151工程”任务完成提供了保证。

伟大的人不仅关注当下，还会着眼未来，让当下和未来能很好地衔接在一起。

杨嘉墀非常关心后辈学者的成长和发展。航天五〇二所党委书记黄献龙在谈到当年由杨嘉墀等人组成的学术指导小组时说：“杨先生德高望重却平易近人，他总是随和地向我们提出建议，还会带学术资料给我们看。那时他已经调到院里，工作很忙，但与学生们的学术研讨是一定要参加的。那时，以杨先生为首的学术指导小组就是研究所看方向的领路人。”一生甘为人梯，无怨无悔，他的学生很多已是知名学者，在回忆与老师的交往时无不表现出深深的感激之情。

中国绕月探测工程、“嫦娥一号”卫星系统总指挥兼总设计师，总装国防“973”和探索项目顾问专家组成员，博士生导师，中国空间飞行器总体、信息处理专家，中国科学院院士，中国空间技术研究院研究员叶培建是航天五〇二所1978级研究生，在读期间获得了出国交流的资格。当时大部分学生都希望去航天科学实力雄厚的美国学习，而杨嘉墀则针对国际发展趋势和美国对敏感专业限制的情况，向叶培建提出去欧洲学习的建议，最后叶培建选择了去瑞士留学。正是这个建议开启了他的学术生涯，后来他在回忆这段经历时说，“从现在的结果来看，杨先生的建议对我非常有益。”1984年，杨嘉墀去日内瓦参加国际会议，在会议间歇期间他特意乘火车到瑞士纳沙泰尔看望了叶培建，听取了他在国外学习情况的介绍，给予了鼓励。“那天，他没有时间游览一下这个美丽的城市，就匆匆乘火车返回了日内瓦，令我十分感动。所里其他国家的留学生都因我有这样的好师长而感到羡慕。”至今想起这段往事，叶培建都感到十分温暖。

正因为有了上一代科学家对青年一代科研工作者的正确引导、正确示范和慷慨帮助，我们的科研事业才能一棒接一棒传承，一代接一代钻研，我们国家的科研事业才能积淀起雄厚而强大的人才基础和人才储备。诚如习近平总书记所说，“未来总是属于年青人的。拥有一大批创新型青年人才，是国家创新活力之所在，也是科技发展希望之所在。‘我劝天公重抖擞，不拘一格降人才。’广大院士不仅要做科技创新的开拓者，更要做提携后学的领路人。希望广大院士肩负起培养青年科技人才的责任，甘为人梯，言传身教，慧眼识才，不断发现、培养、举荐人才，为拔尖创新人才脱颖而出铺路搭桥。广大青年科技人才要树立科学精神、培养创新思维、挖掘创新潜能、提高创新能力，在继承前人的基础上不断超越。”[①]可见，科研事业的成功需要齐头并进、两头并重，既需要老一辈科学家的慧眼识才、耐心培养，又需要我们后进者志向远大、厚积薄发、推陈出新和革故鼎新。

中国空间技术研究院资深首席研究员、航天五〇二所科技委主任解永春时常从自己的导师吴宏鑫那里听到有关杨嘉墀的旧事。“关于杨先生的故事，我们听吴老师讲过很多，每次听都有不一样的感受。要完成杨先生的夙愿，坚定不移地研究智能自主控制，不能光是口头上喊口号，还要脚踏实地去做”[②]。这种祖国为大，以国家事业为核心、以国家利益为重的精神，影响了一代又一代中国航天人。

在回忆“两弹一星”研制工作时，杨嘉墀说：“‘两弹一星’任务的完成，不仅显示出在发展高尖端科学技术方面我们所具备的能力、水平，同时，也反映出我们所具有的自强自立、团结协作、吃苦耐劳的奋斗精神。‘两弹一星’任务的完成，不仅培养了人才，锻炼了人，还带动了相应学科的发展。”[③]在他身上我们能感受到高尚的人格，那种对“两弹一星”事业的执着，国家需要就是他的使命。这种奉献精神正是“两弹一星”的真实体现，更是我国广大科学家和科研工作者的强烈家国情怀、高尚的民族品格的真实展现。当国家需要时，他们义无反顾、义不容辞；当民族呼吁时，他们深情回应、奋不顾身；当投身科研时，他们数十年如一日，默默坚守直至破茧成蝶。可以说，中国的国防工业领域和众多科研领域正是因为有了这么一大批代代相续、永续创新的最可爱的人才队伍，我们才能御辱御敌于国门之外，才能在新时代的今天自尊自信自强地屹立于世界东方。今天的青年人不应该忘记这位功勋卓著的科学家，要继承和发扬他们身上闪耀的爱国奉献、团结协作、高瞻远瞩、甘为人梯的永不落幕的功勋科学家精神。“中国的未来属于青年，中华民族的未来也属于青年。青年一代的理想信念、精神状态、综合素质，是一个国家发展活力的重要

① 习近平. 在中国科学院第十七次院士大会、中国工程院第十二次院士大会上的讲话［N］. 人民日报，2014-06-10（02）.

② 张蕾. 永不落幕的功勋科学家精神［N］. 光明日报，2019-07-17（09）.

③ 罗荣兴. 请历史记住他们：中国科学家与“两弹一星”［M］. 广东：暨南大学出版社，1999.

体现，也是一个国家核心竞争力的重要因素。当今中国最鲜明的时代主题就是实现‘两个一百年’奋斗目标，实现中华民族伟大复兴的中国梦。当代青年要树立与这个时代主题同心同向的理想信念，勇于担当这个时代赋予的历史责任，励志勤学、刻苦磨练，在激情奋斗中绽放青春光芒、健康成长进步。”①

2. 以国为家

2019年度国家最高科学技术奖获得者，中国第一代核潜艇总设计师，中国工程院院士，中国船舶集团所属七一九所名誉所长黄旭华，出生在广东省海丰县一个小镇。抗日战争爆发时他小学毕业，残酷的战争和弱小的中国军事力量使他树立了科学救国的志向。后来他报考了上海交通大学的前身国立交通大学，以第一名的成绩考入造船系，从此将自己毕生的时间都奉献给了中国的核潜艇事业。

中苏关系破裂之后，苏联停止了对中国核潜艇制造的技术支持。面对这一情况，从国家安全角度考虑，毛泽东主席说：“核潜艇，一万年也要搞出来！”②黄旭华后来回忆道：“听了这句话，更坚定了我献身核潜艇事业的人生走向。”一大批有志青年投身到核潜艇事业中，挑起了我国核潜艇制造的重任。1958年，中国正式启动了核潜艇研制工程，黄旭华被选中参加了这项工作。在从上海到北京报到的当天，支部书记找他谈话，告诉他，你能被选中说明党和国家信任你。这项工作保密性强，参加了就不能中途放弃，一辈子出不了名，只能当无名英雄。说完后，领导问，你还想参加这个工作吗？面对这样苛刻的条件，黄旭华毫不犹豫地说，“能适应，而且是自然适应”。 从零开始，边干边学，在这个过程中，我们积累了宝贵的经验，培养了拥有丰富经验的技术人员。1965年，核潜艇研制工作全面启动，在辽宁葫芦岛成立了核潜艇总体研究设计所，青年黄旭华进入设计所，开始了“荒岛求索”的人生。为了能尽快研制出中国的核潜艇，黄旭华与自己的同事刻苦钻研，一干就是三十年，将自己的青春都献给了这项事业。由于这项工作属于绝密任务，为了确保

① 习近平. 立德树人 德法兼修 抓好法治人才培养 励志勤学 刻苦磨练 促进青年成长进步［N］. 人民日报，2017-05-04（01）.

② 周均伦. 聂荣臻年谱：下［M］. 北京：人民出版社，1999：691.

万无一失，研究人员不能对外透露任何信息，包括对自己的家人。黄旭华严守秘密，即使是自己的妻子也不知道他的工作是什么。在他即将执行任务之前，母亲再三叮嘱他，工作稳定了，要常回家看看。而在他工作期间没有回过一次家，家人都不知道他在干什么。等到任务完成，他回家时才发现，父亲已经离世。

可以说，在家与国之间，黄旭华以国为重，舍小家顾大家，干了一件惊天动地的大事。

黄旭华院士与青年科技人员（图片来源武汉文明办、中国文明网，《黄旭华：隐姓埋名三十载 许身报国铸辉煌》，2017年9月12日）

核潜艇研制工作并不是一帆风顺的，当时没有人见过核潜艇，不知道从何入手，相关知识严重缺乏，也没有可供参考的资料，研究人员科研水平不高，客观的研究条件也不成熟。面对这些困难，黄旭华没有放弃。他带领研究团队从"零"开始，相继攻克了核动力装置、水滴线型艇体、艇体结构、发射装置等核心技术。没有图纸和模型，就一边设计、一边制造；没有计算机，就用计算尺和算盘没白天没黑夜地计算，算出了几万个数据；潜艇上的每部分材料，甚至边角废料都要称重，为的是控制潜艇的总重量和稳定性；为了从零散的、真假难辨的资料中发现有用信息，技术人员夜以继日地从浩如烟海的文献中找寻有用信息，中国第一艘核潜艇正是这样一点一滴制造完成的。

第二个考验，也是最重要的，就是核潜艇深潜试验。众所周知，深潜后核潜艇上任何一块钢板承受的外压是1吨多，艇身上哪怕有一块钢板存在问题、一条焊缝不合格、一个阀门封不严，都可能面临艇毁人亡的结局。唯有仔细检查每个细节和每个设备，才能确保潜艇万无一失。为此，黄旭华为深潜进行了周密准备，制定了28套500多条应急处置预案。虽然如此，很多参加试验的人员心理负担很重。在他们看来，水下复杂的情况随时都能造成意外，一旦遇到危险，后果是不可补救的。他们面临着巨大的心理考验。为了祖国核潜艇能够早日遨游海疆，也为了实现自己科学报国的理想，本着一个科学工作者的勇气，黄旭华当即决定亲自随潜艇下潜进行试验。正是凭着这样的奉献精神，黄旭华和团队于1970年研制出我国第一艘核潜艇，各项性能指标均超过美国1954年的第一艘核潜艇。我国第一艘核潜艇建造周期之短，在世界核潜艇发展史上是罕见的。

十年磨一剑，黄旭华与同事默默无闻从事的事业在世界核潜艇历史上写下了光辉篇章：开工后两年下水试验，开工后四年水下测试后正式编入海军战斗序列，使中国成为继美、苏、英、法之后世界上第五个拥有核潜艇的国家，为祖国海疆的稳定奠定了坚实的基础，为中国筑起一道“水下移动长城”。“水滴石穿，非一日之功；冰冻三尺，非一日之寒。”中国核潜艇的成功问世，是黄旭华老先生和团队集毕生之力、献毕生才华的重大科研成果，是我国科技史上最重要、最突出的一项科技成就之一。正是中国核潜艇的横空出世，使得我国有力地维护了自己的海域领土和安全，有力地遏阻了西方国家对我国近海领域的渗透和威胁，为国家水下安全铸造了一把锋利的“审判之剑”，打造了一座强大而有力的水下堡垒。黄旭华老先生用他的一生诠释了什么是一个科学家的精神，什么是一个中国人的灵魂，为当代青年科技工作者树立了永世学习的榜样和楷模。

虽然在事业上取得了巨大的成功，但黄旭华也有着深深的遗憾：他离家时是三十岁出头的青年，回来时已经是六十多岁的老人。三十年隐姓埋名让他感到亏欠家庭的太多，自称是“一个不称职的儿子、不称职的丈夫、不称职的父亲”，满怀愧疚之情。三十多年音信全无，父亲离世时他也未能出现，这些让黄旭华与兄弟姐妹之间产生了巨大隔阂，也被扣上了不孝之子的“帽子”。1986年底，黄旭华回到了阔别已久的家乡。当时他的母亲已经93岁高龄，母子相见时他噙着眼泪说：“人们常说忠孝不能双全，我说对国家的忠，就是对父母最大的孝。”除此之外他没有说更多。1987年，上海一家杂志刊登了一篇报告文学《赫赫而无名的人生》，讲述了中国核潜艇总设计师的人生经历，主人公就是黄旭华。当他把杂志寄给了母亲后，母亲才知道自己这个离家三十多年的儿子在干什么。她含着泪读了一遍又一遍，还告诉自己的其他子女，“三哥的事，你们要理解，要谅解他。”可以说，黄旭华用一生诠释了“对国家的忠就是对父母最大的孝”。忠孝难两全，国事当为先。国家之事无小事，民族之事无小事。黄旭华老先生在家国面前，义无反顾地选择了国，为国燃尽了一生、奉献了一生，为我们年轻一辈最生动地诠释了什么叫作“春蚕到死丝方尽，蜡炬成灰泪始干”，什么叫作“苟利国家生死以，岂因祸福避趋之”。我们青年一代有义务、有责任响应时代的呼唤，勇敢担当起自己应承担的责任，肩负起时代重任，责无旁贷、义无反顾，书写新的时代精彩，谱写璀璨的时代华章。

21世纪以来，我国核潜艇进入了跨越式发展时期，核潜艇装备的创新需要一大批优秀的科技人才。为此，黄旭华将晚年的大部分经历投入到核潜艇研制事业的人才培养中。对于人才培养，黄旭华借鉴了当年核潜艇研制团队的经验，从工程实践中培养人才。为了让青年研究者能够尽快成长，对于重点型号研制，他大多是亲自挂帅，手把手将自己的研究经验传授给后辈，以此来为我国核潜艇事业储备人才。

中国船舶所属总体研究设计所副所长刘潜是新一代核潜艇人，他曾说过，“今天，我们之所以能够取得新的突破，那是因为站在了黄院士那一代人的肩膀上。”开始进入这个领域时，一切都是照着黄旭华这一辈人模仿的，边做边学，吸收和消化他们留下的宝贵经验，慢慢才成长起来。可以说，黄旭华影响了一代人。在人才培养上，他秉承“让年轻人放手去干”的理念，从不轻易否定他们的想法，也不会直接去干涉他们手中的工作。在他看来，年轻人需要更多的支持和鼓励。在每次报告和采访过程中，他都会抓住机会，将老一辈人的故事讲给年轻人，用自己的言行去激发他们的科研热情。他也经常告诫年轻人，科学研究要适应社会发展，科学永无止境，高精尖技术不是用金钱能买来的。我们只有自己掌握核心技术，才能立于世界民族之林。因此，要培养自己自力更生、艰苦奋斗的品质，勤于奋斗、勇于创新、敢于担当。

黄旭华毕生致力于我国核潜艇事业，是我国国防科技战线上的无名英雄。他隐姓埋名，默默无闻地为国奉献，不求回报、不求扬名，用自己的人生经历完美诠释了“自力更生、艰苦奋斗、大力协同、无私奉献”的核潜艇精神。几十年来，他言传身教，为我国核潜艇事业培养和选拔出一批又一批技术人才，为我国核潜艇从无到有、跨越式发展贡献了自己的力量，为我国核潜艇事业默默奉献了一生，以实际行动表达了自己对祖国的爱。习近平总书记说：“历史不会忘记，面对新中国百废待兴、百业待举的困难局面，一大批留学人员毅然决然回到祖国怀抱，在极其艰难困苦的条件下呕心沥血、顽强拼搏，为新中国各项事业发展奠定了坚实基础，取得了‘两弹一星’等举世瞩目的重大成就，李四光、严济慈、华罗庚、周培源、钱三强、钱学森、邓稼先同志等就是他们中的杰出代表。上世纪五六十年代，一大批留学人员远赴苏联、东欧学习，成为我国建设和改革事业的重要力量。”“历史同样不会忘记，改革开放以来，党中央和邓小平同志作出了扩大派遣留学生的战略决策，推动形成了我国历史上规模最大、领域最多、范围最广的留学潮和归国热。截至2012年底，我国出国留学人员达到264万人，留学回国人员达到109万人。广大留学人员积极投身改革开放和社会主义现代化建设，积极推动我国同其他国家各领域交流合作，为推动我国经济社会发展作出了重要贡献。”[①]可见，广大的老一辈科学家和科研工作者以及一切为我国国家建设作出贡献的人都会被记载在民族的史册上，都会刻写在闪耀的民族精神丰碑上，指引着我们一代代后来人坚定方向、矢志不移。

（二）时代骄子

1. 一生报国

我国著名物理化学家，化学激光奠基人和分子反应动力学奠基人之一，中国科学院院士，第三世界科学院院士，2013年度国家最高科学技术奖获得者张存浩，出生于天津的一个书香世家。1938年考入重庆南开中学学习，2年后转入福建长汀中学。1943年，张存浩考入厦门大学化学系。次年转入重庆中央大学化工系就读。大学毕业后他在天津南开大学化工系攻读研究生，就读期间获得了赴美留学的机会，在密歇根大学化工系（由艾奥瓦州大学化学系转入），从事酸性树酯相中的催化酯化反应研究，于1950年获密歇根大学化学工程硕士学位。在获得硕士学位的那一年，朝鲜战争爆发，在看到战场上中国人民志愿军落后的装备和军事力量的巨大差距后，张存浩放弃了在美攻读博士的机会和多家研究机构的工作岗位，毅然决然地回到了刚刚建立的新中国。

回国之后，张存浩受东北科研所大连分所张大煜的邀请，进入该所合成燃料研究室从事研究工作。他接手的第一份工作是解决中国石油资源匮乏和朝鲜

① 习近平在欧美同学会成立100周年庆祝大会上的讲话［N］. 人民日报，2023-10-22（02）.

战争对燃料供给的双重压力。当时中国的石油资源十分匮乏，西方也对新中国进行全面石油封锁。为了满足国家需求，张存浩投身于水煤气合成液体燃料研究，并在很短时间内研制出高效氮化熔铁催化剂，超过当时国际最高水平。除此之外，他还建立了流化床水煤气合成油工艺体系，解决了流化床传热与返混等难题。

20世纪50年代末，国际形势非常紧张，严重威胁着中国国家安全。自力更生地发展前沿技术，是国家给每一名科技工作者提出的任务。张存浩以此为契机转向火箭推进剂和发动机燃烧领域研究。“我们几乎是从头做起”，作为主要负责人，他率领团队冒着生命危险在火箭试车台上做固液型火箭发动机实验。经过数千次实验，研制出液体氧化剂喷注器等关键部件，推动了我国火箭推进剂领域的发展。70年代，激光成为国际科学界的重点研究领域，为了满足国家战略需求，张存浩又一次改变了自己的研究方向，转向激光研究。后来他在回忆这段经历时说：“搞激光比搞火箭推进剂还难，主要是一无所有。资料、仪器、设备样样都缺，光谱仪、示波器什么都没有。”这些困难没有阻挡张存浩前进的步伐，凭借着研究的热情，他率领团队开展了我国第一个重要的化学激光体系研究，解决了化学激光关键技术，成功研制出我国第一台连续波超声速化学激光器，达到国际先进水平，为我国化学激光的后续发展奠定了基础。当时国际上氧碘化学激光研究是学术热点，为了搞清激光与物质相互作用的本质，他与沙国河等人测得脉冲氟化氢激光支持的气体爆震波的波速，在此基础上，他率领团队转而研制波长更短的氧碘化学激光，这与国际上开展氧碘化学激光研究基本上同步。在张存浩、庄琦、张荣耀等人的带领下，1985年张存浩团队在国际上首次研制出放电引发的脉冲氧碘化学激光器，处于世界领先地位。

张存浩不仅治学严谨，而且对人才培养倾注了大量心血。张存浩对真正优秀的青年人才发自内心地爱惜。在担任国家自然科学基金委员会主任期间，他主持启动了中国首个人才项目“优秀中青年人才专项资金”，设立了国家杰出青年科学基金。“张主任具备非常广阔的视野和高尚的品格，特别重视人才，他曾说，‘人才方面无论如何估计都不过分’。”[①]当时他的秘书郑永和回忆道。

① 张素. 一身浩气天地存：记张存浩院士获国家最高科技奖［EB/OB］.［2021-08-31］. http：//www. chinanews. com/gn/2014/01-10/5722160. shtml.

在他主持国家自然科学基金委员会工作期间，基金经费增长了近6倍，20年间资助了超过3000名青年科学家，其中近200位已当选为“两院”院士。为了对基金使用进行有效监督，他主持设立了基金委监督委员会，有效地提高了基金使用率。据他的学生回忆，“研究室有一次举行学术报告。张老师发表一个意见，我站起来反驳，不同意他的说法，而张老师一点也没有生气。张老师和别的学者有时因学术上的不同意见也争得面红耳赤，但这更加深了他们的学术友谊。”①他积极创造和提供有利条件，促进了他团队中一批优秀的中青年骨干和学生成长。他对于修改学生论文从来都是亲力亲为，从标点、用词到理论引用阐述，他都会给出详细的修改意见，有时甚至会带病修改。曾得到过张存浩院士指导的石文波博士直言受益，“谈到张老师，我就想到幸福二字”。他透露，曾因摸不着试验门路而失去信心，蒙老师点拨跨入门槛，“我的每篇英文文章都有张老师亲自反复修改，甚至细化到英文单词表达”。他从不把荣誉和奖项看得很重，在取得成果和获得重大奖项时，他总是把功劳都归功于学生和合作者。在获得2013年度国家最高科学技术奖这个科学领域的最高奖项时，他说：“这个荣誉和项目都属于我们的集体，我不觉得特别兴奋。”他的学生解金春回忆：“获首届吴健雄物理奖的那篇论文，张先生排我为第一完成人，把自己排在最后。如果换了别人处理这类事，很可能导师把自己排在第一位，可能也是理所当然的。”

张存浩在我国科技领域奋斗了六十余年，为我国科技事业发展作出了重要贡献。他具有对科学执着追求、勇于开拓创新的献身精神，具有严谨治学和求真务实的科学态度。这正是真正科学家崇高品质的体现，是一批批“最可爱的人”成就中国科技梦、强国梦的重要支撑和保证。中国老一辈科学家的精神是中国科技事业发展的一柱擎天，是追忆往昔、逐梦今朝的年青一代继续前行奋进的重要动力。老一辈科学家的这种崇高精神和品德，必将随着时代发展焕发出新的璀璨光华与绚丽色彩。

① 尤明元. 科学报国追梦人：2013年国家最高科技奖张存浩［EB/OB］.［2021-08-31］. http：//scitech. people. com. cn/n/2014/0110/c1057-24081078. html.

2. 以身许国

国家最高科学技术奖获得者，“两院”院士，美国工程院外籍院士，中国科学院力学研究所原所长、所学术委员会名誉主任郑敏哲，是国际著名力学家，中国爆炸力学的奠基人和开拓者之一，中国力学学科建设与发展的组织者和领导者之一。他出生在一个战火纷飞、人民生活困难的时代，深感国家落后带来的痛苦。他立志科学报国，为国家富强作出自己的贡献。

幼年的家庭教育对郑敏哲产生了重要的影响，培养了他良好的学习习惯。他在提起这一阶段的经历时感慨良多。1937年7月初，在随父母回宁波奔丧时适值全民族抗日战争爆发，郑敏哲被滞留老家，小学时贪玩的他在农村无所事事，荒废了学业。1938年，他转入成都上学，由于方言不通而影响了听讲，成绩一落千丈。从小要强的他承受了巨大的压力，身体健康每况愈下。父亲看到他这样，让他休学一段时间调整自己的状态。父亲带着他散步、晨练和旅游，并让他读曾国藩家训。这为他今后如何做人、如何生活立下了规矩，成为他的人生准则。正是在父亲的陪伴下，郑敏哲身体恢复了健康，以全新的面貌回到学校完成了初中阶段的学习。初中毕业后，郑敏哲转入铭贤中学高中部继续学习。一次英语课上，外教反复让他朗读“sing”和“thing”来纠正他的发音。起初他并不理解，认为自己读得没有问题，符合音标；但后来在与别人的交流中他才知道是自己的“大舌头”影响了读音。为此他利用所有课余时间，包括走路时进行练习。功夫不负有心人，他用了半年多的时间解决了这个问题。后来他在回忆这段经历时说，这件事情“锻炼了我的意志，体会到了凡事必须坚持才能做到最好。不论生活或工作，遇到困难一定要坚持，一生必须克服一些困难，付出总会有收获”。①

中学毕业后，郑敏哲进入西南联合大学学习。抗日战争胜利后，随着国内形势的变化，由清华、北大和南开组建的西南联合大学迁回内地，恢复原来建制，西南联大解散。郑敏哲被分配到清华大学机械工程系继续学习，于1947年毕业。次年，他在国际扶轮社奖学金的支持下远赴美国加利福尼亚理工学院

① 郑哲敏. 学知识练本领做诚实人——科技工作者的“底色”[EB/OB]. [2021-08-31]. https://baijiahao.baidu.com/s?id=1674558213549115580&wfr=spider&for=pc.

机械工程系学习，主修应用力学，辅修应用数学，在博士生导师钱学森的指导下完成了博士论文，于1952年获得博士学位。新中国成立后，郑敏哲打算回国。由于中美关系紧张，美国移民局对他进行了非法拘留。直到1955年，他才踏上了祖国的土地。

回国后，郑敏哲进入中国科学院数学研究所力学研究室工作，后转入新成立的力学研究所，开始了他的科研生涯。他在我国爆炸力学、地下核爆炸效应以及穿破甲研究领域作出了巨大贡献。为了满足国家需求，他不断调整自己的研究方向，从最早期热弹性力学和水弹性力学研究，到地震响应、水轮机叶型等方面的研究，最后在高速高压塑性动力学研究领域取得了重大成果，很短时间内在爆炸成形方面取得完整、深入的研究成果，拉开爆炸力学研究的序幕。与此同时，他还非常注重人才培养，在指导研究生过程中，注重因材施教，坚持发挥学生自身特点和研究专长的育人原则，对学生严格要求，又能与学生平等讨论，在学生学术论文创作培养上强调严谨分析，强调实验观察是根本性的，强调实验、分析、计算相结合。他指导的学生多数成为科研战线上的领军人物，在各自单位承担着科研、技术、教学或管理等岗位的重要责任，多数已成为骨干人才。

郑哲敏积极参加和组织国内外力学交流，促进国际合作，提高了我国力学在国际上的地位，凭借众多成果得到了国际力学界的认可，当选国际著名力学家，国际力学界最高学术机构“国际理论与应用力学联合会（IUTAM）”八位执委之一，被视为中国力学界在国际上的代表。

2016年1月，为表彰郑哲敏的杰出成就，经中国科学院国家天文台提议和国际天文学联合会批准，将中国科学院国家天文台施密特CCD小行星项目组发现并获得12935号国际永久编号的小行星命名为“郑哲敏星”。

中国科学院力学研究所学位委员会主任洪友士高度评价他的贡献：“作为一名卓越的科技工作者，郑哲敏先生在应用力学和技术科学的发展上作出了创造性贡献。作为一名杰出的科学家，郑哲敏先生充满对祖国的热爱、对科学的追求、对事业的执着。作为一名科技团队的组织者和领路人，郑哲敏先生总是看得深一些和远一些，倡导并身体力行‘做第一流的工作’。作为应用力学和技术科学的实践者，郑哲敏先生堪称是坚持和发展钱学森技术科学思想的典范。郑哲敏先生的学术风范和优秀品质值得我们学习和发扬。”①

郑哲敏心系祖国，始终以国家需求为己任。他严谨创新，平易近人，培养了大批力学领域的杰出人才，现在仍致力于自己喜爱的科研工作，一如既往地关心着力学学科和国家相关重大工程技术的发展。在科研工作中他非常强调实用，没有仅仅停留在理论研究上，而是开拓了非常广泛的应用。他的科学研究始终与国家发展紧密相连，始终以国家建设和发展的需求来开展自身多维度、多领域的科学研究和探索。正如习近平总书记指出：“广大工程科技工作者既要有工匠精神，又要有团结精神，围绕国家重大战略需求，瞄准经济建设和事关国家安全的重大工程科技问题，紧贴新时代社会民生现实需求和军民融合需求，加快自主创新成果转化应用，在前瞻性、战略性领域打好主动仗。”②

3. 潜心为国的“链条人”

吴自良是我国著名物理冶金学家，中国科学院院士。他先后获得国家发明奖一等奖、国家科学技术进步奖特等奖、何梁何利基金科学与技术进步奖，1999年获得“两弹一星”功勋奖章。1917年，吴自良出生在浙江省浦江县前吴村一个知识分子家庭。受书香门第良好家风的影响，吴自良自幼喜爱读书。1935年高中毕业后，吴自良考入国立北洋工学院（天津大学前身）矿冶系，后凭借优异的成绩转入新成立的航空机械系学习。1943年，吴自良赴美国匹兹堡卡内基理工学院学习物理冶金。攻读博士期间，他师从X射线晶体学家、物理冶金学家巴瑞特教授和物理学家斯莫落柯夫斯基教授。他努力克服专业基础薄弱的困难，一心向学，悉心钻研物理冶金专业知识。1945年，美国成功爆炸了世界上第一颗原子弹。此时，还在求学中的吴自良已经坚定了报效祖国的决心。1948年吴自良获得博士学位后，留在卡内基理工学院金属研究所从事博士后研究工作。1949年他应聘到美国锡腊丘斯大学材料系任副研究员，发展前景一片大好。同年10月新中国成立的消息传到美国后，吴自良激动不

---

① 洪友士. 郑哲敏先生的主要经历与成就：祝贺郑哲敏先生八十华诞［C］//中国科学院力学研究所. 祝贺郑哲敏先生八十华诞应用力学报告会：应用力学进展论文集. 中国科学院力学研究所，2004：12.

② 习近平. 在中国科学院第十九次院士大会、中国工程院第十四次院士大会上的讲话［N］. 人民日报，2018-05-29（02）.

已。他从未忘记报效祖国，也从未忘记自己心中自强不息、科学救国的梦想。没过多久，吴自良接到了国内老师的来信，希望他可以回国工作。1950年底，学有所成的吴自良怀着满腔热忱，毅然放弃在美国优厚的物质条件和发展前途，冲破美国当局的重重阻挠，以华侨身份辗转日本、中国香港后终于回到了魂牵梦萦的祖国。在踏上祖国土地的那一刻，吴自良难掩心中的喜悦。

回国后，吴自良马不停蹄地投入新中国建设中。当时国家百废待兴，经济建设和国防建设急需解决材料学方面的基础性问题。在国家需要面前，吴自良秉持“国家的需要就是我的研究方向”原则，先后领导完成抗美援朝战争前线急需的“特种电阻丝”试制任务、苏联低合金钢40X代用钢研制任务，为我国合金钢系统建设开创先河。

1956年，在制定国家科学技术发展远景规划的时候，国家部署了原子弹研制任务。研制原子弹必须有核材料，而核材料生产线最重要的就是一种叫作“甲种分离膜”的核心元件。其作用是将铀-235和铀-238这对“双胞胎”同位素分开，以提炼出高浓度的、可用于发生核裂变反应的铀-235。当时，世界上掌握这项技术的只有美国和苏联。随着苏联专家的撤离，中国亟须自主研制这个核心元件。那时，吴自良每天工作超过10小时，逢年过节也不休息。这项工作的技术要求很高，保密非常严格。整幢实验大楼第四层的一半都被封闭起来，大家昼夜加班加点地工作。没有什么资料可供参考，全靠大家一起摸索。作为技术总负责人，吴自良不仅克服困难奋战在攻关的第一线，而且积极协调其他单位创造条件为“甲种分离膜”研制做好保障。由于研制“甲种分离膜”涉及粉末冶金、物理冶金、压力加工、金属腐蚀、物理化学、机电设计制造、分析测试等多个学科，要经过制粉、调浆、烧结、机械加工、焊接、后处理等一系列工艺过程，综合性很强，因此吴自良积极协调上海市冶金、纺织、化工局各自系统下属的多家单位协同工作。1963年底，上海冶金研究所终于试制出符合要求的分离膜元件，其性能已达到实际应用的要求，甚至超过了苏联。

4. 大国重器的铸造者

屠守锷是我国航天事业的开拓者和奠基人之一，著名导弹和火箭专家，中国科学院学部委员（院士），国际宇航科学院院士，“两弹一星”功勋奖章获得者。1957—1965年，他先后任国防部第五研究院第八研究室主任，国防部第五研究院一分院副院长兼第二总体设计部主任，第七机械工业部第一研究院副院长。1982年，他任航天工业部科学技术委员会副主任。1985年，获国家科学技术进步奖特等奖。屠守锷先后任中国近程、中程导弹副总设计师，远程导弹和“长征二号”运载火箭总设计师。他主持解决了若干重要型号特别是远程运载火箭、“长征二号”运载火箭和“长征二号”捆绑式运载火箭中的一系列关键技术问题，并参与了我国火箭技术发展重大战略决策，为我国航天事业作出了杰出贡献。

1936年，屠守锷考入清华大学机械系，一年后转入航空系。1937年全民族抗战爆发后，他随学校师生步行80余日赶赴昆明，并于1940年在西南联合大学毕业。1941年，他前往美国麻省理工学院航空工程系攻读硕士学位。1943年，为了更好地将理论应用于实践，他应聘入职美国布法罗寇蒂斯飞机制造厂，成为一名飞机强度分析工程师。1945年，在得知抗战胜利消息的第二天，他来不及作任何准备，毅然辞职回国。归心似箭的屠守锷从美国东部的布法罗横穿北美大陆，历时40余天到达西海岸的旧金山。由于没有驶往中国的客轮，他于是搭乘去中国青岛的运兵船，历经艰辛终于回到祖国，回国之旅整整花了3个月时间。然而，国民党政府根本无意兴办民族航空工业，失望至极的屠守锷只好把希望寄托在培养下一代航空人才上。他在西南联大开设了航空专业课程。1947年，屠守锷到清华大学航空系任教，开始与进步人士接触。就在这时，他了解了中国共产党和共产主义思想，亲身的经历和眼前的现实使他认识到，只有中国共产党，才能领导中国走向光明；只有在中国共产党的领导下，自己的强国梦才能实现。1948年底，他秘密加入了中国共产党。

1957年9月，屠守锷作为聂荣臻元帅率领的中国政府代表团的顾问，参加了与苏联的谈判，促成了我国第一次也是唯一一次导弹技术引进。而后，他便和战友们开始了中国第一枚导弹仿制工作。在从仿制到独立研制的艰难历程中，在研制第一枚地空导弹和地地导弹过程中，他成了导弹设计研制的行家里手。1961年，在苏联撤走专家的困境下，屠守锷走马上任国防部第五研究院一分院副院长，全面主持技术工作。

1962年3月，我国自行设计的第一枚中近程导弹在首飞试验中坠毁，痛苦与失望笼罩在科技人员的心头。屠守锷临危受命，指导设计人员，开展了全面系统的研究。两年含辛茹苦的研究终于换来了丰硕的成果：修改设计后，从1964年6月开始，这种中近程导弹连续8次飞行试验都取得成功。更重要的是，在一系列摸索、总结和攻关过程中，我国第一代导弹技术专家成长起来。他们掌握了导弹研制的重要技术和基本规律，为以后各种型号导弹研制成功奠定了基础，并直接为我国1966年10月进行的导弹、原子弹“两弹结合”试验圆满成功作出了贡献。

1965年，屠守锷作为技术总负责人，主持洲际导弹研制工作。这是中国人研制的第一枚洲际导弹。兴奋之余，屠守锷感到自己肩负的责任从未像现在这样重。他在工作中兢兢业业，不敢有丝毫疏忽和懈怠。他接受任务后的第一件事，就是组织方案论证。中国远程导弹和洲际导弹同时起步，限定了技术上的借鉴性。在技术储备极度匮乏的情况下研究洲际导弹，注定要闯过更多的技术难关。从试验到认证，从材料到工艺，他带领技术人员边学习、边探索，边实践、边总结。屠守锷将全部精力投入研制工作中：听取基层研究设计单位的情况汇报，研究和审批论证报告，参加各种技术方案研讨会，竭尽全力完成研制任务。1971年6月起，洲际导弹3次发射试验取得了部分成功。到1979年，屠守锷主持研制的洲际导弹6发遥测弹飞行试验以全胜的战绩告捷，为全程试验作了充分的技术准备。1980年，中国向全世界宣布：5月12日至6月10日，由中国本土向太平洋南纬7度0分，东经171度33分，半径70海里的圆形海域，发射运载火箭。当时，这个消息震动了世界。要确保发射成功，远程导弹身上数以十万计的零部件必须全部处于良好的工作状态。在那复杂如人体毛细血管的线路管道上，哪怕一个接触点有毛病，都可能造成发射失败。尽管有严格的岗位责任制，尽管发射队员个个都是精兵强将，但在屠守锷带着大家所进行的几十次眼看手摸、仪器测试中，还是查出了几根多余的铜丝。1980年5月18日，作为中国第一枚远程导弹总设计师，屠守锷在“可以发射”的鉴定书上签下了自己的名字。签字的时候，他看上去非常平静，就像是任何一次普通的签名一样。然而，当导弹准确命中万里之外目标的消息传来，原本内向的屠守锷却再也抑制不住内心的激动，双手捂着眼睛像孩子似地哭了，继而孩子般地笑了。

二、用卓越铸就辉煌

青少年应该将“两弹一星”精神传承下去，将对社会作出多少贡献作为衡量自己成功与否的标准，做任何事情都要一步一个脚印，抛弃一蹴而就的思想，不怕困难，创造创新。青少年要时刻关注国际科学技术发展前沿，不能在发展中与国际社会脱节。要意识到，虽然我们经过几十年的发展已经取得了一系列举世瞩目的成就，但是从根本上看我国与西方国家还存在一定的差距。要学会团结协作，重视团队的力量，不要有个人主义倾向。要拥有远大的理想，不能目光短浅，不能满足于现状。在学习中，青少年既要学习书本上的知识，还要懂得知识对社会的价值，学会用自己所学为社会创造价值。要将“两弹一星”精神作为自己奋进的动力，不要害怕困难，不要逃避问题；不要刻板死学，要灵活变通；要时刻保持谦虚谨慎的学习和工作态度，不要让骄傲自满成为前进的羁绊。我们要做一个学有所成、对社会有所贡献的有用人才，用卓越铸就辉煌。

（一）隐姓埋名的奉献者

1. 中国式“巨人”

中国科学院资深院士，著名核物理学家，“两弹一星”功勋奖章获得者王淦昌，一生致力于科学研究上的求新与创造。科学史上的一系列重大发现与他的名字紧紧连在一起，如探测中微子、宇宙线研究、“两弹”突破、大型X光机、惯性约束聚变……无疑，科学大师的称号他当之无愧，他在中国科技发展史以及世界科技发展史上竖起了一座丰碑。

王淦昌毕业于清华大学物理系，毕业后他先是留校任教，后来考取江苏省官费留学生，进入德国柏林大学威廉皇家化学研究所攻读研究生，师从著名实验物理学家迈特纳教授。这位科学巨擘的学生很多，而王淦昌是他唯一的中国学生。天赋和努力让王淦昌迅速成长，年仅26岁就获得了物理学博士学位。1934年4月，王淦昌回到阔别已久的祖国，先后在山东大学、浙江大学物理系任教授。

1937年全民族抗日战争爆发后，浙江大学在搬迁过程中打乱了原来的学院建制，各位教授分散到搬迁队伍中分批转移。后来在湄潭开课后王淦昌担任了物理系主任，一些行政琐事让埋头学术的他犯了难。当时他要在湄潭和永兴之间来回奔波，因为湄潭15公里之外的这个地方住着物理系一年级学生。每次王淦昌都是选择步行，到那里处理一些系务工作。尤其是在新生入学的时候，在和他们见面时他常说："物理是一门很美的科学，大到宇宙，小到基本粒子，都是它研究的对象。寻求其中的规律，这是十分有趣的事，你们选择了一个很好的专业。"在王淦昌那里，物理学公式和数据就是美的事物，这是他对物理学和原子学的独特理解，也希望能影响更多的有志青年投身这个事业之中。

1942年，王淦昌在浙江大学第一次开设原子核物理课，这在中国大学里也是第一堂原子学课程。这一课程启迪了当时众多的年轻人，其中包括诺贝尔物理学奖获得者李政道，因此王淦昌被称为"中国核物理学奠基人"。

1956年，王淦昌被选派去苏联杜布纳联合原子核研究所工作，担任高级研究员。出色的能力让他得到了同事的认可，后来出任该研究所副所长。通过对近10万张气泡室图片和大量数据分析，王淦昌小组在1959年发现了一张反西格玛负超子事例的照片，这是人类通过实验发现的第一个荷电反超子，这项成果推进了人类对物质微观世界的认识，在国际上产生了深远的影响。1972年杨振宁访华时对周恩来总理说："联合原子核所这台加速器上所做的唯一值得称道的工作，就是王淦昌先生及其小组对反西格玛负超子的发现。"现在看，假如王淦昌当初继续在这一领域耕耘的话，他很可能叩开诺贝尔奖的大门，但是他放弃了这项已经受到世界瞩目的研究领域，开始了新的探索。他参与了我国核武器的原理突破、实验研究和组织领导，在我国原子弹、氢弹研制过程中，指导解决了一系列关键技术问题，是我国核武器研制的主要奠基人之一。

1961年，受时任第二机械工业部部长刘杰的邀请，王淦昌参加了原子弹研制工作。在收到通知的第二天他就去了二机部九局报到，化名"王京"加入了中国核武器研制队伍之中。而这项研制工作他一干就是17年，也意味着他中断与外界的联系整整17年。早期的爆轰试验是在燕山脚下、长城之畔进行的，王淦昌多次亲临爆轰试验现场指挥。他与自己的科研团队冒着风沙进行试验，爬过崎岖不平的山路，住过古烽火台前简陋的营寨，三年中进行了上千次实验原件的爆轰试验，取得了关键性突破。一年后，他又带领着一大批无名英雄来到人迹罕至的青海高原，进行缩小比例的聚合爆轰试验和点火装置测试。1964年10月16日，我国第一颗原子弹爆炸成功。1967年6月17日，我国第一颗氢弹爆炸成功。这极大地鼓舞了王淦昌，实现了他多年梦寐以求的梦想，为国家安全贡献了自己的力量。1978年7月，王淦昌告别了17年隐姓埋名的生活，回到了阔别已久的原子能研究所，担任所长一职。年过七旬的他为了我国核事业的发展仍不分昼夜辛勤操劳。1979年，美国三哩岛核电站发生历史上最严重的核泄漏事件，让全世界淹没在恐核的声音中。这是世界核电史上第一次事故。当时，王淦昌以一个科学家的远见，提出了独立自主、自力更生地发展我国核电事业的建议。1986年，王淦昌与王大珩、陈芳允、杨嘉墀联名向中央提出了《关于跟踪研究外国战略性高技术发展的建议》报告。该报告认为，“我国应以力所能及的资金和人力，跟踪新技术发展的进程。因为真正的高技术是不可能引进的，我们必须从现在起就开始抓起来。”这个建议得到中央领导同志的极大关注和大力支持，邓小平批示道“这个建议十分重要”，并强调指出“此事宜速作决断，不可拖延”①。经过200多名专家、学者的全面论证和反复修改，《高技术研究发展计划纲要》(国家“863计划”)由此诞生，为中国高新技术发展开创了新局面。

中国科学院院士贺贤土对王淦昌的一生作了如下评价：“王淦昌先生是一位伟大的国际著名的物理学家，被国际上称为Great Wang。王淦昌先生的一生闪耀着科学智慧的光芒，他把毕生的智慧和精力全部奉献给了祖国的科学事业。王淦昌先生的科学成就和品德修为，深受世人的尊敬和爱戴，为后人留下了宝贵的精神财富，为科技工作者树立了光辉的典范。”在王淦昌办公室的墙上有一副墨迹，写的是：“老骥伏枥，志在千里，烈士暮年，壮心不已。”这正是他人生的写照。强烈的爱国情怀，胸怀祖国、服务人民的爱国精神，是我国科技人员最重要的基本素质和品行。科学就是要用来为国谋大利、为民谋福

① 邓小平年谱：1975—1997 下［M］. 北京：中央文献出版社，2004：1107.

利，就是要用来谋求国之强大、家之幸福。钱学森、王淦昌等老一辈科学家研制"两弹"的初衷，就是为刚刚诞生的新中国和浴火重生的中华民族铸造一把锋利的宝剑，就是为了使遭受近百年屈辱的华夏儿女不再遭受外敌的侵犯和凌辱，就是为祖国的建设与和平发展创造条件。这充分彰显了老一辈科学家始终将个人理想与祖国命运紧紧联系在一起，始终与祖国心相连、命相牵的爱国情怀；展示了科技工作者神圣的历史使命和责任担当。诚如习近平总书记所说："具有强烈的爱国情怀，是对我国科技人员第一位的要求。科学没有国界，科学家有祖国。广大科技人员要牢固树立创新科技、服务国家、造福人民的思想，把科技成果应用在实现国家现代化的伟大事业中，把人生理想融入为实现中华民族伟大复兴的中国梦的奋斗中。"[①]"在建设社会主义现代化强国、向世界科技强国行列迈进的新征程中，大力弘扬胸怀祖国、服务人民的爱国精神，就是要将实现个人科学抱负的'小我'融汇于国家民族命运的'大志'，同国家需要、人民要求紧密对接，这样才能始终保持正确的方向，在提升国家科技创新能力的同时实现自身的人生价值。当前，中华民族伟大复兴战略全局与世界百年未有之大变局互相交汇，'十四五'及更长时期的经济社会发展对科技创新提出了更为迫切的要求。推动高质量发展、实现人民高品质生活需要、构建新发展格局、开启全面建设社会主义现代化国家新征程，都需要加快科技创新。在新时代，广大科技工作者不忘初心，就要把论文写在祖国的大地上，把科技成果应用在实现现代化的伟大事业中，自觉肩负起历史赋予的科技创新重任，在实现科技强国的宏伟目标中展示深沉的家国情怀，在促进科技成果的现实转化中更多惠之于民、增进人民福祉，让自己的科学追求融入建设社会主义现代化国家的伟大事业中，在新时代创造强国富民的新业绩。"[②]

2. 中国的奥本海默

"两弹一星"元勋邓稼先在原子弹、氢弹研制中，对原子弹的物理过程进行了大量模拟计算和分析，领导开展了爆轰物理、流体力学、状态方程、中子

① 习近平. 深化科技体制改革增强科技创新活力　真正把科技创新驱动发展战略落到实处［N］. 人民日报，2013-07-18（01）.

② 梁军. 弘扬科学家精神勇攀世界科技高峰［N］. 光明日报，2021-04-14（08）.

输运等基础理论研究，迈出了中国独立研究核武器的第一步。他领导完成原子弹的理论方案，并参与指导核试验的爆轰模拟试验。原子弹试验成功后，立即组织力量，探索氢弹设计原理，选定技术途径。1982年获国家自然科学奖一等奖，1985年获两项国家科技进步奖特等奖，1986年被授予“全国劳动模范”称号，1987年和1989年各获一项国家科技进步奖特等奖。

少年时的邓稼先生活在国难深重的年代。七七事变爆发后，日本侵略者仅用22天就攻陷了北平城。时年13岁的邓稼先无法忍受这种屈辱，当众把一面日本国旗撕得粉碎，并扔在地上踩了几脚。这种强烈的爱国行为让他选择了不一样的报国之路。1941年，邓稼先考入西南联合大学。1945年毕业后，他受聘为北京大学物理系助教，在工作中他萌生了到美国去学习先进知识、报效祖国的想法。1948年秋，他进入美国印第安纳州普渡大学研究生院学习。由于他学习刻苦，成绩突出，不到两年时间便修满了学分，并通过博士论文答辩，获得了博士学位。此时他只有26岁，被人称为“娃娃博士”。美国政府希望用优越的物质条件将这样一个天才式的人物留在美国效力，他的导师和身边的好友也极力挽留他；但是，使国家富强的想法一直是他追求的崇高理想，他毅然决然地离开美国，回到了祖国。1950年，邓稼先和两百多名旅美科技人才踏上了归国的旅程。就是这样一群人推动了中国现代化的进程，让中国发生了天翻地覆的变化。

1958年，在国家决定进行核武器研制后，邓稼先义无反顾地投入了这项工作中。为了保密，他只对妻子说自己要调动工作了，不能再照顾家和孩子，家里只能靠她了，可能通信都困难。从此，邓稼先就消失在了理论界的视野中。同年8月，邓稼先调入新筹建的核武器研究所，担任理论部主任，负责领导核武器理论设计。随后他任研究所副所长、所长，核工业部第九研究设计院副院长、院长，核工业部科技委副主任，国防科工委科技委副主任。从此，他将全部心血都倾注到科研攻关之中，带领科研人员日夜不停地进行试验场地建设。在没有资料、缺乏试验条件的情况下，他挑起了整理原子弹基础理论的重任。他带领大家刻苦钻研理论，向大家推荐了一大批相关书籍。由于都是国外文献，并且只有一部，他组织大家阅读，一人读，全体翻译，连夜印刷。那时，由于条件艰苦，没有计算机，科研人员使用算盘进行原子理论计算。计算一个数据需要一个多月，计算九次就要花费一年多时间。不仅如此，邓稼先经常到隔壁试验场进行实地工作，冒着酷暑严寒，在试验场度过了整整8年，这期间参加15次现场核试验，掌握了第一手数据。

1959年，苏联拒绝向中国提供原子弹数学模型和有关技术资料，并单方面终止了两国签订的国防新技术协定，撤走全部专家。中国原子弹研制失去了一切国外力量的支撑，只能依靠我们自己。在以后的五年时间里，科研工作者克服一切困难，迎来了中国原子弹研制工作的决战阶段，在大西北建成了中国第一个核武器基地。1963年，邓稼先和于敏率领九院理论部研究原子弹的原班人马，承担中国第一颗氢弹的理论设计任务。1964年10月，中国成功爆炸第一颗原子弹。两年零八个月之后，中国第一颗氢弹爆炸试验成功，创造了世界上最快的速度；而法国用了八年零六个月，美国用了七年零三个月，苏联用了六年零三个月。可以说，如果没有邓稼先和其同事的奉献精神，核武器研制将会用更长的时间。

1979年，在一次航投试验时出现降落伞事故，原子弹坠地被摔裂。邓稼先深知危险，却一个人抢上前去把摔破的原子弹碎片拿到手里仔细检验。这使他受到核辐射影响，肝脏破损，骨髓里也侵入了放射物。1985年，邓稼先被确诊为直肠癌。在病床上他平静地说：“我知道这一天会来的，但没想到它来得这样快。”他在生命的最后时刻留下的遗言，仍然是与中国的核事业相关。他叮嘱大家，“不要让人家把我们落得太远……”1986年7月29日，邓稼先因癌症晚期大出血离世。邓稼先逝世后，杨振宁在给他的夫人许鹿希的电报与书信中有如下几段话可以视为对他一生的概括：

“稼先为人忠诚纯正，是我最敬爱的挚友。他的无私的精神与巨大的贡献是你的也是我的永恒的骄傲。

“稼先去世的消息使我想起了他和我半个世纪的友情，我知道我将永远珍惜这些记忆。希望你在此沉痛的日子里多从长远的历史角度去看稼先和你的一生，只有真正永恒的才是有价值的。

“邓稼先的一生是有方向、有意识地前进的。没有彷徨，没有矛盾。

“是的，如果稼先再次选择他的途径的话，他仍会走他已走过的道路。这是他的性格与品质。能这样估价自己一生的人不多，我们应为稼先庆幸！”[①]

---

① 杨振宁. 没有任何外国人参加：追忆两弹元勋邓稼先［N］. 人民日报，1993-08-21.

“鞠躬尽瘁，死而后已”正好准确地描述了他的一生。邓稼先是中华民族核武器事业的奠基人和开拓者。张爱萍将军称他为“两弹元勋”，他是当之无愧的。中国科学家的伟大之处既在于他们为国家和人民作出的重大杰出贡献，也在于他们为国为民无私奉献、鞠躬尽瘁、死而后已，更在于他们的名字永载史册，他们的精神永刻丰碑，激励着一代又一代后进者不忘初心、勇担使命，引导着一代代青年科技工作者坚定方向、坚定信心，奋发向上、有所作为。中华民族和中华文明薪火相传、永世辉煌的重要原因就在于神州五千年的历史是代代相传、世世永续的，就在于华夏儿女是团结一致、心手相连的。因此，钱学森、钱三强、邓稼先等老一辈在中华大地上所书写的一页页璀璨华章，所留下的伟大精神也必将在我们一代代后人的永续接力奋进中绽放出更加璀璨的光彩，传播出更强大的中国声音。正如习近平总书记所说，“科学成就离不开精神支撑。科学家精神是科技工作者在长期科学实践中积累的宝贵精神财富。新中国成立以来，广大科技工作者在祖国大地上树立起一座座科技创新的丰碑，也铸就了独特的精神气质。”“科学无国界，科学家有祖国。我国科技事业取得的历史性成就，是一代又一代矢志报国的科学家前赴后继、接续奋斗的结果。”“要求大力弘扬胸怀祖国、服务人民的爱国精神，勇攀高峰、敢为人先的创新精神，追求真理、严谨治学的求实精神，淡泊名利、潜心研究的奉献精神，集智攻关、团结协作的协同精神，甘为人梯、奖掖后学的育人精神。”①“科技工作者在长期科学实践中积累的宝贵精神财富，标定了中国科学家的价值坐标，也塑造了知识分子群体乃至当代中国的精神特质，凝聚成一股改变中国科技进程与社会面貌的精神力量，是中国革命精神谱系不可或缺的一部分。”②

3.“杂交水稻之父”

2019年9月17日，被誉为“杂交水稻之父”的袁隆平在中华人民共和国成立70周年之际荣获“共和国勋章”。该勋章用以表彰他在我国杂交水稻生产

① 习近平. 在科学家座谈会上的讲话［N］. 人民日报，2020-09-12（02）.

② 王丹，詹媛，齐芳. 科学家精神：高质量发展的不竭动力［N］. 光明日报，2021-04-14（07）.

上的历史功绩。他先后发表论文60余篇；其专著《杂交水稻生产技术》被翻译成多国文字，在40多个国家相继发行，成为全世界杂交水稻研究和生产的经典著作。作为学科带头人，袁隆平培养了一大批杂交水稻领域的专家和技术骨干，建立了一整套杂交水稻理论和应用技术体系，创建了一门系统的新兴学科——杂交水稻学。本着“发展杂交水稻，造福世界人民”的追求，他不畏艰辛、大胆创新、勇于攀登，带领团队取得的重要成果使我国在杂交水稻研究上领先世界水平，解决了中国粮食自给自足的难题，为世界粮食安全作出了杰出贡献。

袁隆平出生在战火纷飞的年代，由于战乱他从小过着颠沛流离的逃亡生活。1931年至1936年，他随父母相继辗转于北平、天津、九江、赣州、汉口等地。1949年，袁隆平进入重庆北碚夏坝的相辉学院农学系读书学习。同年8月，转入西南农学院农学系农作物专业学习。院系调整过程中，这所学校被并入新组建的西南农学院，袁隆平在西南农学院农学系度过了3年美好时光。大学毕业后，他被分配到湖南安江农校工作。回想旧社会饿殍遍地的场景，袁隆平立下了让人民“吃饱饭”、不挨饿的志向，从此走上了农业报国的道路。1956年，袁隆平带着学生开始了系统的试验，在试验中偶然的机会他发现水稻中一些杂交组合有优势，初步判断杂交组合可能是提高水稻产量的重要途径，在他的脑海中第一次浮现了培育杂交水稻的想法。但是这种想法与传统遗传学观点相悖，许多权威学者提出了反对意见。这没有使生性倔强的袁隆平放弃自己的想法，反倒使他要问个究竟。为了找到设想中的稻株，他几乎每天都下到田间地头工作，直到太阳落山才回家。艰苦的条件和忘我的工作损害了他的健康，他患上了肠胃病。不管酷夏还是严冬，他都手拿放大镜一垄垄、一行行、一穗穗地在数以亿万计的稻穗中找寻。正是凭着这股坚忍不拔、勇敢顽强的意志，经过两年的艰辛探索、试验和研究，在筛查过14万余株稻穗之后，1966年，袁隆平发表了《水稻的雄性不孕性》论文，从此拉开了中国杂交水稻研究序幕，“杂交水稻”成为袁隆平一生不懈追求的事业。

但是在那个年代，这篇文章不仅没能为袁隆平带来荣誉，反而让他被视为反动学说的代言人。但他没有退缩，每次遇到阻力时他都告诫自己要戒骄戒躁，为长远考虑。试验器材被捣毁，他就拿着手电将一株株残存的稻穗偷偷拿回家，藏在水沟里；培育的700多株试验秧苗被毁坏，他忍着悲痛在田里寻找幸存下来的；为了排除干扰，他到海南展开试验，7年春节都是在外地度过的，遇到极端天气，他就用门板将秧苗转移到安全的地方……一次又一次挫折没有击倒袁隆平。凭着自己的智慧和执着、极大的耐心和韧性，他将困难一一化解，最终在海南发现了“野败”，让他看到了希望。1974年，他在安江农校试种的“南优2号”杂交稻亩产628公斤，比常规稻亩产多了将近400公斤。两年后是我国杂交水稻研究的关键一年，袁隆平和他的助手用勤劳和勇敢揭开了我国杂交水稻大面积制种、推广的序幕。

在追求“产量更高”的征程上，袁隆平从来没有懈怠，分别在2000年、2004年、2011年、2014年实现了大面积示范每公顷产稻10.5吨、12吨、13.5吨、15吨的目标，不断取得重要突破，尤其在2018年实现了大面积平均单产每公顷17.28吨，最高田块单产突破每公顷18吨，创造了大面积种植水稻世界单产新纪录。近年来，杂交水稻年种植面积超过2.4亿亩，占水稻总种植面积的57%，而产量约占水稻总产的65%。迄今为止，我国杂交水稻种植面积累计超过90亿亩，增产稻谷6000多亿公斤，杂交水稻年增产稻谷约250万吨，每年可多养活7000万人口，为从根本上解决我国粮食自给难题作出了重大贡献。袁老先生在杂交水稻方面之所以能取得如此重大成就，是因为其脚踏实地、勤劳勇敢和自强不息的奋斗精神。他曾经说过：“我成功的秘诀：知识、汗水、灵感、机遇。谈到杂交水稻的成功，可以用这样一个公式来说，知识+汗水+灵感+机遇=成功。有知识是很重要的；有了知识，又奋发努力，才会有灵感；再加上好的机遇，才有可能获得事业上的成功。”此外，他也讲到，“我今天获得的荣誉已经够多了，荣誉不仅使我常怀感恩之心，而且实际上对我也是一种精神鼓励，鼓励我继续努力，争取新的成绩。”“研究杂交水稻，虽然备尝艰辛，但看到杂交水稻给国家和人民带来的巨大利益，就感到无

袁隆平在稻田中工作（图片来源《光明日报》，《袁隆平：为了让所有人远离饥饿》，2020年12月29日，第10版）

限的欣慰。”“要谦虚谨慎、戒骄戒躁，把荣誉当作动力，去攀登新的高峰。”“人活得要有意义。人的一生很短，我记得聂耳、田汉的《毕业歌》里说：‘今天是桃李芬芳，明天是国家栋梁。’我喜欢用保尔·柯察金的话作为人生总结。人最宝贵的是生命，生命对于每一个人只有一次。人的一生应该这样度过：当他回首往事的时候，不因虚度年华而悔恨，也不因碌碌无为而羞愧。这样在临终的时候，他就可以说：我的一生都奉献给了世上最壮丽的事业——为人类的解放而斗争。”①

杂交水稻研制成功后，各种荣誉纷至沓来：国内第一个特等发明奖、“杂交水稻之父”、国家首个最高科技奖……袁隆平从农业科学家成了身价千亿的集团董事长。面对这些荣誉，他没有迷失，不忘初心。他说：“我今生最大的心愿是让杂交水稻更多地造福世界。我希望杂交稻不仅对建设中国的和谐社会作贡献，也希望为建立世界和平作贡献，我认为这应该是中国对世界的贡献。”袁隆平老前辈正是因为时时刻刻怀着这种无私奉献、默默耕耘的献身精神，才能在磨难面前不失风骨，在挫折面前永不退却，在危难之时挺身而出，为我国农业乃至世界农业的发展作出了重大贡献。此外，袁隆平老先生之所以能够在中国和世界农业史上具有极高的权威性，不仅仅是因为他在杂交水稻方面所作出的杰出贡献，更为重要的是他在荣誉面前不屑一顾，在事业上一心一意、废寝忘食，在经验、知识传承上开诚布公、毫无保留。正是老前辈十分感人的奉献精神、默默耕耘的奋斗精神，激励了一代代科技工作者勇担使命、奋勇当先和奋勇争先，也激发了一代代青年人的爱国热情、创新创业的无穷斗志。

袁隆平当选“感动中国”2004年度人物时，给他的颁奖词是：“他是一位真正的耕耘者。当他还是一个乡村教师的时候，已经具有颠覆世界权威的胆识；当他名满天下的时候，却仍然只是专注于田畴，淡泊名利，一介农夫，播撒智慧，收获富足。他毕生的梦想，就是让所有的人远离饥饿。喜看稻菽千重浪，最是风流袁隆平。”此外，他自己也谈到，“我们在困境中探索，在逆境中追求，终于摸索到了杂交水稻关于测交和回交的基本规律，以及人工制造保持系和恢复系的技术要领。同时，我们利用野生稻实行远缘杂交，确定了需求突

---

① 袁妲. 袁隆平谈人生［M］. 长春：长春出版社，2012：107～119.

破‘三系’的新思路。正因为有了‘野败’，便有了我们今天的相聚。只要我们团结一致，共同努力，顽强拼搏，杂交水稻的研究和实验，就一定能够取得成功。”这正是袁隆平一生的写照，他用自己的一生诠释了胸怀天下、无私奉献的精神。在浩瀚的宇宙中，有一颗以他的名字命名的小行星。他是一个真正的探索者，他的成就属于中国，也属于世界。他的贡献超越了他的研究领域，为整个民族留下了宝贵的精神财富。他以他的执着和真诚征服了全世界，也赢得了世人的尊重和敬仰。在他的身上我们看到了一个大爱无疆的长者形象，他的功绩将永载科学史册。

（二）时代楷模

1. 再世华佗

2015 年 10 月 5 日，瑞典卡罗琳医学院宣布将诺贝尔生理学或医学奖授予屠呦呦以及另外两名科学家，以表彰他们在寄生虫疾病治疗研究方面取得的成就。诺贝尔奖评选委员会说，由寄生虫引发的疾病困扰了人类几千年，至今还威胁着全球人的健康，其中疟疾是世界上最重要的高死亡率传染病。屠呦呦发现的青蒿素，极大地提高了我们应对这一问题的能力。她研究出治疗“一些最具伤害性的寄生虫病的革命性疗法”为人们提供了“强有力的治疗新方式”，在治疗中使疟疾患者的死亡率显著降低，在改善人类健康和减少患者病痛方面的成果无法估量。这是中国医学界迄今为止获得的最高奖项，也是中医药成果获得的最高奖项。

屠呦呦的父亲是一名中医。受到父亲的影响，屠呦呦从小就喜欢翻看医书。在她家阁楼上一个小阁间里，摆满了诸如《黄帝内经》《神农本草经》《伤寒杂病论》《千金方》《四部医典》《本草纲目》等中国古代中医典籍。屠呦呦经常光顾这里。父亲治病救人的过程，使她从小耳濡目染。慢慢地，她对中医和草药产生了浓厚的兴趣，也立志要像父亲一样能够治病救人。1951 年，屠呦呦考入北京医学院药学系（北京大学药学院的前身），在那里接受了系统的训练，加上深厚的家学，屠呦呦成绩一直很好。大学毕业后，她被分配到中医科学院中药研究所工作，开始了她的中医药研究生涯。她对中医药事业充满信心，她曾说：“中医药人撸起袖子加油干，一定能把中医药这一祖先留给我们的宝贵财富继承好、发展好、利用好。”[①]这正是她一生的信念。

1967年，中国人民解放军总后勤部和国家科委在北京召开了抗药性恶性疟疾防治全国协作会议，一项由全国60多家科研单位500多名科技工作者参与的代号“523”项目正式启动。因为在越南战争中疟原虫已经对奎宁类药物产生了抗性，为了援助北越政府而部署了这项特殊的任务，主要是为了研制出防治疟疾新药。由于当时处于“文革”时期，大批有经验的科研人员不能担任研究的领导工作，具有中西医背景、勤奋好学的屠呦呦很快进入了领导的视线。她被任命为中药研究所“523任务”研究组组长，带领4名小组成员寻找抗疟药物的线索。陈旧的科研设备和较低的科研水平让很多人认为这个任务难以完成，但屠呦呦坚定地说：“没有行不行，只有肯不肯坚持。”

屠呦呦带领课题组首先从系统搜集整理历代中医典籍入手，还四处走访老中医，搜寻到了640余种治疗疟疾的草药，专门整理成《抗疟单验方集》。正是在这个过程中，青蒿进入了她的视野。青蒿是一年生草本植物，早在两千年前的中医典籍中就有入药的记载；不过，在第一轮药物筛选和试验中，青蒿提取物对疟疾的抑制率只有68%，在其他科研单位反馈的试验资料里，青蒿效果也不尽如人意，而在第二轮药物筛选和试验中，青蒿提取物对疟疾的抑制率低于第一轮，只有12%，因此，青蒿并没有成为她关注的对象。当时大量的试验数据显示，中国极为常见的胡椒对疟原虫抑制率达到了84%，这让科研人员十分高兴；但是经过屠呦呦仔细检验、深入研究之后发现，胡椒只能抑制疟原虫裂变繁殖，灭杀效果却非常不理想，一时间他们的研究陷入了僵局。为什么中医药典籍治疟药方中屡屡提及青蒿？这个问题引起了她的思考。在她看来，这种植物有治疟疾的功效，问题不在草药本身，而是在于实验室里青蒿提取物不能很有效地抑制疟疾。如何解决这一问题，一时间困扰着她。为此，她重新翻出古代医学典籍，一本一本仔细翻查。

1971年的一天，东晋葛洪《肘后备急方·治寒热诸疟方》中的几句话触发了屠呦呦的灵感：“青蒿一握，以水二升渍，绞取汁，尽服之。”在她看来，

---

① 佚克.“共和国勋章”获得者屠呦呦：与青蒿结缘用中医药造福世界［N］. 人民日报，2019-10-05（02）.

问题出在提取过程的温度控制上。在高温情况下，青蒿的有效成分就会被破坏，很可能之前的失败源于实验方法不得当。为此，屠呦呦尝试用沸点较低的乙醚进行实验，她在60℃下制取青蒿提取物。1971年10月4日，第191号样品的出现改写了历史，通过改用低沸点溶剂提取方法，富集了青蒿的抗疟组分，屠呦呦课题组在第191次实验中发现了抗疟效果为100%的青蒿提取物。1972年，这一成果受到了学界的重视，后来研究人员从提取物中提炼出抗疟有效成分青蒿素，并广泛应用。

屠呦呦在工作中（图片来源《人民日报》，《与青蒿结缘 用中医药造福世界》，2019年10月5日，第2版）

1972年，“523”项目办公室在南京召开了全国抗疟疾药物研究会议，屠呦呦在会上汇报了青蒿乙醚提取物的研究成果，引起了与会者的强烈反响。在她公布了自己的发现之后，中医研究所“523”项目组从青蒿乙醚提取物中获得了定名“青蒿素Ⅱ”的白色的针状结晶。但是，这种结晶在临床前的动物毒性实验中表现出了心脏毒性。是否按原计划进行临床试用试验，需要作为组长的屠呦呦去抉择。为了让来之不易的成果能够得到验证，屠呦呦效仿亲尝百草的神农氏和李时珍，带头亲口试服了“青蒿素Ⅱ”。试服的结果显示，“青蒿素Ⅱ”没有毒性。

在那个特殊的年代，“523”项目成果都是以集体名义署名，屠呦呦的名字从来不为外人所知。直到2011年，81岁的她登上了2011年度拉斯克医学奖的领奖台，斩获临床医学研究奖。那是中国生物医学界获得的世界级最高奖项。而当时有些人认为，“523”项目是由六家单位多名研究者共同完成的，单凭一个人是根本不可能实现的，应被视为集体的发现，不应该都归功于屠呦呦一个人。针对这一争议，拉斯克医学奖评委会给出了解释，“屠呦呦是第一个把青蒿素引入523项目组，第一个提到100%活性，第一个做临床实验。这三点中的任何一点都足够支撑她得这个奖。可见，这个奖项注重科学发现的思维，而不在乎是谁做的。”[①]四年后，诺贝尔生理学或医学奖授予了在青蒿素研究中发挥决定性作用的屠呦呦。

关于青蒿素的未来，屠呦呦说过，“中国医药学是一个伟大宝库，青蒿素正是从这一宝库中发掘出来的。未来我们要把青蒿素研发做透，把论文变成药，让药治得了病，让青蒿素更好地造福人类。”[②]

2. 马克思主义政治经济学的传播者

卫兴华是中国马克思主义政治经济学研究中的领军人物，《资本论》研究专家，曾任中国人民大学经济学系主任，曾获得“人民教育家”国家荣誉称号，也是“最美奋斗者”荣誉称号获得者，并入选“影响新中国60年经济建设的100位经济学家”，著有《卫兴华经济学文集》（三卷）、《政治经济学研究》（两卷）、《我国新经济体制的构造》、《市场功能与政府功能组合论》、《理论是非辨析》等著作40余部。他一生耕耘在马克思主义研究领域，教书育人，笔耕不辍，著述等身，用一生诠释了一名马克思主义者、一名共产党员的使命与担当。

1925年10月，卫兴华出生在山西省五台县善文村一个农民家庭，其祖辈世代务农，是地地道道的农民。他先在本村小学读书，1937年考入东冶镇沱阳高级小学。正是这一年，日军占领了东冶镇和他的家乡，在沱阳高小只读了一年半的他被迫回家。他先是务农，后来又当过小学教师、药材庄店员。1942年，已失学四年之久的他重新进入东冶镇高小附设中学班学习，在目睹了战争的残酷、日军的暴行之后，他确立了“抗击日寇、振兴中华”的志向。由于学校推行日伪奴性教育，他仅学了一个学期就直接退学，投身到抗日救国运动中。1943年，他进入了第二战区晋西隰县进山中学读书，抗战胜利后进山中学迁回太原。此时，卫兴华遇到了改变他一生命运的人——中共党员、时任进山中学校长赵宗复。在他的影响和引导下，卫兴华走上了革命道路，投身于党

① 屠呦呦：从“三无”教授到诺奖得主［EB/OB］.［2021-08-31］. http://news.sohu.com/20151006/n422616177.shtml.

② 佚克.“共和国勋章”获得者屠呦呦：与青蒿结缘用中医药造福世界［N］. 人民日报，2019-10-05（02）.

的地下工作。卫兴华后来在回忆这段经历时说：“那时候我们搞地下工作、参加共产党干什么？没有工资、没有待遇，完全自我牺牲。就是一个追求，追求自己的理想，追求共产党把国家建设好。那个时候不怕牺牲、不怕逮捕、不怕杀头，就是这样坚强的信念支撑着我们。”①

1947年，经组织安排，卫兴华秘密奔赴解放区，加入了中国共产党，返回太原后被捕入狱。这段经历对他的一生产生了重大影响。在他家书桌的玻璃板下，有一张他与两个同伴的黑白合影。这是友情的见证，同时也纪念了一段不同寻常的经历。新中国成立前，在开展地下工作时，一次三人遇险被捕，被投入了监狱中，后来因为证据不足三人被释放出狱。卫兴华出狱后根据组织安排去北平从事革命活动，建立太原——北平——山西解放区之间递送军事情报的联络点。另外两人不久后再次被捕入狱，在狱中惨遭杀害。这成了卫兴华一辈子都不能忘却的遗憾。为此，他将三人仅存的合影放在那里，时不时想起那段时间的不易。他有时也同身边的人讲起自己从事地下工作时的一些事情，他的朋友、同事都没有看到新中国成立的那一天，都不幸遇难了，只有他活了下来。只要活着他就要用全部时间和精力去做一些有意义的事，为祖国建设、社会主义建设奉献他的力量。

1948年末，他回到解放区，进入华北大学学习。1950年转入新成立的中国人民大学经济系学习，同年8月调入政治经济学教研室，攻读研究生。1952年，卫兴华作为中国人民大学第一届经济学系研究生，以全优成绩毕业并留校任教，开始了《资本论》研究与教学工作。《资本论》是马克思耗费毕生心血完成的巨著，是马克思主义政治经济学的经典文本，其中的许多章节卫兴华早已烂熟于心，但是每次讲课，他都会把相关部分看一遍。他经常阅读的那一卷已经泛黄，但他依然不舍得丢弃，常常放在触手可及的地方，几乎每一页都有蓝、红、黑三种颜色的笔标出的重点，都写满了他的心得体会。他将核心章节阅读了三四十遍。在他看来，中国发展中遇到的很多问题在马克思那个年代已经出现，他的一些分析现在看都还很有启发性。阅读这部著作不仅是为了学习马克思主义，也要用马克思主义普遍真理去解决中国的问题。

---

① 卫兴华：不做风派理论家［EB/OB］.［2021-08-31］. http：//politics. gmw. cn/2019-10/10/content_33221335. htm.

每次站在讲台上给学生讲第一课时，他都会告诫学生，学术研究要实事求是，要“吾爱吾师，吾更爱真理”，做学问要做到“四严”——严肃的态度，严格的要求，严谨的学风，严密的论证。不要跟风跑，不要做风派理论家。这既是他对学生的要求，也是他自己一辈子坚守的原则。凭着这种学术态度，卫兴华总能在国家经济改革发展的关键时刻提出引人深思的观点，为国家决策提供可资借鉴的建议。

20世纪50年代，卫兴华力求把马克思主义政治经济学基本原理同中国的客观实际问题相结合，主要学术思想集中在社会主义理论与实践问题和马克思主义经济学的继承与发展问题两个方面。除此之外，他对苏联政治经济学教材中的某些观点提出了不同看法，如货币有阶级性，抽象劳动是商品经济范畴，不变资本周转速度会影响利润率的高低等；纠正了苏联和中国经济学界在资本主义级差地租与绝对地租加总计算上普遍存在的舛误。在全民所有制内部非商品经济论和生产资料商品外壳论等理论观点流行的时代，他明确肯定了全民所有制内生产资料的商品性质。为此他撰写了大量文章发表在《读书月报》《新建设》《教学与研究》等刊物上，产生了较大影响。

改革开放后，中国经济体制改革遇到了一系列新的理论和实践问题，需要进行更深入的研究。他突破了流行的生产力二要素或三要素论，提出了在经济学界影响广泛的生产力多要素论，为改革开放提供了马克思主义政治经济学支撑。1987年，针对中国特色社会主义经济制度中实行的“效率优先、兼顾公平”的基本理念，卫兴华提出了不同的看法，随即招致一大批学者的反对。有人甚至认为，这是“否定邓小平理论、否定改革开放、否定市场经济”，在国内经济学界引发了论战。他说，作为学者，就要追求真理，现在社会上都能看到很多分配不公的现象，我们也承认我们的分配制度确实有不尽如人意的地方。要解决这个问题，全国上下都在努力，最终达成共同富裕才是我们的目的，而不是一味地强调要按照市场规律进行分配。要知道，马克思说过，共同富裕是社会主义区别于以往任何社会制度最本质的东西。

卫兴华说：“我有一个信仰，就是为新中国而奋斗，为解放中国而奋斗，怎么把我们国家变得富强，为广大老百姓的富裕、安康、和谐、共同富裕而奋斗。”2019年9月29日上午，中华人民共和国国家勋章和国家荣誉称号颁授仪式在人民大会堂举行，卫兴华被授予“人民教育家”国家荣誉称号。当时，他已卧床不起，未能参加颁授仪式。在得知自己获得这一荣誉时，他表示，“愿马克思主义经济理论之树根深叶茂，祝人民教育事业蓬勃发展!”

三、用成功报效祖国

近代以来，中国的知识分子都在寻求建立近代社会的道路，工业报国和科技报国是其中的理想代表。一些海外就学的学子，在已经获得国外的优越待遇时，没有沉浸其中。他们在祖国需要的时候，毅然决然地放弃了国外的一切回到祖国，为国家和民族的事业贡献自己的力量。我国能在很短时间内完成西方国家在航天领域的工作，并取得令人瞩目的成果，很大程度上源于“两弹一星”元勋的精神品质，即将祖国利益放在首位的政治文化、在科学道路上勇攀高峰的创新文化和科研团队同舟共济的团队文化。正是因为有着这样坚定不移的信念，我国才能在新中国成立初期，在那段艰苦的岁月，从“零”开始取得了举世瞩目的成就。他们既对事业充满信心，也都谦虚谨慎、不骄不躁，始终保持头脑清醒，正视差距，踏踏实实地走好每一步，为祖国的科技发展打下坚实的基础。

（一）工业报国

1. 以“箭”击空铸辉煌

中国科学院院士，国际宇航科学院院士王希季，历任第七机械工业部（以下简称七机部）第五研究院副院长、科技委主任，航天工业部总工程师等职。他是我国早期从事火箭技术研究的组织者之一，是我国第一枚液体燃料火箭及其后的气象火箭、生物火箭和高空试验火箭的技术负责人，倡导并参与发展无控制火箭技术和回收技术两门新的学科，是“两弹一星”重要参与者和功臣。他曾主编、合著出版《太空 · 地球 · 人类》《空间技术》《卫星设计学》《工程设计学》等著作，荣获航天工业部一等奖、国家科技进步奖特等奖。1999

年，中共中央、国务院、中央军委授予他“两弹一星”功勋奖章。

1921年，王希季出生于云南昆明。少年时他兴趣广泛，喜欢打球，热爱戏剧，而且他在学习上勤奋刻苦，在学校中成绩优异，打下了坚实的知识基础，在全市会考中名列第一名。在父亲的建议下，中学毕业后他进入昆华高级工业职业学校学习，一年后参加了西南联合大学入学考试，进入机械工程系学习。大学毕业后，抗日战争让他意识到军事工业的重要性，结合自己的专业特长，王希季进入兵工厂、发电厂工作。不久之后，他抱着“工业救国”的理想，远赴美国弗吉尼亚理工学院研究院动力及燃料专业攻读硕士学位。在美国的学习是紧张而忙碌的，很长一段时间他并没有认真地考虑未来。直到他在《纽约时报》上看到了上海解放，人民解放军为了不打扰市民而露宿街头的照片后，他看到了中国的未来，找到了方向，决心回国参加新中国建设。身边的很多人劝他留居美国，或者继续攻读博士学位；但是他认为，祖国已经统一，自然应该回国效力，实现出国前就抱定的工业救国的理想。为此，他找到了留美科学工作者协会，申请立即回国。1950年初，他登上了“克利夫兰总统”号商船，踏上归国之路。回国后的王希季先后任教于大连工学院、上海交通大学、上海科技大学。

为了响应毛泽东主席1958年在党的八大二次会议上向全国科技工作者发出的“我们也要搞人造卫星”的号召，全国各条战线都投入了这项伟大的事业之中。在钱学森、赵九章和卫一清等中国科学院专家的领导下，中科院建立了三个设计院，即1001卫星和运载火箭总体设计院、1002控制系统设计院和1003卫星有效载荷设计院。为了利用上海相对强大的工业基础，1001卫星和运载火箭总体设计院整体迁往上海，更名为上海机电设计院，由中科院和上海市委共同领导。1958年，上海市委抽调骨干力量进入上海机电设计院参与相关研究工作，时任上海交通大学工程力学系副教授王希季就是其中的一员。对于这段经历，后来他在回忆时谈道，“我去了之后我才知道，这个上海机电设计院是要做运载火箭，发射人造卫星。（这）是一个当时保密非常严格的单位，去了之后才晓得。因为运载火箭你得把速度提高到第一宇宙速度，把卫星送到天上去。我在火力发电厂就是发电给大家用，所以这两个可以说是完全两个不同的领域，可以说是这样。”[①]新组建的上海机电设计院研究人员大多都很年轻，平均年龄约21岁，大部分还是在读学生。他们没有火箭技术方面的知识，边学边干，凭着一股“初生牛犊不怕虎”的韧劲，这支年轻的技术团队创造了一个又一个奇迹。

1960年2月，中国第一枚自己设计研制的液体推进剂探空火箭竖立在了华东“T-7M”发射场20米高的发射架上，最终发射取得了成功。王希季后来回忆道，“T-7M”火箭设计研制过程异常艰难，研究团队因没有电子计算机就用电动和手摇计算器计算。一条弹道的计算草纸有半人高，能够摆满半个房间，即使24小时不间断地计算也要耗费四五十天。王希季对每一张图纸都进行了审查，发现问题就重新计算，直至合格为止。正是这种实事求是、精益求精的精神，才使“T-7M”火箭顺利升空。在研制“T-7M”火箭的同时，上海机电设计院也在进行“T-8”有控火箭和“T-9”卫星运载火箭设计工作。在此之前，“T-3”（含“T-4”）运载火箭和“T-5”火箭研制并未成功。王希季系统地总结经验和教训，查找出原因在于技术决策和技术途径选择错误，为此“T-7M”“T-7”“T-7A”火箭研制吸取之前的教训，作出了正确决策并选准了技术途径，最终取得了成功。

1963年，上海机电设计院划归国防部五院（即后来的第七机械工业部、航天工业部）。鉴于我国导弹事业已经步入了正轨，研究重点从研制导弹转向了研制卫星运载火箭。1964年，在聂荣臻元帅的指示下，上海机电设计院承担卫星运载火箭总体任务，并于次年从上海迁至北京，更名为“七机部第八设计院”，王希季担任总工程师，承担了卫星运载火箭研制的重任。他考虑首先必须有一个符合中国国情、可实行的技术方案，为此他阅读了大量文献，分析了运载火箭的要求和我国探空火箭技术的实际情况，提出了一个以中程液体推进剂导弹为第一级和第二级，固体推进剂火箭作为第三级的运载火箭的方案。这个火箭就是举世闻名的“长征一号”，它是导弹技术和探空火箭技术相结合、液体与固体推进剂火箭相组合的火箭。“长征一号”技术方案获得了业内的认可，很快得到了批准，研制工作进展顺利。在研制过程中，王希季获得了

---

① 东方之子：太空院士王希季峥嵘岁月［EB/OB］.［2021-08-31］. . http：//news. sina. com. cn/c/2006-11-13/205011502498. shtml.

国防部下属相关部门的支持，一院、四院和八院都参与其中。其中一院负责第一、二级火箭，四院负责三级固体火箭，八院负责总体。后来研制工作初级阶段即将结束时，八院由研制运载火箭总体改为航天器总体，因此，运载火箭总体任务最后由一院完成。1970年4月24日，“长征一号”在甘肃酒泉卫星发射场首次发射成功，把我国第一颗人造卫星“东方红一号”送入近地点439千米、远地点2384千米的太空轨道，使我国成为继苏、美、法、日之后世界上第五个能独立发射人造地球卫星的国家。可以说，正是在各部门协同合作下，“长征一号”才能在最短时间内顺利升空。

回收是探空和试验火箭、返回式卫星和载人天地往返运输器飞行任务最后的收获过程，若有闪失研制工作就会前功尽弃。因此，提高回收系统的可靠性是研制工作的重中之重。用空投试验方法试验、检验和验证气动力减速器回收系统，是研制中必不可少的工作。降落伞降速和自然风非可控制因素，对空投试验影响极大。空投试验和回收工作异常艰苦和危险，有时生活条件极差，住在几十个人挤在一起的一张床或者稻草上，吃的是难以下咽的饭食；但是王希季团队没有一个人叫苦叫累，全身心地投入空投试验中。作为试验队的负责人，王希季深入试验场地，对每一个环节都做了周密的部署，付出了大量的心血，积累了宝贵的经验后，提高了成功率。经过58次空投试验，返回式卫星的回收系统才正式交付总装，在多颗卫星上配备，没有出现过故障。

“作为型号总设计师的王希季使中国的空间科学从探测阶段登上了试验阶段的新台阶，是中国功勋卓著的航天技术专家。长期以来，他兢兢业业地工作在这条战线上，为开拓和发展中国空间事业作出了重大贡献。”王希季曾说过：“虽（然）不能说没有中国科学院‘两弹一星’的创业就没有中国现在这样规模和水平的空间技术产业，但总可以说，中国科学院的创业为我国空间事业的发展打下了最为根本的人才和知识基础。我深深感激的是，在上海机电设计院期间中科院和上海市给了我磨练和培育。”①正是这种对“两弹一星”事业的无比忠诚，使他载入了中国航天事业的史册。正是因为具有这种强烈的爱国之情、强国之志，王希季才能在祖国最需要他的时候，义无反顾地放弃国外优越的生活条件和优厚的工资报酬而回到祖国，将自己的一生无私奉献给了祖

① 罗荣兴. 请历史记住他们：中国科学家与“两弹一星”[M]. 广东：暨南大学出版社，1999.

国，将自己的青春真正书写在了祖国辽阔的疆域之上，在祖国的国防航空工业和尖端技术领域谱写了璀璨华章，既彰显了中华儿女的“根”与“魂”，又为中华文明、中华民族精神增添了时代光彩。正如习近平总书记指出：“‘繁霜尽是心头血，洒向千峰秋叶丹。’两院院士是国家的财富、人民的骄傲、民族的光荣。长期以来，一代又一代科学家怀着深厚的爱国主义情怀，凭借深厚的学术造诣、宽广的科学视角，为祖国和人民作出了彪炳史册的重大贡献。祖国大地上一座座科技创新的丰碑，凝结着广大院士的心血和汗水。我们的很多院士都具有‘先天下之忧而忧，后天下之乐而乐’的深厚情怀，都是‘干惊天动地事，做隐姓埋名人’的民族英雄!”“一代人有一代人的奋斗，一个时代有一个时代的担当。荣誉意味着责任和担当，党和人民对广大院士寄予了殷切的期望。科技创新大潮澎湃，千帆竞发勇进者胜。希望广大院士弘扬科学报国的光荣传统，追求真理、勇攀高峰的科学精神，勇于创新、严谨求实的学术风气，把个人理想自觉融入国家发展伟业，在科学前沿孜孜求索，在重大科技领域不断取得突破。”①

2. 航天卫士

中国科学院资深院士，国际宇航科学院院士，“两弹一星”功勋奖章获得者任新民是我国航天事业的开拓者和奠基者之一，著名的导弹和火箭技术专家。他在液体发动机和型号总体技术上贡献卓著，是“两弹一星”元勋之一、“中国航天四老”之一。他将自己一生的时间和精力都贡献给中国航天事业，永远地留在了历史的记忆中。

任新民曾是美国布法罗大学第一位中国籍讲师。1945年，他抱着学有所成、报效祖国的信念远赴美国求学，从事机械工程研究。在美国期间，他的生活是紧张和充实的。为了实现自己的梦想，他刻苦学习，大量时间都在实验室中度过。远在美国的他从妻子来信中得知自己不满三岁的儿子得了脑膜炎不幸夭折的时候心情复杂，但是为了祖国的强大和自己未竟的事业，他在回信中劝慰妻子道：“我对不起你，一个男子汉不仅不能养活自己的妻子，更保护不住

① 习近平. 在中国科学院第十九次院士大会、中国工程院第十四次院士大会上的讲话［N］. 人民日报，2018-05-29（02）.

自己的孩子；但是现在我们国家还很穷，我必须要读书救国，等我能报效国家后，一定再报答你。”1949年，任新民回到了阔别已久的祖国，在党中央的安排下，他成为南京军区科学研究室的一名研究员，从事固体火箭发动机研究。虽然与国外所学专业不对口，但他刻苦钻研，很快掌握了火箭发动机方面的知识。1952年，哈尔滨军事工程学院成立。在国家号召下，任新民离开南京北上哈尔滨，进入这所成立不久的新中国第一个军事学院从事教学科研工作，1955年成为一名上校军官。1956年，国防部第五研究院成立，钱学森“钦点”任新民担任总体研究室主任、设计部主任等职务，参加新中国导弹研制工作。初到第五研究院的他发现，研究室专业人员稀少且专业能力不足，缺少相关领域的专家，每个困难都需要他去解决，但是他没有被困难吓倒。经过艰苦攻关，1960年11月5日，我国仿制的第一枚近程导弹在中国西部的酒泉基地发射成功。四年后的6月，中近程导弹也发射成功。这标志着我国已经具备了自行研制导弹的能力。

20世纪70年代中期，我国航天事业重点任务是发展通信卫星工程。为此，任新民撰写了《关于发展中国通信卫星工程的报告》并得到毛泽东主席的批准，于是代号“331”的通信卫星工程正式启动。与此相关的“长征三号”运载火箭是这项工程的关键所在。在“长征三号”运载火箭研制过程中，对火箭第三级采用何种技术存在两种不同的看法：有人认为，应该采用保守的现成技术；另一些人认为，应该大胆采用世界先进水平的推进技术氢氧发动机。在确定方案的碰头会上，任新民指出：“氢氧发动机是今后航天技术发展所需要的，这个台阶迟早得上。我们已经具备了初步的技术条件与设施设备条件，经过努力一定可以突破技术难关。中国完全有能力赶超世界先进水平，此时的大胆并不是冒进。”本着加快推进我国运载技术的初心，他将自己的一票投给了氢氧发动机方案，最终决定采用这一方案。

早在1965年，任新民就开始研究论证氢氧发动机，并在6年后取得了试验的初步成功，从此他就一直关注并进行着相关的研究试验。所以，他的决定建立在多年研究成果基础上，并不是主观判断。他以一个科学工作者的责任感，敢于发表、坚持和修正自己的技术见解，敢于对重大技术问题果断地作出决策。他曾说过：“一个科技人员判断和处理技术问题，一是靠他的基础技术知识和实践经验；二是靠他不断深入实际，从广大科技人员、工人那里，从实践中汲取和补充知识；三是实事求是，一切从实际出发。”[①]这也是他进行科研工作的行动指南。他的科学判断和结论从来都不是从书本中直接找到的，而是在实践中一点一滴积累起来的。解决纵向耦合振动问题是“长征三号”运载火箭另一项技术关键。围绕这一问题，任新民带领团队，攻坚克难，最终实现了技术突破，在大型运载火箭结构与液路系统动态特性研究方面取得了重大发展，为我国大型运载火箭研制积累了经验，并开创了我国相关的技术学科。

1985—1986年，我国通信卫星工程进入了加快发展的关键时期。当时全世界有2500多个民用卫星通道，170多个国家和地区使用卫星通信技术，但只有少数几个国家才拥有独立自主的卫星研发技术。随着国力的增强和环境的改变，国内一些人主张为了适应改革开放的步伐，我国务必提高卫星通信能力，购买国外的通信广播卫星是一条便捷的途径；但是在任新民看来，“中国的航天事业之所以能取得一些成绩，在世界航天界占有一席之地，自力更生、艰苦奋斗是最重要的原因之一”，“我们这些人有幸参加了航天事业，如果没有国家大的决策——要干航天这件事，如果没有自力更生、艰苦奋斗的方针，我们这些人即使学有所长，也是英雄无用武之地。”任新民将自己的想法写信给中央有关领导，得到了党中央的支持。他带领着团队踏上了自主研发实用通信卫星的征程。不久，我国第一颗实用通信卫星成功升空，结束了我国通信广播事业租用外国卫星的历史。1990年4月，我国自主研发的“长征三号”火箭成功发射了美国休斯顿公司生产的“亚洲一号”通信卫星，实现了中国运载火箭在国际商业发射上零的突破。

任新民不仅在技术方面投入了大量精力，而且为中国航天事业的远景发展倾注了心血。20世纪80年代中期，作为航天工业部科技委主任，担任着“331工程”总设计师、技术总指挥的任新民时刻关注着国际上最前沿的航天技术，尤其是载人航天技术引起了他的注意。1985年7月，由中国航天工业部科技委组织的中国载人航天课题研讨会在秦皇岛市召开。会议集中讨论了有关载人航天的各种技术方案及应用前景。会议的一项成果是成立了大型运载火箭及天地往返运输系统主题专家组和空间站系统及其应用主题专家组。在任新民的推动

① 中国科学院.任新民生平［EB/OB］.［2022-04-22］. https://ysg.ckcest.cn/ysgNews/1737565.html.

下，中国载人航天技术从起步到发展走过了漫长的道路。1992年，任新民走进中南海进行中国航天发展飞船的汇报。时任国务院总理李鹏在听取报告后发表了重要讲话，指示：现在是下决心将中国的飞船上工程的时候了，中国载人航天技术迎来了重要的发展时期。之后，由任新民担任评审组组长的评议组迅速成立，为我国载人航天事业描绘着理想蓝图。1999年11月，中国载人航天吹响出征的号角，中国的“神舟”一号、二号、三号、四号试验飞船直至五号、六号载人飞船的发射轨迹，将这幅画卷描绘得异常壮丽。值得一提的是，在考虑我国载人航天技术发展途径时，起初他将目光瞄准了技术更为先进的航天飞机。随着载人航天技术方案论证工作的深入，在结合我国实际情况，综合考虑我国经济、技术、研制经费和进度等方面的意见后，他改变了原来的想法，表现出科学工作者实事求是的工作作风。

在作为中国航天事业泰斗级人物任新民身上，我们能够看到他对航天事业的忠诚，对科研工作的执着，在他身上闪烁着“两弹一星”精神的光辉。国际宇航科学院院士雷凡培对任新民的一生做出了高度的评价：“任新民坚韧不屈的开拓精神以及对科学技术的执着追求，推动了中国导弹技术和航天技术的艰难起步和创新发展。任新民面对挫折不气馁，面对苦难不退缩，以坚韧不屈的开拓精神、实事求是的钻研精神，奠定了中国航天事业发展的基础，也激励着一代代航天人秉承传统、不懈攀登，不断开创航天事业发展的新篇章；任新民崇高的道德风尚、严谨的治学态度和大师风范，奠定了中国航天事业不断发展壮大的重要思想基础。任新民尊重科学规律、超前战略谋划和宽阔视野，指明了中国航天事业持续健康发展的奋斗方向和战略目标。”[①]任新民在中国航天领域的一系列辉煌成就是科学家精神的时代彰显，是中国科学家为科研事业忘我工作、奉献自我的最真实展示。科技大国梦、强国梦是中华民族伟大复兴中国梦的重要组成部分，是我们在全面建设社会主义现代化强国新征程上必须迈过的坎、跨过的河。老一辈科学家和科技工作者以他们无私无畏、无惧无悔的奉献精神为后人打下了坚实的基础，我们后辈人要果敢坚毅地接过他们手中的旗帜，挑起他们肩上的担子，以我将无我、不负人民的情怀和志向，为祖国谋富强、为民族谋振兴、为人民谋幸福。诚如习近平总书记所说，“展望未来，我

① 黄希．百岁任新民 中国航天的总总师［N］．中国航天报，2015-12-09（02）．

国青年一代必将大有可为，也必将大有作为。这是‘长江后浪推前浪’的历史规律，也是‘一代更比一代强’的青春责任。广大青年要勇敢肩负起时代赋予的重任，志存高远，脚踏实地，努力在实现中华民族伟大复兴的中国梦的生动实践中放飞青春梦想。”“现在，青春是用来奋斗的；将来，青春是用来回忆的。人生之路，有坦途也有陡坡，有平川也有险滩，有直道也有弯路。青年面临的选择很多，关键是要以正确的世界观、人生观、价值观来指导自己的选择。无数人生成功的事实表明，青年时代，选择吃苦也就选择了收获，选择奉献也就选择了高尚。青年时期多经历一点摔打、挫折、考验，有利于走好一生的路。要历练宠辱不惊的心理素质，坚定百折不挠的进取意志，保持乐观向上的精神状态，变挫折为动力，用从挫折中吸取的教训启迪人生，使人生获得升华和超越。总之，只有进行了激情奋斗的青春，只有进行了顽强拼博的青春，只有为人民作出了奉献的青春，才会留下充实、温暖、持久、无悔的青春回忆。”[①]

（二）科技报国

1. 红色科技教育家陈康白

陈康白是中国共产党优秀党员，也是科技教育事业的专家。他是延安自然科学院（北京理工大学前身）主要筹建者，也是新中国成立初期哈尔滨工业大学校长。他在民族危亡时刻投身革命，在革命和建设时期为党和国家事业培养了大批科技人才。他为我国的教育事业奉献了毕生的精力，生动地诠释了一名科技教育工作者的使命和担当。从海外求学到奔赴延安，从成功筹办边区第一届博览会到创办延安自然科学院，从提高盐产量到南泥湾自力更生，他呕心沥血、殚精竭虑，用实际行动践行着自己以身许党、科技报国的初心。

陈康白于1916年进入长沙县立师范学校学习。在学校时接触到了具有进步思想的徐特立，成为他的学生，受到他的新思想的影响。此时的陈康白心中

② 习近平. 在同各界优秀青年代表座谈时的讲话［N］. 人民日报，2013-05-05（02）.

埋下了“科技报国”的种子。1925年，在徐特立的推荐下，陈康白进入厦门大学化学专业学习。在校期间他刻苦学习，成绩优异，毕业后留校任教。不久后他先后进入当时的浙江大学和北京大学等知名学府从事教研工作，并相继发表了高水平的论文。这些学术上的丰硕成果使他获得了国际化学界的关注，为他出国深造奠定了基础。1932年，陈康白赴德国哥廷根大学化学研究院继续深造，师从德国科学家、诺贝尔奖得主阿道夫·温道斯。他凭着惊人的毅力和刻苦钻研的精神，慢慢地得到了德国化学界的充分认可，一跃成为国际化学研究领域专家。学术上的成功也给他带来了生活上的改善，为了让他能够潜心研究学术，哥廷根大学为他提供了优越的生活条件，不仅分配给他一栋别墅供其使用，还让他的妻子来到德国照顾他的起居；但他并没有沉浸在这种优越的环境之中，而是时刻惦记祖国母亲。

1937年，日本发动了卢沟桥事变，开始了全面侵华战争。陈康白毅然决然地放弃了德国的优越条件，准备回国投身民族解放斗争。导师温道斯一再挽留，希望将自己的学生留在身边协助他的工作；但是陈康白谢绝了导师的好意，偕全家登上了回国的轮船。这是一个中国知识分子的拳拳爱国之心，也是漂泊在外的学子对祖国母亲深深思念的写照。经过一个多月的航行，陈康白抵达南京，后辗转回到长沙，见到了阔别已久的恩师徐特立。恩师对这位久居海外的学子说：“坚决抗日的是中国共产党，要救国就要去延安参加革命。”正是这句话深深地印在了他的脑海中，他采纳了恩师的建议，拒绝了国民党资源委员会主任翁文灏的邀请，独自北上奔赴革命圣地延安，投身到中国革命的洪流之中。1937年底，陈康白冲破层层封锁抵达延安。初到延安的他受到了毛泽东主席和朱德总司令的亲切接见，这让他感受到了中国共产党领袖的人格魅力和这个政党的独特之处。1938年，陈康白加入了中国共产党，希望用自己的所学服务人民。

1939年，陈康白奉命组织筹划陕甘宁边区首届工业展览会。展会上展出了边区产业部门生产的大量新型工业产品，让边区各阶层充分了解边区工业建设新面貌，激发了广大人民建设边区的热情。由此，这次展览会受到了各界人士的广泛关注。据统计，参观者总人数在万人之上，大获成功。为了完善边区的教育体系，培养具有革命精神的科学骨干，1939年党中央决定以陈康白为筹备组组长，筹建延安自然科学院。这是中国共产党创办的第一所自然科学大学，自建立之后就成为中国共产党培养科技人才、发展科学技术和社会生产的主要阵地。

随着战争形势的转变，边区的生产生活受到了严重的影响，其中较突出的是食盐问题。由于国民党对陕甘宁边区实行严密的封锁政策，西北地区的食盐供应主要依靠三边地区，这使对外出口盐的收入在边区收入中占有重要的位置，对于边区经济具有重大的意义。因此，提高食盐产量成为当时急需解决的问题。为了解决食盐产量不足的问题，1940 年，陈康白奉命兼任三边盐业处处长。他将自然科学院的工作做了交代，随即赶往地处毛乌素沙地的三边盐池。经过实地调研、走访盐民、分析地质结构，最后终于发现了“海眼”。在陈康白等人的指导下，盐民沿“海眼”挖井，修建盐田，用吊桶从“海眼”中取水倒进盐田，只需两三天就能结出雪白的精盐。这种新的制盐工艺扩大了盐田面积，提高了边区的盐产量，并在三边全面推广。

1944 年，陈康白随军南下，在转战过程中担任了中原军区军工部部长，投身到军事工业发展中。在当时艰苦的条件下，他不畏艰难，充分利用自己掌握的知识，简化并改良了军工厂的生产工艺，制造出爆炸力更大的木柄手榴弹、新式地雷，枪械修理和弹药生产效率得到了提高，满足了军队的作战需求。在行军过程中，没有标准仪器，他就制造木制仪器进行试验；没有纸张，他就反复试验，发明了用马兰草造纸；没有教学课程与教材，他凭借自己的记忆亲自编写并讲授。

新中国成立后，陈康白先后担任东北人民政府人民经济计划委员会常务委员、文化教育委员会委员、文化部副部长、松江省人民政府文化教育委员会委员等职。1951 年，陈康白出任哈尔滨工业大学校长，直到 1954 年回京任职的三年里，他结合中国国情，在继承和吸收苏联先进教学经验的同时，创造了具有中国特色的办学方式，使哈工大成为名副其实的人民大学。他不拘一格使用人才，不惧阻力，破格提拔大批能人。当时哈工大除少数苏联教师外，缺乏有经验有水平的中国教师。为了培养自己的教学力量，在他的支持下，哈工大开展了全国首批研究生培养工作。800 余名教师从四面八方汇聚冰城，接受正规专业的教学和科研培训。他们平均年龄仅有 27.5 岁，被誉为“八百壮士”。1952 年，陈康白积极响应党中央的号召支持哈尔滨军事工程学院创建，并为此作出了重要贡献。

1954年，陈康白赴京工作，先后担任中国科学院秘书长、中共中央党校哲学教研室副主任、国务院参事。他还是中国人民政治协商会议第二、三、四届全国委员会委员。1981年7月31日病逝于北京。

陈康白的一生是光辉灿烂的一生。在中华民族危难之际，陈康白毅然回国投身革命。他忠于党和国家的事业，无条件服从服务于人民，用自己卓越的学识和才能，为陕甘宁边区经济建设、为中国人民解放事业与新中国科教事业作出了重要贡献，表现出一名共产党员的高贵品质。他默默奉献、甘为人梯的崇高风范，不为物欲、心系祖国的民族情怀，以身许党、科技报国的奋斗初心，生动诠释了一名科技工作者的爱国情怀和时代担当[①]。陈康白用他的一生证明了，爱国不是抽象的，而是具体的；爱国不仅需要干惊天动地的伟业，更需要脚踏实地、勤勤恳恳地做一些细小之事、不起眼之事，需要做一些看似无关紧要却真真切切有益于人民的事，而不能眼高手低、无处着手。讲爱国、谈爱国不能只停留在口号上，不能只停留在书面文章上。爱国是需要践之于行动的，是需要以行动的事迹、干事的业绩、创业的成绩来检验的，否则爱国就只能流于形式、成为空谈。如果尚于空谈、纸上谈兵，不仅不会增强我们的爱国忠心、为民的诚心，反而会影响我们的民族凝聚力和向心力，从而有损于党和国家事业的长远发展。爱国主义是一种自觉自愿的行动，是自愿舍身、甘愿献身的一种情怀，是一种“为有牺牲多壮志，敢教日月换新天”的高远志向。陈康白等老一辈科学家，真真正正在投身伟大祖国建设活动中，充分发挥了孺子牛、拓荒牛和老黄牛精神，在一线科研活动中淡泊名利、潜心研究，在党和国家的辉煌事业中心无旁骛、奋笔疾书，最终为我国的国防事业书写了璀璨之华章。

在新时代的今天，我们要弘扬老一辈科学家的奉献精神，厚植爱国情怀，成为“干惊天动地事，做隐姓埋名人”的民族英雄，就要“充分发扬淡泊名利、潜心研究的奉献精神，就是要有功成不必在我、功成一定有我的格局，在重大理论创新的关键技术上久久为功，不以一时得失论英雄，把自身的科学追求融入建设社会主义现代化国家的伟大事业中去。”“要静心笃志、心无旁骛、力戒浮躁，甘坐‘冷板凳’，肯下‘数十年磨一剑’的苦功夫。反对盲目追逐

① 谭献民，曹建华. 陈康白：科技报国时代担当［N］. 光明日报，2020-06-10（11）.

热点，不随意变换研究方向，坚决摒弃拜金主义。”[①]诚如习近平总书记在对我国广大科学家提出殷切希望时所指出：“马克思说：‘科学绝不是一种自私自利的享乐，有幸能够致力于科学研究的人，首先应该拿自己的学识为人类服务。’这是一种很高的精神境界。长期以来，我国科技界涌现出许多受到人民爱戴的科学家，他们代表的是一种时代精神，影响的是一代又一代年轻人。今天，我们培育和践行社会主义核心价值观，需要两院院士发挥作用。希望广大院士善养浩然之气，发扬我国科技界爱国奉献、淡泊名利的优良传统，以身作则，严格自律，在攻坚克难、崇德向善中做到学为人师、行为世范，带动科技界乃至全社会践行社会主义核心价值观。”[②]“古人说：‘人必其自爱也，而后人爱诸；人必其自敬也，而后人敬诸。’希望广大院士善养浩然正气，培育和践行社会主义核心价值观，坚守院士称号学术性、荣誉性的本质，传播真理、传播真知，崇德向善、见贤思齐，言为士则、行为世范，提携后学、甘当人梯，在全社会树立良好道德风尚。要发挥院士制度凝才聚智的导向性作用，不拘一格降人才，使院士制度成为引导我国科技创新人才健康成长的强大正能量！”[③]

2.“拼命黄郎”为中华

2017年，黄大年的名字出现在中央电视台《感动中国》十大人物的名单上。有一段颁奖词写道：作别康河的水草，归来做祖国的栋梁。天妒英才，你就在这七年中争分夺秒。透支自己，也要让人生发光。地质宫五楼的灯，源自前辈们的薪传，永不熄灭。

出生于广西南宁的黄大年是我国著名的战略科学家和地球物理学家。在长春地质学院他完成了本科和硕士研究生的学习阶段并留校任教，后来远赴英国利兹大学科学院攻读博士学位，其优异的成绩和丰硕的研究成果得到了世界学界的认可，后来被英国剑桥大学聘为研究员，开启了海外科研工作的道路。

---

① 梁军. 弘扬科学家精神勇攀世界科技高峰［N］. 光明日报，2021-04-14（08）.

② 习近平. 在中国科学院第十七次院士大会中国工程院第十二次院士大会上的讲话［N］. 人民日报，2014-06-10（02）.

③ 习近平. 在中国科学院第十九次院士大会中国工程院第十四次院士大会上的讲话［N］. 人民日报，2018-05-29（02）.

2009年，黄大年决定回国发展，入职吉林大学地球探测科学与技术学院，被聘为教授。忘我的科研攻关和高强度的工作压力损害了他的健康。2017年1月8日，黄大年因病逝世；5月26日，被追授“时代楷模”称号。

黄大年在大学毕业给同窗赠言中写道：“振兴中华，乃我辈之责。”[①]这是黄大年爱国情怀的真实写照，他用热血、用生命始终践行着这句誓言。回顾黄大年的一生可以发现，他的成功得益于幼年的家庭教育。他的父亲教导他说：“中国的未来绝不能没有文化知识。”[②]父亲经常给他讲述包括钱学森、邓稼先、李四光等老一辈科学家的感人故事。家庭教育和榜样的力量在黄大年幼小的心灵中留下了深深的烙印，开启了他的科学研究道路。中学时代的黄大年就读于广西罗城县“五七”中学。在这一阶段，他刻苦学习，养成了自主学习的习惯。艰苦的生活培养了他坚韧的毅力，让他学会了在逆境中不断成长的能力。正是凭着自己的性格和扎实的基础知识，中学毕业的黄大年以优异的成绩考入了广西第六地质队工作任物探操作员。他第一次接触到了航空地球物理这门学科，被它深深吸引住了。正是这段经历打开了他的“地质梦”。1977年恢复高考，他在得知这个消息时距离考试仅剩三个月。他白天完成单位的工作，晚上熬夜学习。他在考场上作为年龄最小的考生引起了监考老师的注意。在他答题过程中监考老师时不时审阅黄大年的试卷，在考试后这位老师握着他的手说：“你一定是整个考场最好的考生。”[③]功夫不负有心人，黄大年以杨梅公社第一名的成绩考入当时的长春地质学院应用地球物理系。大学时代黄大年过得非常充实，为了弥补基础知识的不足，经常进入地质宫二楼的阅览室查阅资料，夯实知识基础。这些努力使他的成绩在学院里名列前茅。

硕士研究生毕业后，黄大年留校任教，他的科研工作取得了大量的成绩。1992年，黄大年获得“中英友好奖学金项目”资助，远赴英国利兹大学地球科学系攻读博士学位。在与同学临别时他说：“等着我，我一定会把国外的先

---

① 温红彦，吴储岐. 心有大我，山一样的巍峨：追记著名地球物理学家、国家“千人计划”专家黄大年［N］. 人民日报，2017-07-12.

② 温红彦，吴储岐. 心有大我，山一样的巍峨：追记著名地球物理学家、国家“千人计划”专家黄大年［N］. 人民日报，2017-07-12.

③ 张建. 用知识改变命运：黄大年的追梦人生之二［N］. 人民日报，2017-07-15.

进技术带回来。咱们一起努力，研制出我们国家自己的地球物探仪器。”①英国的学习生活开阔了他的视野，博士毕业后他选择了在英国工作和生活，但是他时刻惦记着祖国的发展。在他看来，“在这里，我就是个花匠，过得再舒服，也不是主人。国家在召唤，我应该回去！”②2009年4月，吉林大学通过“千人计划”将黄大年引进地球探测科学与技术学院。即将回国的他兴奋不已，他在给学院领导的邮件中写道：“多数人选择落叶归根，但是高端科技人才，在果实累累的时候回来更能发挥价值。现在正是国家最需要我们的时候，我们这批人应该带着经验、技术、想法和追求回来。”③他对妻子说：“康河留下了我的眷恋，而地质宫刻有我的梦想。”正是崇高的爱国主义精神让黄大年踏上了阔别已久的祖国大地。作为东北地区第一个国家“千人计划”专家，黄大年感觉自己身上的担子很重，他抓紧一切时间忘我地从事科研工作。他的办公室吉林大学“地质宫”，一年中三分之二的时间灯都要亮到凌晨两三点。如果哪一天房间是黑暗的，那就是他在出差。他将爱国热情和报国之心以实际行动融入国家改革发展事业中。

2010年，科技部希望黄大年能够承担一项有关航空重力梯度仪的项目，他欣然接受这一任务。由于国外长期的技术封锁和严格禁运，我国始终不能得到航空重力梯度仪核心技术。面对这一困难，黄大年说：“这是国家发展无法回避与绕开的话题，要发展就必须要有装备，就必须突破发达国家的装备与技术封锁。”④只有依靠自己的力量才是唯一的出路，这是黄大年内心中时刻告诉自己的。凭着惊人的毅力和扎实的学识，他近乎疯狂地投入到项目研究之中。为了整合力量，了解实际情况，他跑遍了与航空重力梯度仪研究相关的所有科研院，在掌握了全部情况之后，他就一头钻进办公室夜以继日地研究。他说：“中国要由大国变成强国，需要有一批‘科研疯子’。这其中能有我，余愿足

① 吴晶，陈聪. 大地之子黄大年［EB/OB］.［2021-08-31］. http：//www. xinhuanet. com//politics/2017-11/24/c_1122002289. htm.

② 杨舒、鲍盛华. 一位知识分子的“长征”［N］. 光明日报，2017-07-13.

③ 温红彦、吴储岐. 心有大我，山一样的巍峨：追记著名地球物理学家、国家“千人计划”专家黄大年［N］，人民日报，2017-07-12.

④ 吴晶，陈聪. 大地之子黄大年［EB/OB］.［2021-08-31］. http：//www. xinhuanet. com//politics/2017-11/24/c_1122002289. htm.

矣!”[①]正是源于此，黄大年被同行们称为“拼命黄郎”。2016年，在一项紧急任务中，高负荷的工作开始影响他的健康。在赴京开会的前一天，他突然在办公室晕倒。醒来后他向身边秘书说的第一句话是：“不许跟别人说!”[②]他所支持的地球深部探测关键仪器装备项目最终通过了有关部门的评审验收，中国进入了“深地时代”。但黄大年的健康又出现了问题，2016年11月在飞机上，他再一次昏倒，醒来后他说：“我要是不行了，请把我的电脑交给国家，里面的研究资料很重要。”2017年1月8日，黄大年的心脏停止了跳动，时年58岁。

习近平总书记指出，我们要以黄大年同志为榜样，学习他心有大我、至诚报国的爱国情怀，学习他教书育人、敢为人先的敬业精神，学习他淡泊名利、甘于奉献的高尚情操，把爱国之情、报国之志融入祖国改革发展的伟大事业之中、融入人民创造历史的伟大奋斗之中，从自己做起，从本职岗位做起，为实现“两个一百年”奋斗目标、实现中华民族伟大复兴的中国梦贡献智慧和力量。

---

① 赵丹丹. 黄大年：愿得此生长报国［EB/OB］.［2021-08-31］. http：//www. xinhuanet. com/politics/2018-08/10/c_1123253599. htm.

② 吴晶等. 生命，为祖国澎湃：追记海归战略科学家黄大年［EB/OB］.［2021-08-31］. http：//www. xinhuanet. com//politics/2017-05/17/c_1120986914. htm.

后 记

《新时代中国精神价值传承·“两弹一星”精神》，是教育部“长江学者”特聘教授、中央马克思主义理论与建设工程首席专家、吉林大学党委副书记韩喜平教授主编的《新时代中国精神价值传承》第一辑12分册中的一本。在庆祝中国共产党成立100周年的重要讲话中，习近平总书记强调，一百年来，中国共产党弘扬伟大建党精神，在长期奋斗中构建起中国共产党人精神谱系，锤炼出鲜明的政治品格。“两弹一星”精神是中国共产党人精神谱系的重要组成部分，凝聚着科技工作者报效祖国的满腔热血和赤胆忠心，激励和鼓舞着一代又一代科研工作者不忘初心、勇攀高峰，是中华民族的宝贵精神财富。大力弘扬“两弹一星”精神，传承红色基因、赓续红色血脉，对于激励和鼓舞青少年坚定理想信念、勇担时代使命意义重大。由于作者理论水平和写作能力所限，书中难免存在疏漏、观点浅薄等缺失，敬请同行专家、学者和广大读者斧正。

在该书出版发行过程中，东北大学出版社向阳副社长给予了热情帮助；在本书写作过程中，国内外专家、学者的著作和文章给予了我深刻的启迪，他们的观点和见解使我受益匪浅。书中引用、借鉴和吸取了国内外专家、学者的许多成果。

在此，谨向东北大学出版社向阳副社长和国内外专家、学者致以诚挚的谢意！

本书的出版得到了国家出版基金的资助，这里谨向国家出版基金管理委员会致以诚挚的敬意和谢意！

陈洪玲

2023年10月于北京